有銘政夫を語る

沖縄・否戦の闘い

NPO法人沖縄恨之碑の会　編集

もくじ

序　文

『沖縄・否戦の闘い』の出版を祝す

石川元平

ハイサイ、グスーヨー。待ちに待った「本」が世に贈られました。ともに喜びを分かち合いたいと思います。さきに「資料集」（否戦）が発行されましたが、私は常々有銘さんの「記録」こそは、沖縄の後世に大切に残し、生かさなければならないと考えてきました。有銘さんの軌跡・生き方は、現代史を学ぶ上でも格好のテキストになる、と信じたからです。

「資料集」には、「年表でみる有銘政夫の軌跡」が克明に収められていますが、「年表の成り立ちについて」の成田千尋さん（当時日本学術振興会特別研究員）の解説で、膨大な資料へうまくアクセスしてくれて有難く思いました。

私にとってのヤッチー

さて程順則（名護親方）の「六諭衍義」には、「尊敬長上」（目上の人を尊敬せよ）という教えがありますが、有銘さんは私にとって尊敬するヤッチー的な存在であります。「越境広場」の九月号で「有銘政夫の軌跡」資料集に対する今泉裕美子（法政大学国際文化学部教員）氏の「書評」を拝読しました。そこで気付いたのですが、有銘政夫はサイパンの東村《ひがしむら》、石川は沖縄・山原の東村出身ということが記されています。二人は共にヤードイ・シンカで、私の出自の有銘には有銘姓が無いことから、有銘の名付けは有銘さんの祖先が係わってきたのではなど、冗談交じりで話し合ってきたことを思い出しました。

ところで、私が有銘さんと親しく接するようになったのは、復帰後の七三年、有銘さんが沖教組中頭支部の書記長になってからです。特に沖教組の役員選挙で法政部長の私が、沖教組三役の副委員長に立候補した時のことです。私の対立候補として、中頭支部の副委員長経験者が出てきました。当時は、復帰により日本教職員組合（日教組）への加盟を巡って沖教組の中でも混迷が続き、「主流」「反主流」の抗争とマスコミでも取り上げられました。復帰後、本土との系列化の影響もあって、沖教組本部は勿論、当時の有銘委員長など中頭支部執行部のご苦労も大きかったと思われます。私などは、屋良時代からの「本流」を自認していましたので、有銘さんは沖教組の顔とも言われた福地委員長候補と副委員長候補の私を支持して頑張ってくれました。全組合員の投票の結果は、私たちが勝利しました。

全国的に労働戦線統一問題で労働界が大きく揺れ、八九年の日本労働組合総連合会（連合）発足混迷の中で、連合に批判的な高教組が沖教組から分離独立するという不幸な事態も起こりました。幸い、私は個人的にも高教組の歴代の執行部と良好な関係にありましたので、私が委員長在任中の九六年に約一〇年ぶりに、改めて「協議会」を結成し、今日に至っています。（沖縄法政研究所・共同研究調査報告書『石川元平・オーラルヒストリー』一八八―一九三ページ）この項については沖縄の教育運動史の視点からも記録に残すことにしたものです。

連合加盟と関わって、県内の地区労を地区協議会に改変する動きもありましたが、地区労委員長でもある有銘さんたちの働きで、阻止することができました。

米軍基地の使用に反対する反戦地主を支援する公用地法違憲訴訟支援県民共闘会議（略称・公用地違憲共闘会議）は、沖教組などの組織参加で、私自身副議長を経験してきました。その組織の議長に反戦地主である有銘さんが就任したことにも敬意を表した次第です。私は退職後に一坪反戦地主として今日に至っています。

有銘さんの勧めもあって、私は沖縄のガンジーと呼ばれた、伊江島の反戦地主・阿波根昌鴻翁が立ち上げた「わびあいの里」の役員をしています。また、沖縄地上戦への反省から、朝鮮半島から強制連行されてきた「軍夫」を慰霊する「沖縄恨之碑の会」の理事に二人とも名を連ねています。

「四・二八《よつや》会」は、五二年四月二八日に発効した「屈辱の日」を忘れまいといってつくられた模合グループですが只酒は飲まず、情報交換をし、諸々の社会活動にも取り組んできました。安倍首相が「復帰四〇年」を祝賀しようとした式典に抗議と中止の働きかけをしたり、教科書問題で文科省に抗して孤軍奮闘している竹富町教委を支援、激励してきました。毎年巡ってくる「四・二八」には、大田昌秀知事などを講師に招いて講演会を開いたり、その後懇親会を重ねて「屈辱」の思いを広めてきました。「四・二八会」としての一番の思い出は、復帰二〇年を期して、与論島に辺戸岬の闘争碑と向き合う「沖縄返還之碑」を建立させた大役を担ったことです。

有銘さんの「トーカチ」（米寿）の祝いは「四・二八会」が主催し、その時私は「月日《ちち》は馬の走《は》い　いなへ米寿《ゆに》なたみ　今《なま》んさらばんじ　わした政夫」という琉歌を詠んで祝福しました。

二〇二一年五月、那覇市大道の元ひめゆり学舎跡に、新しい教育会館が建設されました。五四年に建設された教育会館の解体に伴うものですが、新しい教育会館建設委員会の委員長を私が務め、有銘さんにも委員に加わってもらいました。その際、現役の後輩たちに、久茂地の教育会館が果たした歴史的役割などの思いを有銘さんにも伝えてもらいました。

その他、有銘さんとは書道や三線、琉歌など共通の趣味もあり、有為な人生を歩んできたと実感しています。

艦砲ぬ喰ぇー残さー

「艦砲」とは、沖縄戦で洋上の米軍艦から陸地目指して撃ち込まれた砲弾のことです。二〇〇隻以上の艦船から、五インチ砲を中心に一〇万発以上が撃ち込まれたといわれます。不発弾となった砲弾の実物は、摩文仁の県平和祈念資料館の一階、ガラスのフロアで見ることができます。

読谷村楚辺には、比嘉恒敏作詞・作曲「艦砲ぬ喰ぇー残さー」の歌碑があります。有銘さんは、その歌碑の建立にも中心的役割りを果たしました。（二）番の歌詞の中に「うっちぇーひっちぇーむたばってぃー」と、大国に翻弄されてきた沖縄の姿が書かれています。また（五）番には「誰があぬ様　しい

いんじゃちゃら　恨でん悔でん　あきじゃらん　子孫末代　遺言さな」と結んでいます。正に沖縄から、戦争責任を問う、戦後一番の反戦歌ですが、有銘政夫が歌うと一味違って、臨場感が伝わって好評でした。私はこの歌にふれるたびに、教育に関わってきた者として、戦中、戦後の世代責任を感じてきました。有銘政夫、崎原盛秀、石川元平の三人が中心になって編纂し、二〇〇六年に発行した『沖縄をどう教えるか』は、教育と教師の戦争責任を含めた、教師のための副読本の意味をこめたものでした。

一方、私はこの国が「戦後総括」を回避してきた事実にも、関心を持ちつづけてきました。「過去は現在と未来への道標」といわれますが、不都合な過去には目を閉ざし、国民をも盲目にしてきたのがこの国の実態ではないでしょうか。五二年四月講和条約と同時に発効した日米安保条約・行政協定（現地位協定）で米側に対して、日本の独立後も米軍の「基地特権」を許容するという密約の存在を知りました（『提言』日米安保条約と日本国憲法⑥　中小企業組合総合研究所発行・二〇一六年五月一日号）。これが今日につづく対米従属の始まりになったのでしょう。そう見てくると、七二年の施政権返還は不条理な対米従属から脱却して、日本の真の主権回復・独立回復のチャンスでしたが、逆に国民を騙して日米同盟の強化を図りました。これが「基地自由使用」などの今日に通底する国民騙しの歴代政権の姿です。

施政権返還五〇年

二〇二二年、沖縄は「復帰五〇年」を迎えました。いや、五〇年を検証すると「施政権返還五〇年」と呼ぶべきでしょう。屋良朝苗元知事は、「復帰」への悔恨から「沖縄は二度と国家権力の手段となって利用され、犠牲を被ってはならない」と、県民への遺訓を残しました。日米両政府は、施政権返還時の「核抜き・本土並み」という自らの約束を守らないばかりか、現在では中国敵視を煽り、新たな冷戦に突入しようとしています。

これは、沖縄県民に対して引きつづき基地との共生を強いるもので、断じて容認できません。その意味からも、私たちは県民総意を無視して辺野古新基地建設を始め、琉球弧の捨て石化を図ろうとする日米両政府の策謀を阻止しなければなりません。

「命どぅ宝」は沖縄の平和思想

沖縄では、小学生でも「命どぅ宝」を知っています。命どぅ宝とは、最後の琉球王尚泰が明治政府の松田処分官らによって、ヤマトに連行（拉致）された際に詠んだといわれる「戦世んしまち弥勒世んやがて、なじくなよ臣下命どぅ宝」という琉歌（八・八・八・六の三〇音）に出てくる言葉です。

明治にヤマト世に世替わりして、沖縄は日本軍が駐留する島になり、やがて地上戦の戦場となりました。日本軍は住民を守らず、本土（皇土）防衛のための「捨て石」作戦を展開したために、軍人をはるかに上まわる住民が犠牲になりました。沖縄の住民が、地上戦という地獄の戦場を身をもって体験し、獲得した思いが、普遍的価値をもつ「命どぅ宝」という沖縄の平和思想になった、と私は考えています。

兄弟姉妹の皆さん、沖縄の私たちが目指す道は、まず近隣アジア諸国との平和友好と共生です。万国津梁、平和愛好の民たる私たちウチナーンチュは「沖縄の未来はウチナーンチュで決める」という自己決定権の気概を再確認すべきです。「ウチナーンチュ、ウシェッテナイビランドー」という、翁長雄志さんの天界からの大声が聞こえてくるようです。

兄弟、姉妹の皆さん。沖縄に基地はいりません。沖縄から軍事力に勝る平和力、文化力を発信しつづけようではありませんか。未来を担う子どもたちに、基地のない平和な沖縄を、という夢と希望を語りつづけましょう。有銘さんの「本」が、多くの人々に利活用されることを祈念するものです。

最後の、自詠の琉歌を二首添えます。

戦世ぬ哀れ忘て忘らりみ　いちぬ世になてん命どぅ宝

ウチナ御万人ぬあたがたる哀り　一切に書ちとめて世世に残さ

第一章　サイパンの暮らし・戦争体験

『ひと』1986年11月号（167号）より転載した。地図資料等は独自作成

サイパン大空襲、戦火が広がる

私の一家は、サイパン島東村のチャッチャに住んでいた。家はチャッチャ国民学校の西、約三〇〇メートルのところにあり、八幡神社につうじる道に面していたので、チャッチャの人なら、ほとんどが一度は私の家のそばをとおっているはずである。というのは、年に一度の八幡神社のお祭りには村中の人が集まったし、戦時中は、戦勝祈願のときや、大戦果が発表されるたびに学校から神社まで約一キロの道を、村中の人たちが旗行列や提灯行列でかよったからである。

当時、父（四六歳）は組長をしていた。同時に警防団長でもあった。母・ツル（四三歳）、次女・信子（一六歳）、三女・千代（一四歳）、長男・政夫（一二歳）、四女・昭子（九歳）、五女・京子（七歳）、六女・幸子（五歳）、次男・政幸（三歳）の計九名の大家族だった。大正一〇年に沖縄で生まれた長女だけが沖縄に残されていた。昭和二年生まれの次女からはサイパン生まれであるから、サイパンの開拓時代を生きた両親の苦労がしのばれる。さいわい長女も沖縄の戦禍をいきのびて元気だったので、戦後、

沖縄で再会し、現在もはげましあって生きている。

　サイパンが本格的に戦争にまきこまれたのは、昭和一九年六月一一日の空襲のときからである。

　村の警防本部のサイレンがけたたましく敵機の来襲を告げたのはその日の午後だった。その年の二月にサイパンが空襲されてからは、定期的に避難訓練が行なわれていたから、避難にさいしての心がまえはできていた。私はサイレンとともに家へとんで帰った。

　父は、すでに国防色の上下に身じたくを整えていた。大声で、いつもの手はずどおり、できるだけ早く八幡神社の壕に避難するようにと言

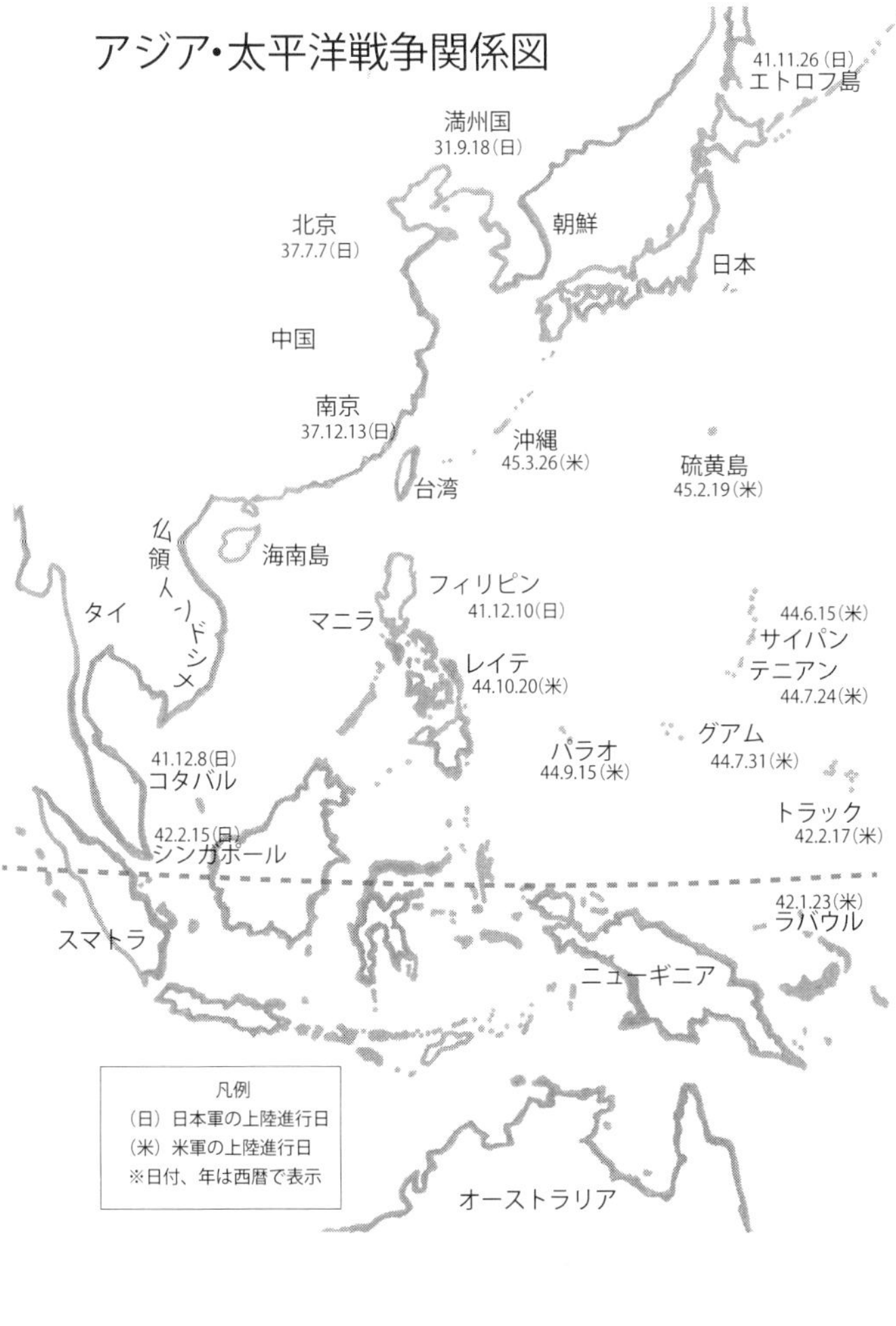

いのこし、警防本部へあわただしくでていった。残された家族は母を中心に手わけをして避難の準備をした。まず、ごく重要なものだけ、家のまえにつくられた防空壕に運びこんだ。二、三日分の食糧と着がえ、水やろうそくなどをそろえた。ウシやヤギ、ブタなどの小屋にありあわせのえさをぶちこみ、戸締りをすると、避難の準備は整った。

そのころには、家の東側の防風林にある戦車隊の陣地に朝から慰問に行っていた三女・四女・五女も兵隊さんに連れられて帰ってきた。四女の昭子は、その日のことをいまでもはっきり覚えている。私は、自分の分担であるカラター（牛車のことを言う）を仕立て、準備したものを積みこみ、全員を乗せて出発した。

私たちが壕についたときには、すでにみんなが集まっていた。さっそく一家九名が一夜を明かすための場所を確保して一息ついた。父親不在を覚悟しての避難とはいえ、父のいない夜を迎えて、みんな不安だった。その晩、父はおそく帰ってきた。父の話では、これはたんなる空襲ではなく、大がかりな戦争になりそうだということだった。

若い婦女子も戦場に駆り出されて

二、三日、ここで不安な夜を送ったが、予想以上に戦況は悪化したようで、空襲や艦砲射撃で友軍は死傷者が続出し、八幡神社に野戦病院が設置されるということで、避難民には移動が命じられた。私たちは三日間すごしたねぐらをたたんで、五〇〇メートルほど山の手にある水源の壕に移った。ここは約八〇名ほどの人がはいれるかなり大きな鍾乳洞で、その周囲には、さらにいくつかの小さな壕があった。俗にいうミズモトは、チャッチャの唯一の水源地で、サイパン島でも大きな川の一つだったと思う。

この川の両側には、新山と呼ばれる、私の家のかなり広い開墾地があった。おいしい実のなるパンの木が何本もあった。バナナの木がしぜんに生息しており、年中、おいしい実をつけていた。川には手づかみでとれるほど、エビがいた。

サイパンも、熱帯地方の例にもれず、雨期と乾期のちがいがはっきりしている。乾期にはほとんど雨がふらない。そこで、それぞれの家では大きな地下タンクをつくり、雨期のあいだにトタンぶきの家におちる雨水を全部ためこんで．乾期のあいだの飲み水にする。使用したあとの水はすべて集めて、さらにべつの地下タンクにためこみ、家畜の飲み水、畜舎の掃除、洗濯水にいたるまで、じつにじょうずに、そして、たいせつに水を使う。

ミズモトは、どんな乾期にも水がたえることがなかったので、ひどい乾期のときなどは多くの人たちの飲み水の供給地にもなっていた。戦争のはじまる数年まえに、マンガン掘りの工夫たちの長屋ができるまでは、このミズモトは人里はなれたさびしいところだった。

そのミズモトが、いま、一〇〇名あまりの避難民でひしめきあい、夕方になると、川のまわりが人でごったがえす。こんな状況をいったいだれに想像できただろうか。

ミズモトの壕には二週間ぐらい避難していた。戦況は、日ましに悪化する一方で、昼夜をわかたず猛攻撃がつづいた。まるで太鼓でも打ち鳴らしているかのような大砲の発射音、そして、無気味な炸裂音が日ましに近づいてくるのを感じていた。夜になると、西の空が赤く燃えていた。たぶん、ガラパンの町が焼夷弾や砲撃で燃えあがっていたのだろう。照明弾が打ちあげられたときなどは、まるで昼間のような明るさだった。

まもなく八幡神社の野戦病院が人手不足だということで、若い婦女子が炊事や洗濯にかりだされた。もちろん、どの親たちも若い娘を戦場へ送ることには反対だったようだが、当時としてはしかたのないことだった。もちろん、私の姉たち二人も、父が警防団長ということもあって、まっ先に動員に参加した。このころから、敵がサイパン島に上陸したそうだといううわさが流れはじめた。(記録によれば、六月一五日、米軍、上陸開始とある)

毎日、若い婦女子は朝はやくからでかけて行った。姉たちの話によると、ベットリと血のついた軍服を洗濯すると、なかには、ぶったぎられた手首が軍服の袖にぶらさがっていることもあったという。毎日のように運びこまれてくる負傷兵は、手や足をもぎとられた者、頭をぶち割られた者、傷口が大きく開いて、肉がむきだしている者などさまざまで、さらに、血のにおい、うめき声など、とてもこの世のものとは思えない状況を見るたびに、食事もろくに喉をとおらなかったと、当時を思いだして涙ぐむ。どう考えても、当時、一六歳と一四歳の娘にとってはたまらないことだったにちがいない。

でも、毎日のように兵隊さんたちから、「きみたちが死んだら、靖国神社に祀ってあげる」とはげまされていた。子ども心にも、日本はかならず勝つ、お国のためなんだ、もし死んでも靖国の神様になれるんだとかたく信じてがんばったと、いまでも当時のはりつめていた気持ちをせつせつと語る。

砲弾の雨のなかを逃げまわる

空襲の初日から島中がひどい戦場になったが、不思議と夕方の二時間くらい、まったく静かになるときがあった。人びとは、このときを見はからって自分の家に帰り、食糧や日用品を運びだしたり、家畜の世話などをしたりした。私たちも、父と姉ら二人と私の四人で家に帰った。姉ら二人は夕飯をたいたり、もちだすものを整えたりした。父と私は家畜の世話をした。当時、家ではウシを三頭、ヤギを八頭、ブタを二頭、ニワトリは五〇羽以上も飼っていた。私など、一日中、壕にとじこめられていて退屈だったのだろう、畑にでると、そこら中を走りまわってから仕事をしたことを思いだす。

さっさと仕事をかたづけると、私たち三名をはやめに壕に帰し、父はいつでも残っていた。父は根っからの百姓だった。村でも評判の働き者だった。そんな父だったから、一人のこって、ぎりぎりまで野菜に水をかけていた。このことはすぐさま壕内の話題になって、母の耳にもはいった。母は、「野菜と命と、どっちがたいせつなの」と、毎晩のように父と言いあっていた。父にしてみれば、日本はかならず勝つと信じていただけに、このだいじな時期に野菜をからすわけにはいかんという思いがあったのだと思う。

しかしながら、こんな日々は一週間とは続かなかった。いよいよ東村にも本格的な攻撃がはじまった。飛びかう砲弾の音で、かなり近くに撃ちこまれていることを感じていた。砲弾の炸裂音もしだいに大きくなり、地響きもひどくなってきた。艦砲は東の海から撃ちまくっていたようだ。しかも、その砲撃が一木一草も残さないほど徹底したもので、海岸線からしだいに山の手に向けて、等間隔に、しかも南北の平行線上に撃ちこんでいるという。このことは、あきらかに敵の上陸部隊がやがて東村にも進撃してくることを示していた。敵は、タッポーチョまできているということだ。ラウラウのほうにもまわっているらしい。

避難命令がだされ、いよいよミズモトを離れるときがきた。ひじょうに不安な気持ちだった。私たちは、ある朝はやく、タロホホへ向かって壕をでた。出発のとき、私たちのグループは家族が九人、ほかに親戚のおじさんが一人、知りあいのおじさんが一人、母子の三人家族が一組、計一四名だった。このグループは最後までいっしょに行動した。父と次女は食糧係、そして、父の手には五女の京子の手がしっかりとにぎられていた。母は、みんなの着がえをいれた大きな風呂敷づつみを背負っていた。そして、六女の幸子の手を引いていた。次男の政幸は三女がおぶっていた。私は、水のはいった大きなヤカンと一升びんを肩からぶらさげていた。四女の昭子は小さな荷物を手にもって一人で歩いた。その日の夕方には、私たちはタロホホについていた。

タロホホの学校に近い橋にさしかかったとき、反対方向からくる一団に出会った。それは、おなじ組の具志さん一家を中心にした一団だった。話では、先日は三キロほど先の牧場地域に避難していたが、一日中、敵機の機銃掃射にあって、とても生きたここちはしなかった。だから、その方向へひきかえす気になれないという。私たちにしても、艦砲射撃や照明弾のなかをやっとの思いでここまで逃げのびたという思いだったから、さて、これから、どうしたものかと思案をしながら立ちつくしていた。

ちょうどそのときだった。頭の真上に照明弾がつぎつぎに撃ちあげられた。あたりは真昼のような明るさになった。つづいて艦砲の発射音がする。砲弾の飛んでくる音からして、これはまちがいなく

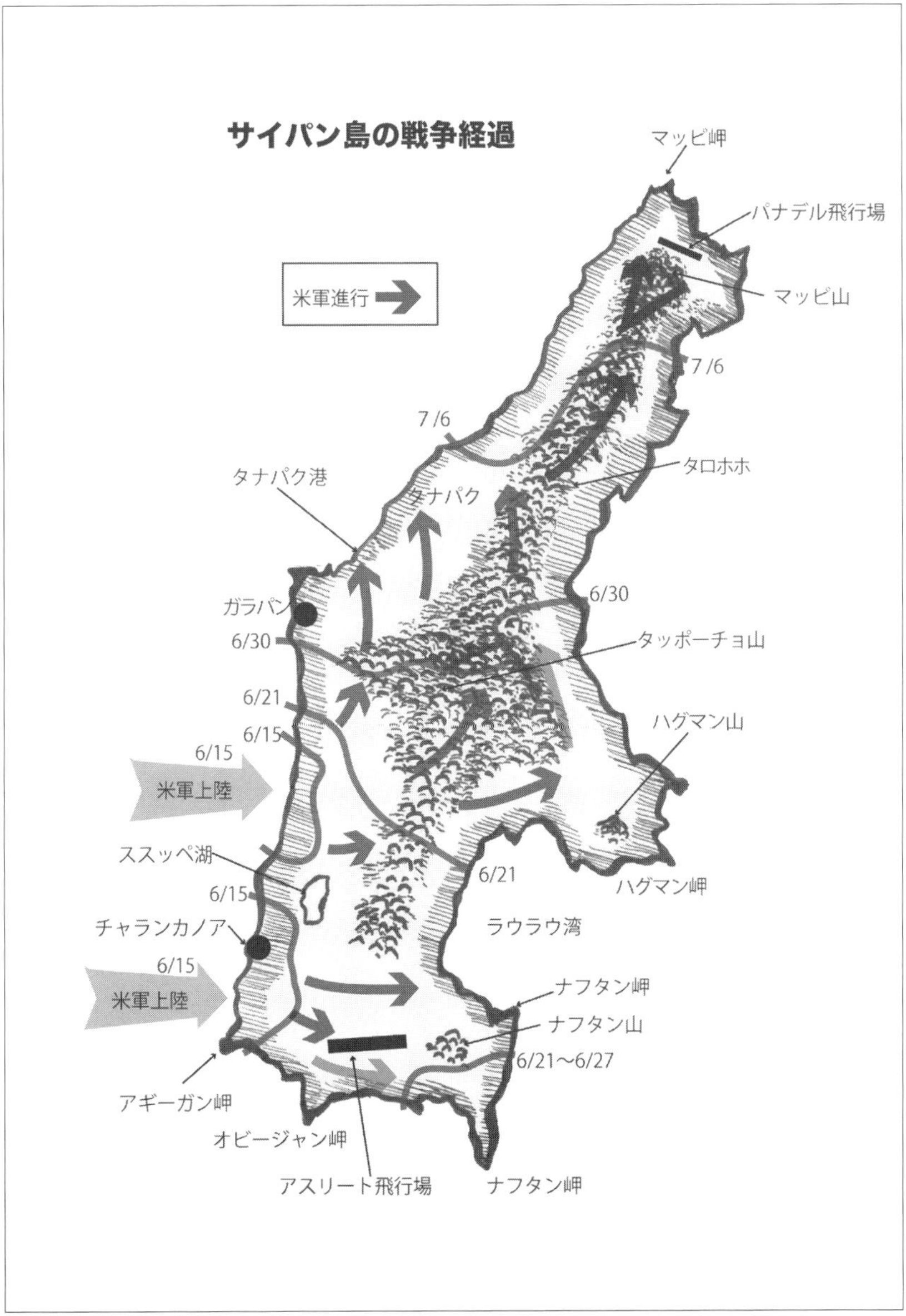
サイパン島の戦争経過
米軍進行
マッピ岬
パナデル飛行場
マッピ山
7/6
7/6
タロホホ
タナパク港
タナパク
ガラパン
6/30
6/30
タッポーチョ山
6/21
6/15
ハグマン山
6/15
米軍上陸
ススッペ湖
6/21
ハグマン岬
6/15
チャランカノア
ラウラウ湾
6/15
米軍上陸
ナフタン岬
ナフタン山
6/21〜6/27
アギーガン岬
オビージャン岬
アスリート飛行場
ナフタン岬

身近におちる。一瞬、身の危険を感じて身がまえる。その瞬間、耳をつんざくような轟音とともに、そこら中で砲弾が炸裂した。あたり一面、土埃りと硝煙でなにも見えなかった。気がついたら、私は地面にふせていた。五女の京子は爆風でふっ飛ばされ、腹も胸も石にはさまれ、手だけばたばたと動かしていた。声もだせなくて、ほんとうに死ぬかと思い、とてもこわかったと、そのときのことをいまもはっきりと覚えているという。さいわい、父が見つけてひっぱりだしてくれた。奇跡的に、かすり傷ひとつなかった。ほかのみんなも無事だった。

一難さってわれにかえった私たちは、おたがいに名まえを呼びあいながら、橋の下におりていった。しかし、橋の下はすでに兵隊さんたちで満員だった。負傷した兵隊さんもいた。いまさっきの砲撃は、この橋にたいする狙い撃ちだと考えた私たちは、ここにいてはあぶないと思い、そのまま海岸へ向かって足ばやにおりていった。

私は、しばらくしておへその近くがずきずき痛むのを感じた。よく見ると、上着とシャツを焦がしておなかに二センチほどの火傷をしていた。先ほどの橋の上で、まっ赤に焼けた破片の上にふせたにちがいなかった。一瞬のちがいで、もし破片より先にふせていたら、その破片は腹にめりこんでいたかもしれないと思うと、ぞっとした。さいわい、私はあとにも先にも戦争の傷はこの火傷だけですんだ。

海岸には、高さ一〇メートルもの切りたった大きな岩と岩とのあいだに、幅七メートル、長さ一五メートルほどの広場があり、岩の下のほうには、大きな割れ目などもある格好な避難場所を見つけ、そこに三日間いた。しかし、三日目には艦載機に見つけられ、機関砲をぶちこまれて、命からがらそこを逃げだした。

父は自決を覚悟していた

私たちは、その足でカナベラへ向かった。その日、途中で二度目の艦砲をくらった。そのとき、具志の三郎兄さんをふくめて三人が死んだ。具志の三郎兄さんは子どもをおぶっていた。彼は、士官学校生だった弟が、その三月に帰省したときに家においていった昭和刀（当時の指揮刀）をもっていた。その昭和刀をつっかい棒にし、まるで三脚がつったったような格好で首がぶったぎられていた。背中の子は首に手をあてていたとみえ、中指から小指まで三本の指が首とともに切り落とされ、泣きわめいていた。私たちは手ばやく子どもをおろし、死体は道ばたにそっと寝かせた。このときも、さいわい、私たちのグループは全員無事だった。ここで二つのグループはべつべつのコースを選んだ。私たちは、それから数日間、ショウシズ林のなかを壕をさがして歩きまわった。

そんなある日、ちょっとした岩場を見つけて、そこに身をよせた。一息ついてから、父たちは食糧をさがしにでていった。夕方になって父たちは、「戦果、戦果」といいながら戻ってきた。なんでも食糧さがしの途中に一軒の農家があり、そこに大きな牛が機銃で射ぬかれて倒れていた。これさいわいと、その肉をえぐりとってきたという。ついでに大きななべも持ってきた。もちろん、水もたんと持ち帰った。さっそくその肉を牛汁にした。その晩は、久しぶりのごちそうにみんな舌鼓を打った。

夕食を食べながらの父の話では、すぐ近くで源本さん一家に出会ったという。大きな木の下に一家が寄りそって避難していたが、みんな元気だったそうだ。こんな山のなかで、しかも、ごく身近に住んでいた知りあいに出会い、みんな元気だったと聞くと、なんとなく、ここは安全な場所のような気がして、ちょっぴり安堵した気分になっていた。久しぶりにいいことずくめだったその夜は、腹いっぱい食べたことも手伝ってか、ぐっすり眠った。

朝になって、夕べの残りものを温めて食べているところへ、ちょっとでかけていた父が血相を変えてとんできた。帰るなり、父は大声で、「ここはあぶない。すぐ荷物をまとめて出発だ」と命令した。

一瞬、敵かと思ってみんな大さわぎになった。だが、なんのことだかわからなかった。片づけながらの父の話では、源本さん一家をたずねたのだが、きのう、いたはずの木の下にはだれもいなかった。そんなはずはないと近づいてみて驚いた。直撃だった。木の根もとには大きな穴があいていた。そこら中の木の枝が折れ、幹も大きくえぐりとられていた。おまけに、そこら中に肉のかたまりが飛び散り、木の幹や枝などにもくっついていた。この一撃で源本さん一家はあとかたもなくふっとんでいたのだ。父は、あまりのすさまじさに、一瞬、声もなく立ちすくんだという。次の瞬間、ここはあぶないと思ったときは、もう、みんなのいるところに走り出したという。

これだけ聞くと、もう、じっとしているわけにはいかなくなった。手ばやくなべのお汁で火を消しとめ、逃げるようにその場を立ち去った。何時間、歩きつづけただろうか、そのあいだ、だれも口をきかなかった。

途中、大きな木の下で、みんな輪になって一休みした。そのとき、父が自決をしようと言いだした。その理由はこうだった。毎日、背後から敵に追われ、いつつかまってしまうかわからない。捕虜になることは死ぬよりもはずかしいことだ。さらに避難中にみんなも見てきたように、攻撃を受けるたびにどんどん死んでいく。しかも、たとえ家族が死んでも、そのままほったらかすしかない。そんなとき、家族がバラバラになることはとても耐えられない。だから、みんないっしょに死のうと言った。当時、父は、チャッチャをでるとき、軍にもらった手榴弾一個とダイナマイト三本を自決用として、つねにふところにいれて持ち歩いていた。

ほとんどの者が即座に賛成した。とくに姉たち二人は、敵の捕虜にでもなれば、若い女はおもちゃにされるということを、耳にタコができるほど言いきかされていたから、積極的な賛成者だった。だが、ただ一人、四女の昭子は、自決と聞いたとたんに大声で泣きだし、列をはなれて必死に自決をこばんだ。つづいて私も自決に反対した。いまは、みんなたたかっている。日本人なら最後まで生きてたたかうべきだ。自分から死ぬのはよくないことだ。もし、避難の途中で、私が傷ついて死んだり、動けなくなったりしても、そのときはほうっていってもいい。それはしかたのないことだ。そう言って、私は妹とともに列をはなれた。当時、私もいっぱしの軍国少年だったから、こんなもっともらしいことを言っていた。

その二人の行動を見ていた母は、こう言った。「お父さんの言うとおりだと思うが、二人の子どもが死ぬのはいやだと言う以上、無理に死なせるわけにはいかない。しかたがなければ、お母さんは残って二人の最後を見とどけるから」と言って、私たち二人のほうに加わった。こうなると、父もそれ以上はなにも言わなかった。

いっしょだったおじさん、おばさんたちから、妹の昭子は、泣き虫、弱虫とつめよられはしたが、とくべつな強行意見もでずに、ひとまず自決はとりやめた。いま、考えてみると、自決をしようと言う気持ちも、それをとりやめたのも両親のやさしさと思いやりだったような気がしてならない。

それにしても、昭子は死ぬということがほんとうにこわかったようだ。だから、兄貴がいちばんの味方だったといまでも言う。いずれにしても、昭子のどうしようもないほどの死にたいする恐怖が、みんなの命をすくったことはまちがいない。そのあとにも、二回も自決をしようとしたが、つねにおなじことで自決はまぬがれた。

まさにここは地獄だ

どうしても壕を見つけなければ安心できない。そんな気持ちから、私たちはふたたび海岸のほうへ向かって歩いた。海岸ちかくは岩がごつごつしているうえに、アダンや雑木がからみあっていて、まるでジャングルのようだった。そこには多くの人たちがいた。右に左に出会う人たちは、みんな思い思いの方向に向かっていったりきたりしていた。ただ追いたてられて、足にまかせて動きまわっているようにも思えた。兵隊さんにもあっちこっちで出会った。こんなにもたくさんの人たちに出会ったが、チャッチャの人たちには一人も出会わなかった。集団、家族づれ、一人ぼっちでつったっている人、傷ついた人、死んだ人など生なましい光景をいっぺんに見た。

あっちからもこっちからも傷ついた人たちのうめき声がきこえ、「水をくれ」「小便でもいいから飲ませてくれ」「苦しいよう」「兵隊さん、殺してください」などと必死に叫んでいた。まさにここは地獄だった。もちろん、だれ一人、こんな人たちにかまってあげられる人はいない。さけるようにしてまえへまえへと歩きつづけるだけだった。

私たちは、その日の夕方、やっとの思いで壕を見つけた。かなり大きな壕で、かなりの人たちがすでにはいっていたが、なんとか無理に入れてもらった。岩が切りたっていて、大きな木が生い茂り、周囲にはなにも見えなかったが、夜は波の音が聞こえていたから、海のすぐ近くだったにちがいない。その近くに水はまったくなかった。私たちには、ごくわずかな水しか残っていなかった。

小さな子どもたちは、あっちでもこっちでも、水を飲みたいと言って泣きだす。子どもを泣かせて、敵に見つかったらどうするつもりだ、と兵隊さんにどなられる。泣く子は、さっさと連れてでていけ、首をしめて殺してしまえ、自分の手で殺せなかったら、ここへつれてこい、殺してやるからと、とにかく問答無用だった。しかたなく、わが子をしめ殺す親・泣く子をかかえて、しぶしぶ壕をでていく母親もいた。そのたびに私の母は三歳の政幸と五歳の幸子をしっかりと抱きしめながら、泣いたらたいへんだよとくりかえし言いきかせていたが、弟や妹たちはみごとなまでに聞きわけがよく、がまん強かった。じーっとこらえて泣かなかった。

二日めの夜、水をさがしにでかけていた父は、朝方になって帰ってきたらしい。農家のタンクの底にあった、どろどろの水を持ち帰ってきた。そんな水を子どもに飲ませるわけにはいかないと言う母、どこを、どうさがしても、水は、もう、これしかないのだからと言う父。思案のすえに風呂敷やタオルで何回も濾して、やっと喉をとおるような水を水筒に二杯くらいしぼりだした。もちろん、その水は、一口ずつ喉をうるおすていどにたいせつに飲んだ。

三日めに友軍の一団がやってきた。隊長らしい一人が壕のみんなに命令した。まもなくここは戦場になる。この壕は軍の作戦上、必要なので、避難民はただちにここをでるようにとのことだ。軍の命令とあっては一言もなかった。しかも、すぐ近くに敵がきているということでは急がねばならない。どこといって行くあてもないままに、避難民はつぎつぎと壕をでていった。私たちも壕はでたものの、海岸ぞいには逃げられそうもない。しかたなく、また山の手のほうへ向かった。それからいく日かは、以前のように山のなかをあっちこっちさまよい歩いた。

このころになると、敵の進撃はその速度を増し、農民の逃げ足よりもはやくなっていた。五〇〇メートルの近さに敵の戦車を見ることもあった。すぐ近くで敵の兵隊を見たという人もいた。

砲撃も艦砲射撃から戦車砲や機関銃に変わっていた。いよいよ最後のときを感じた母は、子どもたちを集めて、チャッチャをでるときからだいじに持ち歩いていた大きな風呂敷づつみをほどき、新しい服に着がえさせた。母は、みんな、いつ死ぬかわからないのだから、せめて服だけでもきれいなものをつけておこうね、と一人ひとりにはげますように言っていた。そのときの母の心は、やり場のない悲しみに包まれていたにちがいない。

ある朝のことだ。私たちが朝食をすませ、一息ついていたところ、すぐ上のほうで戦車の音が聞こえた。しばらくしてスピーカーで放送しているのが聞こえた。その声は日本語らしかった。でてこい、でてこいと言っているようにも聞こえたが、はっきりしなかった。それからしばらく物音ひとつしない静かなときがすぎた。とても無気味だった。私たちは声ひとつださなかったが、おたがいにめくばせしながら山すそに向かってゆっくり動きはじめていた。

一〇分もたっただろうか。上の戦車がいっせいに火をふいた。あたりかまわず戦車砲がぶちこまれた。つづいて機関銃が撃ちこまれた。父の「走れ！」と言う声に、みんなは一目散に走った。あっちこっちで戦車砲が炸裂し、機関銃の弾は、ピューピューと音をたてて頭上をかすめた。プスッ、プスッと地面につきささる音も聞こえた。しばらく撃ちまくると、砲撃はピタッととまった。しばらくすると、また撃ちはじめる。私たちは砲撃がやむたびに、おたがいに名まえを呼びあって安全を確かめあいながら、また走った。

どこに、どうひそんでいたのだろうか、砲撃がはじまると、あっちからも、こっちからも人びとが走りでてきた。かなりおおぜいの人が山すそにむかって走って行ったが、砲撃のたびに人が倒れた。そんな人たちをだれもかまってはいられなかった。どのくらい走ったろうか、山すそについたときは、砲撃はやんでいた。さいわい、私たちのグループは全員無事だった。

とつぜん、父が消えた

私たちは、その日のうちに、もう一つ山を越えた。いや、山というよりは、小高い林といったほうが正確である。この林も、私たちにとって安心できる場所ではないことがすぐに判断できたので、さっそく岩場を求めて海岸の方向へ進んだ。波の音の聞こえる海岸ちかくにたどりついたときは、もう夕ぐれどきだった。この方向へ追われた人びとはみんなおなじ気持ちだったようだ。雑木の茂みをぬけると、海が見えた。手まえには珊瑚礁の広場が見渡すかぎりつづいていた。

月夜だったのか、それとも星が明かるかったのかははっきり覚えていないが、かなり遠くまで見とおせた。先にきていた人たちが、ごつごつした岩場を列をつくってわたり始めていた。私たちもその列に加わって歩いた。三〇〇人以上もの人だったように思う。しかし、この長い人の列は、まるで巨大な蛇のように曲がりくねっていた。ただひたすらまえの人につづいて黙々と歩き続けた。この長い行列の途中で、「小便に」と言って列を離れた父は、ついに帰らぬ人となってしまった。

じつは、そのときのようすを五女の京子がはっきりと覚えている。避難中、いつでもしっかりと父に手を引かれていた京子は、「ちょっと先に行っていて、すぐにもどるから」と言って、父は手を放そうとしたので、逆にしがみついた。すると父は、少し強い調子で「小便にだ。すぐにもどる。心配するな」とくりかえした。しかたなく手を放したが、とてもこわかったという。私は家族の一番うしろだったので、父は私にも「小便に」と言って列を離れたのだが、そのまま帰ってはこなかった。

二、三時間も歩きつづけたころに、反対側からくる行列とすれちがった。こんなことが何回かあったが、べつに気にもしなかった。それからしばらくたってから、この行列はどこかで引き返していることに気づいたが、それでもまえの人について歩くしかなかった。

まもなく私たちにもその理由がのみこめた。じつは、この岩場はそこで切れていた。その先は二〇〇メートルもあっただろうか、まっ白な砂浜がつづき、その向こう側には切り立った岩と木の茂っている山が黒ぐろとつづいていた。そのあいだの左側の陸地は高台になっていて、見とおしのよくきく広場だった。しかも、その高台には敵の見張りがいるらしく、ときどき探照灯で砂浜を照らしていた。ここはひき返すしかなかった。

それから何時間、歩き続けただろうか。明け方ちかくなってようやくアダンや雑木の茂った場所にたどりついた。みんな疲れきっていた。適当な岩陰を見つけ、そこで一夜を明かした。それから捕虜になるまでの一週間、ここが最後の避難場所となった。

あくる朝になって、私たちはたいへんなことに気づいた。昨晩は、一キロ四方の珊瑚礁の広場を歩きまわっていたのだった。そして、たどりついた茂みは、まったくの袋小路だった。私たちは、とうとう身動きのとれないところへ追いこまれていた。どの岩かげにも人がへばりつくようにしてひそんでいた。石を積みあげて隠れている人もいた。兵隊もかなりいた。いたるところに人の死体がころがっていた。子どもの足ではまたげないほどにふくれあがったのもあった。まっ黒に見えるほど、ハエがたかっていた。そして、傷口からはウジがわいていた。

その日から父がいないので、私たちにとってはそれこそたいへんな毎日だった。食糧は、次女のもっていたわずかな量のものしかなかった。水や食糧さがしも、姉ら二人と私の三人でやらなければならなかった。パパイヤの木を削って、そのしんを食べた。サトウキビをかじって一日中、飢えをしのいだこともあった。鰹節を小さく削って、それをしゃぶって一日中がまんしたこともあった。

さいわいなことに、ここにきて二日めに久しぶりの大雨がふった。アダンの葉を樋にして必死になって雨水を集めた。ありったけのいれものに雨水をためた。タオルや風呂敷をそこら中にひろげ、雨水をふくませ、あとでそれをしぼりとった。シャツをぬいで頭や体を洗い流した。一人として隠れている者はいなかった。避難中に雨がふったのは、この二日め以外はほとんど覚えていない。

三日めの朝には、敵の戦車がすぐ上の高台にやってきた。スピーカーをとおして日本語で放送をはじめた。「もう戦争は終わりました。手をあげてでてきなさい。水も食べものもたくさんあります。早くでてきなさい。三〇分まちます」とくり返し放送していた。最後に「でてこなければ攻撃します」とも言っていた。しかし、そんなことをだれも信じなかったし、また、だれ一人でていく者はいなかった。三〇分がすぎたころに攻撃がはじまった。戦車砲をつづけざまにぶちこんで、しばらくするとひきあげていった。敵の戦車は午後にもやってきて、おなじことをくり返した。砲撃のたびに確実に何人かの人が傷つき、何人かの人が死んだ。その日から毎日、二回ずつ砲撃はつづいた。

こんなことがあってから、「この山にはスパイがはいりこんでいる。敵とつうじ、民間人をだますために水や食糧をはこんでくる者がいるから注意せよ。けっして捕虜になるな。捕虜になるくらいなら、自決せよ」という軍命令が伝えられていた。また、山をでていく者はうしろから友軍に撃ち殺されるといううわさも流れていた。

四日目に、二人の朝鮮人がスパイだということで兵隊につかまった。見せしめのためだったのだろう、近くにいた避難民が呼び集められ、みんなの見守るなかで銃殺が決行された。大きな木に後ろ手にしばられた。「私はスパイではありません。ゆるしてください」と必死にたのんでいたが、聞きいれられなかった。最後に朝鮮人は、「私もりっぱな日本人です。死ぬまえに天皇陛下万歳を三唱させてほしい」と申しでた。そのことはゆるされたが、万歳が終わると同時に容赦なく撃ち殺された。このときから日本兵は避難民からこわがられた。私たちはできるだけ兵隊をさけるようになっていった。

五日めの朝の砲撃で、私たちのグループで六人が負傷した。次女の信子は右の太股を破片で貫通された。三歳の政幸は破片が左の膝を上から下のほうへとおりぬけていた。政幸は、この傷がもとでキャンプにきてから破傷風で死んだ。四女の昭子は、腕に破片がめりこんだ。（その破片は五年まえに病院で取りだした）母は人さし指のつけねのところを一センチぐらいえぐられていた。親戚のおじさんは鼻をもぎとられた。いっしょだった六歳の女の子は腸がとびだしていた。一晩中、苦しんで、あくる朝に死んだ。

あれほどおそれていた捕虜に

それから二日間がすぎた。そのころには、そこら中が死人だらけになっていた。すわっていても、ウジが体にはいあがってくるようになっていた。のこった兵隊たちもつぎつぎに自決をした。夜のあいだに山を逃げだす者もいた。山には、生きている人はほとんどいなかった。私たちは、水も食べるものもまったくなくなっていた。

このままでは、死がおとずれるのはもはや時間の問題となった。私たちは山をぬけだすことを決意して、その日の午後、戦車の引きあげたころを見はからって上のほうへ登っていった。注意ぶかくあたりを見まわしたが、どこにも敵の姿はなかった。

サトウキビ畑の向こうに一軒の農家の屋根が見えてきた。きっと水があるにちがいない。そう思って、私たちはキビ畑のなかをその家に向かって急いだ。水があった。みんな腹いっぱい水をのんだ。

周囲のことなど誰も気にしていなかった。庭にはシャシャップが熟れていた。水を腹いっぱい飲んでいくぶんおちついた私たちは、庭木の下に座り込んで、そのシャシャップをみんなで食べた。ほんとうにおいしかった。

どのくらいの時間がたったか覚えていないが、私たちは、いつのまにか敵の兵隊にとり囲まれていた。敵兵は七、八名だった。だれかが敵だと言ったきり、私たちは身動きできなかった。銃をかまえて近づいてきた敵は、赤い顔をした、見たこともないような大男ばかりだった。頭から網をかぶっていた。はじめて見る敵の顔はとてもおそろしく、こわい顔だった。私たちは体をよせあってぶるぶるふるえていた。

それから私たちは追いたてられるようにして、二〇〇メートルほど離れた道のそばの広場までつれだされた。そこにも何人かの敵兵がいた。日系の二世だったのか、少し顔のちがった兵隊が片言の日本語で話した。お菓子やかんづめなどがくばられた。しかし、だれも食べなかった。敵のくれるものには毒がはいっていると思いこんでいた。一人の兵隊が自分で食べてみせた。「食べなさい。食べなさい。だいじょうぶ。心配ない。食べなさい」と日本語を話す兵隊がくりかえし言っていた。いっしょにいたおじさんが一口たべた。なんでもないことがわかって、みんなは少しずつ口に入れた。けがをしている弟には毛布をかけてくれた。

しばらくして大きなトラックがきた。私たちはそれに乗せられた。車に乗ってから、二人のおじさんたちから、父は山の中で死んでいたことが知らされた。自殺だったとも言っていた。あまりにむごい死に方だったので見せなかったと言っていた。言いようのない悲しみがこみあげてきた。みんな声をだして泣いた。母にうながされ、私たちはその山に向かって手をあわせた。いつまでも涙がとまらなかった。みんなだまりこんでいた。

あれほどまでに恐れていた捕虜、いま、私たちはその捕虜となった。

日本はかならず勝つと信じて疑うことのなかった、このいくさ。天皇陛下の御ために、お国のために、そして、東洋平和のために、最後まで戦う決意だった、このいくさ。昼夜のべつなく撃ちまくる砲弾のなかを、ただひたすら逃げまわった三九日間、そして、最後には友軍からも自決を強要され、ただ死ぬことだけを追い求めた、このいくさ。私たち住民にとって、いったい、このいくさはどんな意味があったのだろうか。心から平和を願う者は、いっさいの戦争準備を否定することからはじめなければならない。この記録は、その決意のためのものである。

私たちが捕虜になったのは、七月一九日、この日のことは、生涯、忘れることはない。

第二章　沖縄への帰還、青年団／教員活動（1）

成田千尋

一．沖縄への帰還と戦後初期の生活

サイパンでの生活と帰還（2）

捕虜となった有銘政夫氏（以下、敬称略）は、残された家族とともに、米軍がつくったサイパンの収容所で一年半ほど生活することになった。掘立小屋に住み、集団生活をすることは大変だったが、近くの農園の野菜などを使用した食事が配給される制度になっていたので、それほど食事に困ることはなかった。そのような中でも、有銘の母は残飯に含まれる果物や野菜の皮でおつゆを作ったり、朝早く起きて広場でかたつむりやねずみを捕まえてくるなど、栄養を補給しようと心を配っていたという。

収容所生活をしている間、同期生は半分は学校に行き、半分は軍作業に従事したが、有銘は学校に行くことを選んだ。日本が戦争に負けたことは知らされてはいたが、意図的に敗戦を否定する情報網があったためか、有銘を含め、それを信じない人たちもいた。空襲のため東京に出撃するB29を毎日のように見ていたが、行きと帰りの数を数えると同じだったため、これも「嘘だ」と考えた。八月一五日に玉音放送が流れた際も、その日本語が当時使用が奨励されていた標準語とは全く違うものだったので、それが天皇が話したことだとは信じられなかった。

その後、米軍のLST（戦車揚陸艦）で沖縄に帰る途中でも、アメリカ側が砲弾を処分しているのを見て、有銘は「アメリカが負けたから武装解除をしている」と自分勝手に思い込んだ。沖縄に近づいた際に空を飛んでいる飛行機につけられた星条旗も、最初は日の丸に見えたため、仲間たちと「（日本は）絶対に負けてない」と言い合っていた。しかし、船が近づくにつれ、沖縄が米軍に占領されているという現実が明らかになっていった。

家族との再会

北中城村の久場崎に到着した有銘一家は、またテント張りの収容所に入れられることになった。当時、戦争の中で残った家屋は少なかったため、米軍側が各地域に番号をつけ、人数ごとにどの家に配置するかを決めていた。また、引揚者が到着した際に、どの字の何番地の人が帰ってきたということがその地域の人に伝えられ、それを聞いた親族が引き取りにくれば、元の地域に帰れるようになっていた。有銘の場合は、親戚家族がやんばるに避難していたため、越来村にいた母の弟（叔父）が、一か月後に一人で収容所にいる有銘一家を訪ねてこられたという。(3)

その前の収容所での生活について、有銘は「艦砲ぬ喰ぇー残さー」を例に、以下のように語っている。

沖縄はいわゆる「艦砲ぬ喰ぇー残さー」の二番の歌詞があるさ。「神ん仏ん頼らん」。神様も仏様もあてにならない生活っていうことなんだよね。これはどん底だよね。普通は苦しいときの神頼みっていって、苦しい時でさえ神頼みはできるさ。それが神頼みもできないというのは、生活じゃないよな。（中略）「畑やカナアミ銭ならん」。畑は占領されて、軍事基地だから。耕すこともできない。これ、二つ目ね。これも、大変だよね（笑）「屋小や風ぬうっ飛ばち」。家は、暴風が吹っ飛ばして。掘立小屋だから、風が吹いたらなくなるわけよね。だから、「戦果かたみてぃすびかってぃ」になるわけだよ。(4)

当時、収容所は鉄線で囲われ、見張りもたくさんおり、そこから出ることは罪となった。しかし、「もともと沖縄は自分らのものだ」という意識もあった有銘らは、仲間とともに、「戦果」をあげようと試みた。一組には大きな袋を持たせて見張りの注意をそらせ、その間に別の組が外に出て「戦果」を探しに行ったのである。帰る時も同じように見張りの注意をそらせ、一組が捕まっている間に「本物かついでる連中」が中に入った。アメリカは敵だと考えていたため、「戦果」をあげると英雄視された。

有銘が叔父と対面する頃になると、米軍基地の整備に伴って避難地域が開放され、住民は次第に元の市町村に帰れるようになっていった。しかし、有銘が戻るはずだった字森根は、既に嘉手納基地の一部となってしまっていたため、森根の住民の移動地は同じ越来村の園田に指定された。有銘は、沖縄から帰って数か月後、そこでやっとの思いで祖母をはじめ、親戚と再会することができた。戦争中は叔父が引き取っていた有銘の祖母と、夫が戦死した有銘の姉とともに、戦後の生活が始まることになった。

その後、有銘は近くの安慶田小学校の高等二科に数週間通って卒業し、コザ高校に進学した。戦後の混乱の中、有銘が入学した年から高校は試験制となり、有銘が高校二年生の時に六・三制度が取り入れられた。このため、一年間は一年生が入ってこず、有銘も二年間二年生のままとなり、四年間の高校生活を送った。(5)

二　小学校教員に

代用教員としての就職

コザ高校校門（沖縄県立コザ高校70周年記念誌より）

一九五〇年三月にコザ高校を卒業した有銘は、まずコザ高校の先輩の紹介で、ライカムのライブラリーで三週間ほど庭造りをすることになった。給料は館長のポケットマネーから出ていたが、週給は七ドルか八ドルで、当時では「相当の高給取り」だった。

そして、有銘は同年四月にコザ高校に設置された英語速成科に半年通った後、九月から英語の代用教員として越来小学校に着任することになる。英語速成科出身であった有銘には、英語教育が義務付けられており、科配当のようなかたちで配置された。

越来小学校がある越来村は、戦後は嘉手納基地に隣接する基地の街となり、旧村域の約三分の二、耕地としても約四三％が軍用地として接収され、米軍関係の雇用が圧倒的に多くなっていた。米軍人相手の繁華街で働いている父母も多くいた。しかし、もちろんみんなが軍事支配を歓迎していたのではなかった。

生活のために、背に腹は変えられないから、その中で、一生懸命生きたということは、事実だけ

ど、この人たちの方がむしろ、実際にはもう屈辱を感じながらさ。ある意味ではぶんなぐってやりたいという、衝動にかられながら、その中で、我慢し続けたりとかね。（中略）

僕らは、どっちかというと自分の生活は、間接的にはあったとしてもさ、戦果がなければ生きられなかった暮らしがあったけど、アメリカのものを食ってたって、それ恩恵と思う馬鹿がいるか。なんで、ちゃんと僕のうちでやったら、地域では、屋敷もあったし、畑もあったわけだから。耕せば芋は自分でも作れたのに（笑）。

そういう、実際には、直接接してる時にはね、ほんとにトラブルもあったし、とっくみあいもしたりもするし、まあ、こういうのが、学校の、実態だったんだよ[6]。

沖縄戦を経た後でアメリカに占領されたため、最初は「やっぱり鬼畜米英じゃなかった」とアメリカを見直した部分もあったが、軍隊の圧力を受ける中で、「軍隊はやっぱり軍隊だ」と実感する部分も出てくることになった。嘉

1950年代に撮影された越来小学校の様子（所蔵：沖縄市総務課　市史編集担当）

手納基地と隣接し、米軍と日常的に接していた越来村では、その影響をもろに受けることになったのである。

教員となった理由

ところで、有銘は最初から教員になることを目指していたわけではなかった。本来ならば生活のために軍作業に行きたかったが、教員不足であったために、先輩から引っ張り込まれたというのが理由だった。

（教員に）なろうと思ったんじゃないんだ。引っ張り込まれたんだよ。たまたまその頃は学校の先生というのはとにかく生活できんからね、資格を持っている人たちでも軍作業行かんと生活できんから、有資格者でも経験者でも（軍作業に）行っちゃうもんだから。それで、子どもも増えるでしょう?だから新制高校の卒業生たちを待っているわけだ。校区で。僕などは最初から軍作業行くつもりだから、たまたま僕が高校卒業した年は、教員訓練所というのができたわけだ。教官補という免許証をくれる。当時の文教局が主催する教員速成科というのができたんだ。それと同時に英語速成科もできた。僕は軍作業行きたいから英語速成科に入ったんだよ。だけど校区の先輩たちは良く知っているもんだからさ、南洋帰りも多いし、みんなお隣近所お付き合いだからね。高校の恩師もいるわけさ、高校で。だから（中略）学校に引っ張り込もうと思って。卒業するのを待って、毎日詰めているわけだ。交代で説得に。朝から職場探しに出る先輩を訪ねたり、友達を訪ねたりあちこち回って歩いて、情報交換したり収集したりして帰ってくるとね、いるんだよ。校区の先生が、来ているわけだ。母は本人しか分からんと言って、ずっと待っているわけだ。「いるかー?」「いる」と言うと家に帰らんわけだ。友達の家遊びに行ったりしてね。二週間ぐらい逃げ回っていたかね。で、どうしようもないわけだ。直接知り合いの先輩でしょう?学校の先生でしょう?職見つかったかっていったら見つかってない。だから、僕はどっちかって言ったら引っ張り込まれた方だ。

もうしょうがない。親しい友達の家回ってこんなして二週間ぐらい苦労しているけど、どうしたらいいかって。そしたら「お前先生になれ、お前先生にむいているよ」って誰も反対しない[7]。

一九六〇年代になると、琉球大学で免許を取った教員が圧倒的に増え、教員という職業も安定し、花形のようになるが、それ以前は状況が違っていた。戦前の沖縄島には約三〇〇〇名の教員がいたが、沖縄戦を経て戦後に教員として復職したのはその三分の一でしかなかったと言われるように、教員不足は当時深刻な問題であった。また、教員給与の低さから、教員としての収入のみで生活するのは困難であり、離職率も高かった。このような状況の中でも、有銘と同学年の人々は最も多く学校の教員になったという。教員仲間の間では、通信教育を受けて単位を取ろうという話が出て、通信教育友の会ができたりもした。有銘自身も、日本大学の通信課程を経て一九五二年に教員免許を取得したが、その過程でスクーリングのために毎年東京に行ったという。

教育環境

米軍の占領下という状況では、教育自体にも様々な困難が伴った。有銘が教員となった一九五〇年九月の段階では、既に終戦から五年が経過していたが、まだ「馬小屋校舎」と言われる「土間で、机や腰掛があって、窓もない。大雨が降ったら吹き込む」というような校舎が使われていた。それから二、三年後に職員室や備品室は瓦葺の鉄筋コンクリート製になったが、それ以外は馬小屋校舎のままだった。窓は窓枠にテントをたらしたようなものであり、床は土間のままであったため、横殴りの雨が入れば泥んこになり、もちろん戸締りもきちんとできなかった。教科書も、戦争

直後は入手できず、手作りの場合もあったが、その後教職員が出資して文教図書という
日本で使われている教科書を購入するようになった。ただし、このような「ないないづ
況であったからこそ、逆に父母との連携や地域とのつながりは深くなった。

父母との連携、子どもたちの日常的な生活指導まで、親も、地域も、みんな一緒。みんなが集まってきて、奉仕作業で、すべてが、できたし、手作りだからね。その意味

教育にはない。(8)

学校の先生に対しては、父母も地域も協力し、子どもたちを守りながら育てていこうという情熱を皆が持っていた時代でもあった。「だから子どもたちは生きられたんだよ」と有銘は語る。地域と密接な関係を築くことができた理由の一つとして、当時の青年教員が放課後は青年団の団員として地域と密着した活動を行っていたことがあった。

三、初期の青年団活動

青年団への加入

1957年に撮影されたコンセッ
沖縄市総務課　市史編集担当)

p43 キャプション訂正

誤

1957年に撮影されたコンセット教室での授業風景(所蔵
沖縄市総務課　市史編集担当)

訂正

1957年に撮影されたコンセット教室での授業風景
沖縄タイムス提供

青年団（青年会）は、戦後沖縄の祖国復帰運動の一端を担った重要な組織の一つである。廃墟と化し、多くの人命が失われた戦争直後の沖縄において、復興のためには若者の力が不可欠であった。かろうじて生き残った若者たちは、男女を問わず各地で再興された青年会になかば強制的に加入し、規格住宅の建設、戦場となった土地の開墾、遺骨や砲弾の収集などのために力を尽くした。特に、基地に囲まれた中部地域では、米兵の徘徊から婦女子を守るために自警団が組織され、夜には六尺棒を持った若者たちが集まって米兵の監視にあたった。

学年では有銘の五年先輩にあたる仲宗根悟[9]も、初期から青年団運動に関わってきた一人である。仲宗根は、一七歳の時に海軍に強制志願させられ、佐世保で基本訓練を受けた後、鹿児島の海軍航空隊出水基地を経て、最終的に台湾守備隊に配置換えとなり、台湾で終戦を迎えた。沖縄に戻ったのは一九四六年の一一月であったが、廃墟となった故郷の様子に衝撃を受け、「過酷な現状を、見定め、確認せんといかん」ということで、翌年に仮住まいのある美里から、東海岸を回って糸満までの一帯を三泊四日で歩いて見て回った。このことが戦後闘争の原点となったという。[10]有銘は、仲宗根の話を受け、青年団運動について以下のように語っている。

先輩もそうだけれども、僕などはサイパンから沖縄に帰って、戦後を見てる。実際にサイパンでも戦争の渦中にあった。こういったメンバーも多いわけ。南洋帰りというのは多いわけよ。それから、まあ、幸か不幸かは別にして、軍隊っていうところに入ってさ。それで幸いに、生き残って帰ってきた人たち。ヤマトに行って出稼ぎに行ってて帰ってきた人たち。この人たちは、かなりもう、意識的にもかなり自覚してる青年でしょ。この人たちの発想の仕方はね。沖縄の戦後の起点になってると、僕は思うよ。で、理由は、先輩が言ったように、本当に自分の足で、沖縄を見ようと言って三日間かけて歩いたという。こんなこと僕らはやらないわけよ。ね。僕らの世代はおそらくやらないはずよ。延長線上の中にあるから。で、ほんとに軍隊というので、世界を見、軍隊の、戦争の悲惨さを見て、それで帰ってきて郷土が焼け野原になってる。そこで、物を考えた人たちはね。青年運動を起こすわけよ。いろんな、職場でもなんでもね。で、だから戦後の何はそういった体験者、が、本気になって、これは違うと。この発想は違うという、まあ、強弱はあってもね。どこかでその、ものが、突き動かしたっていう、ものがあるわけね。[11]

有銘自身は、沖縄に到着した時は一四歳であった

ため、戦後の復興の中心として青年団に関わってはいないが、地域の復興のために献身した先輩たちの取り組みから大きな刺激を受けていた。今の沖縄市八重島に通じるあたりの「ニシムイ」と呼ばれる一帯で、巨大な岩山（原文ママ）が台風で落ちてきて道路を塞いだ際に、青年団がこつこつとツルハシと大ハンマーで岩を砕き、全て片付けて通行できるようにした場面を見た時はいたく感動し、「大きくなったら青年団に入ろうと心密かに思った」という。[12] そして、一九五〇年九月に小学校教員に着任するとともに、青年団運動にも積極的に関わっていくことになる。

青年団活動

この時期は、青年団運動が非常に活発であり、越来村では若者は全て、教員の七〇％が青年団に加入していた。有銘は「青年団運動は日常化していて、非常に重要な役割だった」と語る。

学校の校舎建築をはじめあらゆる行事に、青年団というのはもう、最大限の力を発揮したからね。逆に、僕らが学校の教師をしていただけに、いわゆる青年団のリーダー的役割を担っていた。だから五時までは学校の教員だけど（笑）、五時以降は青年団。重要な役割を果たしていたと思うよ。当時は。特にこの中部ではね。地域の治安維持のために絶対に必要だったし。いろんな社会運動は、青年団を中心にやったからね。でも、一番多いのは軍作業の人たちだからね。でも、よく集まったし、みんな協力的だったよ。[13]

五〇年代の青年団の活動は、署名運動の他に歓楽街設置反対運動、警察予備隊募集反対運動、島ぐるみ闘争、自衛隊員募集反対運動、原水爆禁止運動、公明選挙運動と多岐にわたっている。また、社会運動だけではなく、レクリエーションという言葉をはやらせたり、フォークダンスを講習するなど、新たな文化の受け入れにも敏感であった。のちには、成人式を主催したり、村会議員立候補者の合同演説会を持つこともあった。選挙の際には、監視団として道で見張りに立ち、当選した議員宅に保革の別なく酒瓶を持って訪ねることも役目となっていた。このような青年団の活動は、時には米軍の干渉を受けることもあった。

朝鮮戦争

有銘が教員となった一九五〇年は、朝鮮戦争が勃発した年でもあった。その前年の中華人民共和国の成立とこ

1956年にコザ小学校で開催された第1回エイサーコンクール（所蔵：沖縄市総務課　市史編集担当）

の戦争は、アメリカが沖縄の基地化を進める契機となった。朝鮮戦争中、沖縄は米軍の後方基地となり、嘉手納基地からは直接B29が爆撃を行った。このような状況の中、戦争が勃発した翌月の七月には、軍命によって沖縄民政府が灯火管制実施計画を考案し、各首長は住民地域での灯火管制の実施に責任を負い、同月から灯火管制が行われたという。翌年一月には米国民政府が防空心得を通達し、各市町村での「警防団」設置が定められた。

これに対し、有銘ら青年団員は、正面から協力を拒否した。当時、青年団では非常時に備えて鐘の代わりに酸素ボンベをつるしており、米軍や警察などが灯火管制について知らせるために、それを使って協力してほしいと依頼してきたことがあった。米軍側が協力を求めた理由としては、青年団の規約の一項に、「地域住民の生命と財産を守る」とされていたことがあった。これに対し、有銘らは「じゃあもう青年団解散だ」と言い、従わない姿勢を見せたという。以下は、有銘が語った当時の状況である。

朝鮮戦争っていうのは、実際にはいわゆる南北の戦争を言うわけだけど。当時から、北からの脅威っていう言葉は一貫してるわけだ。それから、ソ連の脅威というのも、北からの脅威でしょ。で今に至って、北朝鮮という、北からの脅威論というのを言うわけでしょ。だから、まあ、その都度、僕らは矛盾をぴんと感ずるわけだよね。例えば、灯火管制という時もね。「もし攻めてきたら、空襲警報をやるから、灯火管制やれ」というわけでしょ。これは警察と消防団と、アメリカが一緒になって、司令を下すわけだ。で「灯火管制やれ」と。まあ、当時の日本軍みたいな強制はなかったけどね。それでも、一定、通達は来て、それらしいことはする。させられるような。でそれに協力しろということが、自治会長、区長を通じてあったから。で、聞いてみたら、「いや、あんたがたがこれ困るというから断るよ」と言ってたけど、「区長さんが困る必要ないよ、僕らが断るから、受けたことにしよう」と。区長さんが伝えてあるということ、「あんたは言ったことにしなさい」と。「僕らは聞いたことにするから」ってね。警察も一緒に来ていたからね。それで僕らは、学校の後ろにある森に集まって、懐中電灯を照らしたり、ろうそくつけたり、タバコをぷかぷかさせたりして、逆に火に（笑）。

それでも、もっともらしいことに、「北からの脅威でソ連が攻めてくる」と言うから、結局、「攻めてくるっていうことの場合は、僕らは経験してるよ」と。「日本もそう言ってた」と。「灯火管制と言ったけどね。アメリカは攻めてきて、関係なかったよ」と。（笑）例がある。で、「その時でさえそうだから、今、アメリカが、日本を攻めたという時も、日本軍も灯火管制やったら大丈夫だと言ったけど、大丈夫じゃなかった」。でその、アメリカの、守りを突破してくる、仮にくるとすると、それに勝る機能を持って

朝鮮戦争当時使用されていたと思われる酸素ボンベ
（所蔵：沖縄市総務課　市史編集担当）

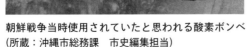

るわけだからね。「防げるわけないよ」と。「僕らはそのことは、アメリカに教えられてよく分かる」。で、聞いてみたらさ。「なんで、私たちはそんなこと言いに来たかっていったら、あんたがたの規約を見た」と。言うわけさ。そしたらね、「地域住民の生命財産を、守ると書いてあった」と。だから、「もし空襲があったら、守るって書いてあるんだから、任務じゃないか」。「いや、そんなのは、空襲が来たら守れないと。これはアメリカが教えたんだから（笑）これは、必要ない」と。「でも、ちゃんとそういう規約もあるんだから、やるべきだ」と言うからさ。じゃあというんで、「ちょっと待て」と相談して、日米の役員が集まってるから、緊急会議を開いて解散したの（笑）「解散したからもうない」と。「規約も適用しないから。関係ないの」。そんなこと言って追い返したけどね。

だから、沖縄の体験、戦争というのを潜り抜けてきた体験ていうのは、ある意味で、戦争というのを、否定につらなるということも、表裏一体になってるわけよね。そういったことができた、言えた、できたというのは、やっぱり、青年団運動というのがあって、組織的に論議をしていたっていうことも、非常に役に立ってるよね。それと、復帰運動なんていう、ことで、政治にかかわって、ものを見ていたっていうこともね。大きな、影響はあっただろうね。(14)

一方で、軍労働者の人々は、米軍に駆り出された面もあった。例えば軍の炊事係でも、普通は三交代制であったが、途中で臨時的に昼勤の人たちを募集することもあり、そのような慌ただしい状況が笑い話として伝わっていたという。有銘はこうも語っている。

軍の移動によって、通常の軍労働者の時間帯では、間に合わせないような状態が、沖縄では軍事としてあったというのは事実なんだよ。だから、沖縄が朝鮮戦争に関わってるってことは、非常に重要なことではあるんだよね。米軍基地があったために、沖縄は相当利用されてるよ。直接沖縄から行ったはずだからね。(15)

復帰署名活動

朝鮮戦争がその後アメリカと中国の介入によって国際戦争と化す中、アメリカでは軍部の発言権が強くなり、沖縄の帰属問題については、日本に沖縄の主権があることを認めつつも、実質的には国連がアメリカの信託統治の申請を承認するまでアメリカが沖縄に対し統治権を有することを規定するという「潜在主権方式」がとられることが方向づけられていった。沖縄が日本から分離されるという情報は沖縄にも伝わり、一九五一年一月二七日には沖縄青年連合会（以下、沖青連）を主体とする日本復帰促進青年同志会が、那覇劇場において結成された。同日開催された沖青連の第一五回総会では、「祖国復帰運動の展開」の具体的な方法が正式議題として協議され、祖国復帰に対する全県民の見解をまとめるため、全県民を対象に市町村ごとに会員による世論調査が三か月にわたって行われることとなった。満二〇歳以上の男女二七万六〇〇〇余人に対して行われたこの調査の結果は、以下の通りであった。

祖国復帰　八四・七％、信託統治　八・二八％、独立二・八八％、不明四・七七％

この調査結果を受けて、五月から八月にかけて復帰署名運動が行われ、沖青連はその中心となった。当時自治会九区の青年団長だった有銘も、それまでの地域での活動を活かして署名を集め、「かなり有効な働きをした」という。(16) この結果、沖縄では有権者の七二・一％分の署名が集まり、四群島で集められた署名は八月末に講和会議に出発する直前の吉田茂首相と米国のダレス特使宛てに送付された。しかし、九月八日に調印されたサンフランシスコ平和条約の第三条により、沖縄は引き続き米軍の占領下に置かれることになった。この決定には、「米国による沖縄占領は日米双方に利し、共産主義勢力の影響を懸念する日本国民の賛同も得られる」などとアメリカ側に伝えていた、昭和天皇の意向も影響を与えていたとされる。しかし、この「天皇メッセージ」が明らかになるのは一九七九年のことであり、当時の有銘らの受け止め方は、「日本政府も占領されてやむをえないんだろう」というようなものであったという。

結局僕などは、五〇年の三月に高校卒業して、その九月から学校入ってるから。結局この法律そのものについて分析をしたとかそういったことよりかも、平和条約によって、分断されたということの事実は分かるわけよね。それが結局、アメリカがこの問題を提起するまでの間ということになってるでしょ。だからそのために、復帰運動っていうことを、組織化したっていうなかだから。ま、このことが、即復帰運動っていうウェイトの方が強いもんだから。それで、結局、それが根拠として何かっていったら、平和条約第三条、によってなのよ。で、当時から、一般的な印象ではね、むしろ、それは天皇の方がそうしてくれと言ったというようなものは、まだ後の方でしか分かってこないんだよね。今考えてるような反応があったかっていったらそうじゃなくて、結局、アメリカが占領ということを条件にしてさ、アメリカが、敗戦後この日本に、平和条約第三条で、押し付けたと。まあ押し付けたという表現じゃなくても、そういった圧力なんだという、感じは、していたと思うんだよね。(17)

このために、当時は日本政府に対して抗議運動を起こすことはなかった。しかし、「沖縄も日本の一県だ」という発想があったことが、復帰運動につながることになる。「復帰によって、日本が民主化され、復帰を勝ち取ることによって憲法が適用され、そして日本が民主化されれば、この米

署名を行った日本復帰期成会(所蔵：那覇市歴史博物館)

軍支配の実態はなくなるという前提だった。なくしたいという前提だった」のである。しかし、日米両政府による「沖縄返還」路線が明らかになる中で、そして復帰後も沖縄に基地が押し付けられ続ける中で、天皇制を守るために沖縄が切り捨てられた、という本質が明らかになっていった。

しかし、これは、ずっと経過をみていくと、運動をやってるうちに、実は天皇が（笑）ということがあるわけでしょ。歴史的に見ればね。だから、今でいってもちょっと感覚が違うんだよ。だから、むしろ、今言ってる政治の方が、僕らにとってはおかしな話でね。その時にどう考えましたかというのも、その時点でね、そういう感覚で捉えていなかったことは事実なんだよ、僕自身がね。だけど、違う、おかしいんじゃない。今よくよく考えてみると、これはね、沖縄を質草にしてもいい、天皇制を生き延びるために、だから駆け引きに使ったということなんだ。はっきり言って。（中略）日本の方が、天皇制を残すために、その最低限の要求のために、沖縄を悪用したんだよ。質草に。それが一番正しいんだよ。（中略）むしろ、天皇の政治利用だったら、四・二八（第二次安倍政権が定めた主権回復の日）の方が政治利用なんだよ。[18]

有銘も含む中頭地区の元教職員会メンバーは、復帰から五年となる一九七七年に「四・二八会《よっや》」を結成し、「復帰」の意味を問い返してきた。四・二八会は、第二次安倍政権が「わが国の完全な主権回復をした日」として二〇一三年の四月二八日に式典を開催した際に、安倍首相宛てに抗議文を提出している。

沖縄教職員会の結成と「青年教員」の役割

それでは、再び一九五〇年代に戻り、当時の沖縄でどのような活動が行われていたのかを確認したい。一九五二年四月一日、沖縄では四群島の住民による中央政府として琉球政府が発足した。これにより、行政（行政府）、司法（琉球上訴裁判所）、立法（立法院）という三権分立制に基づく住民側の自治機構が整ったことになるが、その上には一九五〇年一二月に発足した米国民政府が、絶対的な権力として君臨していた。

琉球政府発足と同日に、沖縄教育聯合会（一九四七年二月結成）を改組した沖縄教職員会が結成され、会長には沖縄群島政府文教部長であった屋良朝苗が就任した。その後、五二年末には沖縄教職員会を中心に、沖青連、沖縄市町村長会、沖縄教育後援連合会などが沖縄戦災校舎復興促進期成会を結成し、翌年一月には沖縄諸島祖国復帰期成会も結成された。屋良は両会の会長となって復帰運動を推進していくこととなる。教職員会は、法規上は公益社団法人であり、中央から地域に至るまで、幼稚園から大学、校長から事務員までの全ての教職員や、文教行政の関係者を網羅する職能団体的組織であった。基本的に各学校の分会長は校長であり、職員会議はそのまま沖縄教職員会の分会となった。有銘ら青年団に加入する若い教員（青年教員）は、両組織の結節点となり、地域と密着した活動を展開していくことになる。

青年教員はほとんど校区に住んでおり、子どもたちを通してＰＴＡに入っている父母ともつながりを持っていたため、地域からの信頼は非常に大きかった。当時、同じ地域に小学校は越来小、諸見小、安慶田小があったが、中学校はコザ中学校しかなかった。このコザ中学が中心となり、小学校の各担当者を集めて、小学校から中学校、場合によっては高校まで一緒にして、校外指導や地域の対策会議などの活動を行っていたという。このような活動の中で、有銘は地域を隅から隅まで知ることになった。新たに担当した児童でも、例えば父母の名前を聞けば兄や姉が誰でどこの子どもかということを把握でき、三日あればほとんど名前を覚えられるほどだった。(19)

また、「青年教員」は学校の組織の中では末端に位置していたが、夜警団を組織して地域の治安を守る活動なども行っていたため、地域の人々から絶対的な信頼を得ていた。有銘は一九五五年に越来村の青年会長を務めることになるが、その時は「青年団長」として校長と同格に扱われたという。

活動と児童生徒の地域でのね、今で言うと、パトロールも含めた協力から、夜になると夜警団の役割から、そういったことがずっとあり、その意味は、教職員会というのと青年団というのは同格で、非常に地域での信頼があったわけ。もちろんその中では夜警団は男子青年団なんだけれどね、そういう役割を果たしていて、まあ、これ象徴的に言うとね、例えば僕などは、一番若い末席の、たとえば、当時の学校というのは、校舎建築から、全てはＰＴＡが主体になってやるから、何か行事があるとわーっとあつまって、終わったら当時は沖縄の酒はあったからね、密造酒が、例えばスルメやピーナッツ程度を出して、中庭に六年生五年生の机腰掛けを持ち出してきて、席を作って慰労会やりよったわけ。その時でもね、僕は一番末席に座っているわけよね。そうすると、盃をするのも校長先生っていってやってきて、僕のところ来ると「青年団長！」、こっちは学校だから青年団長…、いや違う、こっちは校長、お前は青年団長、…だから完全に同格にするわけよ。そういうこと象徴されるようにね、全て一緒でしたね。(20)

学校の運動会の行事にフォークダンス、リレーなど、青年団の競技が数種類入ったことも、地域とのつながりを深めることに役立っていた。青年団に対しては、戦前の養蚕室に使っていた建物

が青年会館として提供されており、常に当番がいたため、盗難の相談や夫婦喧嘩の仲裁までが持ち込まれることもあった。

「お正月に日の丸掲揚を」運動

このような中で、一九五四年の暮れに有銘の竹馬の友である中根章[21]が、越来村の青年の集まりで村青年会長に抜擢された。中根や有銘は、「いかにしてアメリカ国家に反旗を翻すか」ということを考え、当時米軍が許可していなかった「正月に日の丸を掲げる」運動をやってみることにした。そして、一九五五年の元旦には大きな日の丸を用意し、胡屋十字路から二キロ離れた山里三叉路まで、「こちらは日本の領土です。我々は日本人です。日本人は日の丸を掲げましょう。今日はお正月です。お正月は日の丸を掲揚しましょう」と言いながらデモ行進をした。中根と有銘が日の丸を担ぐと、青年団の仲間たちも集まってきたという。この運動は翌年の元旦まで続いた[22]。

しかし、高等弁務官がこれを許可すると、中根は日の丸に用はなくなった。中根は当時の心境について、「アメリカ軍が我々が日の丸掲げるのに、今はいい、今はだめ。ああ、こんな日の丸は掲げん。日の丸反対！　今度は（笑）[23]」と語っている。

日の丸掲揚運動については後でも詳しく触れるが、彼らの運動の背景には、アメリカの日の丸に対する規制があった。米軍は一九四五年四月の沖縄上陸直後に公布した戦時刑法により、「日本帝国国旗を掲揚し或いはその国歌を唱弾する者」を処罰の対象と定めた。一九五二年四月二八日のサンフランシスコ平和条約の発効時に、米国民政府は「刑法並びに訴訟手続法典」（いわゆる集成刑法）を同日付で改正し、政治的意味を伴わない限り個人の家屋又は個人的集会における国旗の使用を認めたが、公共建築物での掲揚は依然として禁じた。このため、沖縄教職員会会長の屋良朝苗は、学校や教育振興の場での国旗掲揚を認めるよう求めていくことになる。(24) また、沖青連でも一九五三年の第二七回総会において、「国旗を掲げよう」運動を展開しようと決議していた。教育現場にいた有銘は、その後も日の丸掲揚という問題に取り組むことになるが、いずれにしても、米軍占領下という状況で、日の丸が「抵抗のシンボル」となりえた状況があったのである。中根の話によれば、中部地域の青年団活動では、野球大会やバレーボール大会、陸上競技大会などのスポーツも盛んであり、その際に抵抗を示すために赤旗を掲げて競技を行ったこともあったという。「沖縄の置かれた理不尽な現実をどうするか」という問題意識が、そこにはあった。

四．越来村青年会会長に

土地をめぐる緊張の高まり

有銘らが日中は教員、放課後は青年団員として多忙な日々を送る中、一九五三年四月に米国民政府が「土地収用令」を公布し、契約に応じない軍用地主に対して強制収用を実施するようになったために、沖縄社会には不穏な空気が漂い始めた。四月中には真和志村、安謝、銘苅で強制収用が実施され、これに対して立法院が「琉球における米国軍使用地に関する要請」を決議するなど対策を試みた。しかし、その後も強制収用は続き、一二月には小禄村具志でも強制収用が実施された。一九五四年一月には、アイゼンハワー米大統領が一般教書演説で沖縄の無期限保持を宣言し、三月には米国民政府が「軍用地料一括払いの方針」を発表し、基地運用の円滑化のために実質的な土地の買い上げを行おうとするに至った。これに対し、立法院は四月に「一括払い反対、適正補償要求、損害賠償請求、新規接収反対」の「土地を守る四原則」を打ち出し、その実現を期すために、琉球政府行政府・立法院・沖縄市町村長会・市町村土地特別委員会連合会（土地連）の四者協議会が発足した。

米軍と沖縄住民との間の緊張が高まる中、米軍は一九五五年三月にも伊江島真謝に約三〇〇人の武装米兵を派遣し、ブルドーザーで農地を強制収用した。土地を失った農民たちは困窮し、窮状を訴えるために沖縄島で「乞食行進」を開始した。このような状況は、これまで各種団体と歩調を合わせて運動を行っていた沖青連にも大きな憂慮を与えていた。四月に開かれた第三二回総会では、徹底的に土地問題が議論され、組織として解決するための運動を展開すべきだという決議がなされ、伊江島救援運動を組織として展開することとなった。五月には、アメリカ側と直接協議を行うために、比嘉秀平主席ら四者協議会の代表者六名が渡米した。

伊佐浜の土地闘争

有銘はこの年、中根から越来村の青年会長を引き継いだ。越来小学校では六年生を受け持ち、新たにできた戸締りのできる校舎で授業を担当していた。これは一棟の長屋に中戸を入れて三教室としたものであり、取り外せば講堂となって、卒業式や入学式の時にも使われていた。有銘はこの教室が「非常に思い出に残っている教室だ」と語る。それは、伊佐浜闘争の時と重なったためであった。

宜野湾村の伊佐浜は、豊かな湧き水に恵まれ、戦前から「チャタンターブックヮ（北谷の田圃）」

伊江島の闘争　琉球政府主席室前の座り込みで、警察官に排除される直前（所蔵：那覇市歴史博物館）

と呼ばれる美田が広がっていた。しかし、米軍は一九五四年から基地建設のためにこの地域の土地接収を通告しており、住民の抵抗にもかかわらず、五五年三月には武装米兵が住民を追い出し、ブルドーザーで建設作業を行うという実力行使に出た。そして、七月一一日にも伊佐浜一三万坪の三二戸に対し、一八日までに立ち退くべしという通達が出された。

有銘はその前日、立法院議員や土地連の会長を青年会館に呼び、軍事基地問題で討論をしていた。その時に、「あした早朝、伊佐浜の接収が始まる」という第一報が入った。青年団の人々はみな、その場で伊佐浜の闘争に参加する態勢をとった。(25)

伊佐浜の問題もいち早く情報が入ったし、その懇談会をやってる場所に、桑江朝幸さんに一報が入って、それがその場から広がって、全部、青年団、各市町村に連絡をして、動員

伊佐浜土地闘争：1955年7月に撮影された宜野湾伊佐浜の軍用接収地（所蔵：沖縄県公文書館）

体制をとって、わーっと集まったしね。僕も三日間、学校に行かなかったですよ。だから、あの時の校長が二日目かに帰ったらね、「お前が帰ってきて大丈夫か」、って言われたくらいで。「こちらのことは心配するな」。六年生持っておったけど、教室行ったら、「先生大丈夫か」、「ごめんな何も言わないで緊急に行っちゃって」、「いや、心配しないでいいよ、校長先生がやってくれてるから、先生がやるより面白い（笑）」。言われたこともあったし。そういう状況のなかでね、動いていたっていうのが実態ですね。[26]

多くの支援にもかかわらず、米軍は一九日の午前五時から伊佐浜にブルドーザー、クレーン、ダンプカー、トラックなどを動員し、武装した米兵が地主たちを追い散らして接収を強行した。有銘ら青年団のメンバーが現地に着いた時には、既に道路にはバリケードやバラ線が張られ、部落内には入ることができず、「軍用一号線（国道五八号）に立って、遠くから見守っているしかなかった」という。[27]しかし、この場を視察し、「暁の土地泥棒だ」と憤った日本青年団協議会（以下、日青協）の寒河江善秋副会長が、二週間の沖縄視察の後に全国理事会を開いたことは、沖縄の状況を本土側に伝える上で大きな役割を果たし、日青協が沖縄問題に対し真剣に取り組むきっかけとなった。

日青協とのつながり

少しさかのぼるが、沖青連は一九五二年末に開催された日青協の講和記念全国青年大会に会長を含む六名をオブザーバーとして派遣して加盟を要請し、翌年四月にいち早く日青協に加盟していた。沖青連が沖縄の即時返還運動を全国各県の青年団を通して展開するように働きかけ、国民世論の喚起につとめるなど努力した結果、同年一一月には、日青協会長の二宮尊徳が実態調査のために沖縄を二週間ほど視察した。この時の調査がすぐに全国的な運動に結びついたわけではなかったが、一九五五年五月に開催された日青協の第五回定期大会では、「沖縄復帰国民運動の展開に関する件」も討議され、「日青協四三〇万団員の総力をもって、運動を各市町村で強力に推進する」ことが決議された。沖青連が行った提案四項目（①政府への決議文並びに各政党への呼びかけ、②沖縄同胞への激励文、③実情調査団の派遣、④沖縄復帰協議会への呼びかけ）も満場一致で可決された。先に述べた寒河江副会長の訪問は、これに基づくものであった。

帰京した寒河江は、調査の報告と今後の運動の推進について他団体との連絡提携を兼ねて、八月九日に日本青年会館で「沖縄問題懇談会」を開催した。これには沖青連事務局長の仲宗根悟も出席し、沖縄の実情を報告した。この懇談会には各青年団体、日本ＰＴＡ全国協議会などの他、一部メディアも参加するなど注目を集めた。このことをきっかけに、日青協と沖縄の交流は活発化し、一一月末には日本側で日青協、地域婦人連合会、沖縄復帰協議会などから成る「沖縄返還国民運動協議会」も結成されるに至った。

村当局、警察とのもめごと

また、有銘自身も、この年に日青協の全国集会に派遣されている。沖縄から弁論や各競技種目に参加するために数人が選出されたが、越来村からも二人が選出され、「この際団長も送ろう」という話が出たためであった。

有銘の旅費については、越来村から出させようということになったために、村当局との間ですったもんだがあった。以下は、当時の状況である。

ちょうど五五年には初めて、沖縄から青年団の全国集会にね。大会に弁論、各競技種目、参加が実現した年なんですよ。たまたま越来村の青年団協議会から二人選手を出したためにね。俵かつぎと弁論で。この際、団長を送ろうということになって。村当局に要請して旅費を全部出させようということになって。どこから出たかわからんけど。「反米闘争のために行くんだ」ということになって呼ばれて、「ああでもない、こうでもない」と、相当やられてね。なるべく行かせたくないらしい。予算つくりたくないらしい。だけど正面きって言えないもんだから。青年団の影響力あるからね。そういうことあった時代ですよ。（中略）最後は開き直って、「いいですよ、そこまで言うんならね、行かんでいいですよ」と言ったら喜んで、「そうだな、青年というのは率直じゃないといかん」とかベタボメされて、こちらが意図的に言ってたから、「しめた」と思って、「それじゃこれでいいですね。じゃあもう予算も組まない、行かないということでいいんですね。じゃあ一つだけ、はっきり言っときますよ。僕らはこれで、鉾をおさめたということじゃないよ。その期間。僕が出発から帰ってくるまでの期間、一週間だから、宣伝カーだして、実は越来村の議会、当局はこういうことで青年団を弾圧したんだと、いうことを村のすみずみまで全部宣伝するからそのことについて文句言うなよ」と(笑)(28)。

これを聞いた当局側は慌て、緊急会議を開いたすえ、全額出すことになったという。

このような状況は、その後も繰り返された。有銘らが土地問題をめぐり、瀬長亀次郎らを青年団に招いて話を聞こうと企画した時も村当局に圧力がかかり、やめてくれと頼まれたのである。しかし、有銘は同様に、やめてもいいが「政治的な圧力でやめざるをえないからやめた」ということを大会を持ってみんなに説明すると主張し、これも乗り切った。

このような有銘らの政治的な活動に対して、学校側は協力的だった。有銘が村当局から旅費を出させようと交渉している際に、伊江島の闘争を視察しようと、土日の休みを使って青年団四人で阿波根昌鴻に会いに行ったことがあった。この情報は何らかのかたちで警察に伝わり、有銘が帰ってから学校に行くと、刑事が訪ねてくるという騒ぎになった。

たまたま僕は越来小学校におったんだけど、土曜日曜、使って行ったと思うけどね。で、帰ってきたらね、刑事が訪ねてきてるわけ。学校によ。で、校長が、走り書きで、メモを学校の給仕をしていたおばさんに持たして、何て書いてあったかっていったら、「今刑事が、あんたが伊江島行ったっていうことで、調査目的で来てるみたいだけど、もし都合悪いなら、私が言って返すから、会えるかどうかメモくれ」って言ってきていたから、「すぐ休み時間になるからすぐ参ります」と言って行ったんだけどね。その時も、知り合いの刑事だったから、色々話していたら、「伊江島行ったそうですね」って言うから、「伊江島に行ったということは警察が調査する内容のもんですか」と言ったら、「いやいや、どんな状況だったか気になったもんだから」と言っていたよ。そういえば、沖縄では、海を渡ることを「すーかーわたい」と言うんだよ。塩の川を渡る。「そういえば、あすこは船で行くから、海を渡るから、海外ですよね。それで調査に来たんですか」って言ったり(笑)校長も三名で。「しかしあすこパスポート関係なかったですよねって」(笑)笑った。「いやそんな意味じゃない」。「それでも調査に来たんでしょ」と。「いやいや、どんな状況だったか、聞きたくて」て言って話したけど、みんなはぐらかすもんだから、校長は後で、「いや、いいこと言うな」。まあ、だから、そんな時代ですよ。(29)

米軍や警察などが神経をとがらす中、有銘らはあえて様々なかたちで平然と運動を行い、学校側もそれを認めていたのである。

うたごえ運動

その後、村の旅費でオブザーバーとして日青協の大会に参加した有銘は、帰りに青年部が活発に活動していた、九州の三池炭鉱にも立ち寄った。ここで有銘は、新たな収穫を得ることになった。三池炭鉱の集団風呂で、うたごえ運動が行われていることを知ったのである。

あそこでね、経験したのはね、いつでも炭鉱労働者が、若者たちがいるわけでしょ。そのまま、そこのものすごくでっかい集団風呂がある。五、六〇名いっぺんに入れる。まあるくしてね。炭鉱の。で、すごいとこ。そこで何時っていったらみんなお風呂に入りにくるわけよ。一人入り二人入りやったら、その湯船のなかでね、池のなかでうたごえが始まるわけよ。そして、そこでいわゆる盛り上がって、さあ今日はどこって場所指定したらね、みんな三々五々またお風呂あがったらそこに時間を決めて集まっていくわけよ。その経験がね、僕らには非常に新鮮だったわけよ。（中略）何日間かの収穫だけどね。たくさん歌勉強してきて。だからかなり活発でしたよ。[30]

同行していたコザ高校の一期後輩の高宮城清は非常に歌がうまく、合唱クラブや楽隊にも参加していたので、帰ってから替え歌をつくり、沖縄でもこの運動が広がることになった。例えば、米軍の土地接収に対しては童謡「汽車」のメロディー、植民地的な沖縄の状況に対しては君が代のメロディーで、、以下のような替え歌（君が代は「植民地国歌」）が歌われた。

♪今は銘苅か　今は久志　今は宜野湾伊佐浜と　もうもう間もなく伊江島も　次から次へと軍事基地

♪任命主席の代は　千代に闇夜の思い　一切の　田畑（でんばた）を奪い　民が　皆死すまで

また、一九五八年に沖縄に核弾頭搭載地対地ロケット「オネストジョン」が配備された際は、「海ゆかば」のメロディーで以下のような歌が歌われた。

♪海行けど　魚はとれず　山行けど　薪は取れない　おお金武の　海山に響くオネストジョン

戦争当時はみんな軍国少年であったため、メロディーは軍歌を利用したものが多かったようである。高宮城は、有銘に次いで一九五六年から越来村青年会会長に就任し、ともに青年団運動を盛り上げた。その次に会長となった島満夫もその流れを受け継いだ。皆昭和六、七年生まれのほぼ同学年であり、中根と島は胡屋、高宮城は照屋、有銘は越来に住んでいたため、青年団活動の中で毎日のように顔を合わせていた。

夜警団

また、先にも少し触れたが、基地に囲まれた中部地域では、この時期になっても女性や子どもを守るために地域のパトロールが必要であった。有銘が会長になった際に、夜警団の訓練をすることになり、班長にだけ知らせて夜に鐘を叩いて緊急招集をかけると、夜中でも五分くらいで約八〇名が結集するほど活気があり、結束が強かったという。(31) 街中をうろつき、不埒な行動をしようとする米軍人がいれば、取り押さえるのが青年団の役目であり、時には半殺しにして帰したこともあった。ただ、「ややわーとぅ、うちくるせー（ほどほどに叩きのめせ）」ということで、急所は外し、相手が歩ける余力は残していた。

一九五五年は、年頭に朝日新聞の「米軍の『沖縄民政』を衝く」という報道が行われるなどして、少しずつ沖縄の状況に関心が集まる一方で、米軍の占領による人権侵害が多発した年でもあった。同年九月、石川市に住む六歳の幼女が米兵に拉致強姦され、翌日嘉手納村の塵捨て場付近で無残な姿で発見されるという「由美子ちゃん事件」が起き、沖縄社会に大きな衝撃を与えた。そのような中、一週間後には再び別の米兵によって九歳の小学生が強姦され、石川市周辺の基地を抱える市町村では、怒りと悲しみが最高潮に達した。有銘が住む越来村においても、毎日のように米軍人の暴行事件が発生しており、人種的な蔑視や感情による事件も頻繁に起こっていた。同年一〇月二二日には、那覇の美栄橋広場で沖青連、教職員会、沖縄婦人連合会など一九団体の共催で「人権擁護県民大会」が開催された。

五．土地闘争とその後

島ぐるみ闘争

米軍政に対する不満が高まる中で、五月の渡米折衝を受け、一〇〜一一月にかけて、米国下院軍事委員会のメルヴィン・プライス議員を委員長とするプライス調査団が沖縄を訪問した。沖縄の人々は、沖縄の状況に対し、米国議員による適正な判断がなされることを期待した。しかし、翌年六月に発表されたプライス勧告は、沖縄基地を①制約なき核基地、②アジア各地の地域的紛争に対処する米極東戦略の拠点、③日本やフィリピンの親米政権が倒れた場合のより所としてきわめて重要であるとし、これまでの米軍用地政策を含む米軍支配のあり方を基本的に正しいと認めたものであった。

これに対し、沖縄では「島ぐるみ闘争」と言われる全島的な抗議活動が構築されていった。沖青連は、六月一五日に緊急理事会を招集し、理事会の名においてプライス勧告阻止の声明を行い、同月二〇日に全市町村一斉に各地で大会を開催するよう呼びかけた。実際に、六月二〇日には全沖縄六四市町村のうち、五六市町村で一斉に市町村住民大会が開かれ、一六万から四〇万人の人々が参加したといわれる。六月二五日には、第二回住民大会が那覇市とコザ市[32]で開催され、それぞれ約一〇万人と約五万人の人々が参加した。

城前通りを行軍する米軍部隊。通りの両側に米兵相手の飲み屋が立ち並んでいた（所蔵：沖縄市総務課　市史編集担当）

四原則貫徹県民大会

有銘もまた、先頭に立ってこの運動を盛り上げた。七月二八日に開催された「四原則貫徹県民大会」の際は、有銘は前述の高宮城清とともに運転手付きの宣伝カーに乗り、糸満まで一日参加を呼びかけて回った。以下は、その時の体験談である。

島ぐるみ闘争っていうのは確かに、実感としてあったね。那覇で、那覇高校というのができる予定地、広場だったよ。ものすごい通りにあってね。あの時にほんとに大衆を見たというかな。であの時に高宮城君ていって僕の高校の一期後輩が、同じ教員で、二人で運転手付きで宣伝カー乗って、糸満からずーっと一回りしてきて、首里を回って、一日宣伝したけどね。やっぱり、あん時の反響というのはすごかったよ。ちょうど泊。港があるでしょ。あそこは、奥武山の隣に橋が

嘉手納基地周辺の中部地区住民大会（所蔵：那覇市歴史博物館）

かかっている。あっちから、向こう糸満に行く。片っぽ空港に行く、あの道。復帰前の一号線の延長だけど、そこを通ると、今は自衛隊基地になってる所。あそこは米軍の兵舎。作っている真っ最中だったんだよ。本土から、何とか組という請負業者があってね。大量に労働者も送りこまれて。奄美大島からもかなり来ていた。あの時、軍作業は相当膨張していたんじゃないかな。だけどトタンぶきで、コンセットじゃなくて、平屋のハーフの、ずーっと、建築ラッシュだったよ。

そこで屋根に上がってる人たちがね、僕らの宣伝カーが来るとね、三拍子でみんな、トタン屋根叩いてさ、応援してるんだよ。一斉に、片っぽから始まってずーっとその沿道。で、僕らはそれ激励でしょ。こっちも大声出して。「今日は与儀公園で大会があるから、仕事が終わったら駆けつけてください」って、ずーっと。すると、糸満のとこに入ると、みんな門まで出てきてね。拍手で送ってくれるんだよ。歓迎してくれるんだよ。でずーっと行って、今度は首里に行ったら、

四原則貫徹とコザ市昇格を祝う横断幕が掲げられたセンター通りの様子（所蔵：沖縄市総務課　市史編集担当）

道狭いんだよ、首里の道はね。二台車がぶつかると、どっか片っぽ片付かないと通れん、小さい道がたくさんあるわけよ。宣伝カーだから、できるだけたくさん回ろうと思ってるから。そうすると、交番のお巡りさんが出てきてさ、こっち優先（笑）あの感激は、あれだね。やっぱりあの頃は、みんな同じ気持ちだからね。「ご苦労さん」と言ってね。ちゃんとお巡りさんがこっち優先で、激励されて、とにかく、あの一日ずうっと二人で回ったけどね。いやあ、あの盛り上がりというのはすごかったよ。だからやっぱり、各市町村で大会を持ったわけだ。そして、那覇に結集。延べ人数にすると相当の人数が集まったんじゃないかな。あの時一〇万人ていう表現したからね。とにかく、人の頭数をあんなたくさんいっぺんに見たのは、まだ頭に残ってるもんね。(33)

この闘争の結果、米軍は最終的に一九五八年に軍用地料を大幅に引き上げ、一括払いの方針を撤回して住民との妥協をはかった。有銘は、島ぐるみ闘争から五〇年となる二〇〇六年に、新聞社のインタビューに対し、もしこの闘いがおしつぶされていたら、「沖縄の日本復帰があったかどうか疑わしい。復帰しても土地は国の所有。政府が住民に土地を戻すとは思えず、基地のために使い放題だろう。問題が起きても今のように県民は反対を言えない状況になっていた」とその意義を評価している。

中頭郡青年団協議会の結成

一九五七年になると、アイゼンハワー政権の極東戦略再編の中で、沖縄に高等弁務官制が導入され、統治政策の転換が図られることとなった。高等弁務官は、琉球政府行政主席、琉球上訴裁判所裁判官の任命権、立法院が議決した法律の修正権・拒否権に加え、みずから布告・布令・指令を公布できるなど、「沖縄の帝王」と呼ばれるような絶対的な権限を持っていた。しかし、アメリカは住民に沖縄米軍基地の重要性を啓蒙して協力させるという方法では、もはや住民の不満を抑えることが難しいと判断し、住民の生活水準を実質的に日本のしかるべき県並みにすることで、本土復帰要求が高まることを未然に防ごうという方針を取っていくようになる。

一方で、沖青連では一九五五年頃から組織の強化を目的とした組織の改編が話し合われてきた。また、中部では米軍基地があるために先鋭な政治意識を持つ若者が多かったが、それ以外の地域では競技大会、盆踊りなどを中心とした「お祭り青年団」のようになっているところもあり、一九五六年からは運動の行き詰まりを打開するために、積極的に幹部研修会などが開催されるようになった。一九五七年になるにあたり、沖青連は国際情勢、国内情勢の現状分析を行い、これまでの反省に立って、地区組織を旧郡市団に再編成し、組織の名称も一九五八年に沖縄県青年団協議会に変更することになる。

このことにより、石川地区、前原地区、胡差地区に分かれていた中部地域の青年会は、中頭郡青年団協議会（以下、中頭郡青年団）として再編されることになった。有銘に越来村青年会長を引き継いだ後、沖青連の常任理事となっていた中根章が、このために奔走し、同年五月一八日にコザ市園田の園見劇場で中頭郡青年団の旗揚げ式を行った。初代会長には花城清英が就任し、二期目は新川正夫、三期、四期目を中根が務めることになった。中根は同年東京で開催された第三回原水爆禁止世界大会に参加したことをきっかけに、翌年八月に原水爆禁止沖縄協議会も結成したが、これには中頭郡青年団も特別に加盟し、平和行進の際の動員などを手伝っていた。また、中根が会長をしていた時に運動方針として「軍職場に労働組合を作ろう」ということを掲げ、副会長をしていた友寄信助が苦労してこれを実践したということもあった。青年会に関わる年齢は地域によって異なっていたが、だいたい二五～三〇歳くらいまでの間に引退することが多く、有銘もこの頃に青年団活動からは退いた。しかし、青年団でともに活動したという経験は、当時を知る人たちの間では生涯にわたる財産となった。二〇〇七年にはそのつながりで、中頭青年団ＯＢ会が結成されている。ただし、この会を結成した理由は、郷愁でも懐古趣味でもない。有銘は、二〇一三年の筆者の聞き取りで、以下のように語っている。

故・中根章氏の自宅の一階に設けられたOB会事務所（成田千尋提供）

あの時やっていたことの矛盾を、まだ残したまま、俺たちはもう、任務を果たしたと言えるかという（笑）むしろ、ある意味で、当時の、自分らのね、犯罪性まで、自己批判まで、含めると、なお今が、僕らの闘うメインじゃないか。だから、過去の問題として、当時はっていうかたちで

くくって整理しようということにはね、非常に抵抗があるんだよね。僕自身がね。(34)

中頭青年団ＯＢ会のメンバーは、中根章の自宅の一階に事務所を置いて定期的に集まりを持ち、当時の状況を語り合いつつ、現在も基地問題に苦しめられている沖縄の状況をどう変えられるか、模索し続けてきた。新型コロナウイルス感染症の拡大が始まる前まで、オスプレイ配備や辺野古の新基地建設に反対する現場には、常に彼らの姿があった。

註

（1）本稿の記述は、主に新垣栄一編『沖縄県青年団史　10周年記念』（沖縄県青年団協議会、一九六一年）、櫻澤誠『沖縄の復帰運動と保革対立―沖縄地域社会の変容』（有志舎、二〇一二年）、同『沖縄現代史』（中央公論新社、二〇一五年）、徳田友子『コザから吹く風―中根章の奔流の軌跡』（ボーダーインク、二〇一三年）を参考にしている。

（2）成田千尋「［インタビュー］昭和一桁世代の南洋移民経験と沖縄戦後闘争―有銘政夫氏に聞く」『ノートル・クリティーク』七（二〇一四年）三〇～三二頁。

（3）同右、三二～三三頁。

（4）同右、三三頁。

(5)同右、三三〜三六頁。
(6)筆者による聞き取り(二〇一三年一一月一八日)。
(7)「証言23　軍隊がなくて基地がなければね、戦争起こらないんだ　有銘政夫さん(一九三一年生)」森亜紀子『複数の旋律を聞く—沖縄・南洋群島に生きたひとびとの声と生』(新月舎、二〇一六年)一七五〜一七六頁。
(8)筆者による聞き取り(二〇一三年一一月一八日)。
(9)仲宗根悟氏は一九二七年美里村生まれ。戦後、美里村青年団長などを経て、一九五三年〜五七年に沖縄青年連合会事務局長、五八年に同副会長を務める。一九五八年〜六二年の美里村議会議員を経て、一九六六年〜七五年まで沖縄県祖国復帰協議会事務局長に。
(10)筆者による有銘氏、仲宗根氏に対する聞き取り(二〇一一年四月二五日)。
(11)同右。
(12)徳田、前掲書、一一八頁。
(13)筆者による聞き取り(二〇一三年六月二五日)。
(14)同右。
(15)同右。
(16)櫻澤誠氏による聞き取り(二〇〇七年六月八日、石川元平氏も同席)。
(17)筆者による聞き取り(二〇一三年一一月一八日)。
(18)同右。
(19)櫻澤誠氏による聞き取り(二〇〇七年三月六日、石川元平氏、大濱敏夫氏、川満昭広氏も同席)、櫻澤誠氏による聞き取り(二〇〇七年九月二六日、石川元平氏も同席)。
(20)櫻澤誠氏による聞き取り(二〇〇七年三月六日)。
(21)中根章氏は一九三二年越来村生まれ。一九五四年度に越来村青年会会長。その後沖青連常任理事、事務局長を経て、一九五九〜六〇年に中頭郡青年団協議会会長、一九六二〜七二年に、コザ市議、一九七二〜八四年、八八〜九六年に県議会議員をつとめる。一九七四年に比謝川の環境浄化に取り組む「比謝川をそ生させる会」を結成。

(22)徳田、前掲書、一一一〜一一二頁。
(23)中根章氏に対する筆者の聞き取り（二〇一一年九月一〇日）。
(24)沖縄県公文書館「あの日の沖縄　一九七〇年一月一日　日本国旗の自由掲揚始まる」<https://www.archives.pref.okinawa.jp/news/that_day/7801>（二〇二一年八月二〇日閲覧）。
(25)有銘政夫「憲法に照らせば、一点の曇りもない」本永良夫『反戦地主の源流を訪ねて』（あけぼの出版、一九九七年二月）四五頁。
(26)櫻澤誠氏による聞き取り（二〇〇七年六月八日）。
(27)前掲、有銘政夫「憲法に照らせば、一点の曇りもない」四五頁。
(28)櫻澤誠氏による聞き取り（二〇〇七年六月八日）。
(29)筆者による聞き取り（二〇一三年一一月一八日）。
(30)櫻澤誠氏による聞き取り（二〇〇七年六月八日）。
(31)筆者による聞き取り（二〇一一年四月二五日）。
(32)一九五六年六月に、越来村からコザ村に改称され、七月に市に昇格し、コザ市となった。
(33)成田、有銘、前掲インタビュー、四七〜四八頁。
(34)筆者による聞き取り（二〇一三年一一月一八日）。

第三章　反基地・「復帰」闘争(1)

成田千尋

一・諸見小学校時代

屋良朝苗の活動

有銘は、青年団運動から退いた翌年の一九五九年に、九年間務めた越来小学校を離れ、同じコザ市内にある諸見小学校に転勤し、教職員会の活動に専念していくようになる。当時諸見小学校では子どもの増加に校舎の建設が間に合わないような状況であり、ちょうど有銘が着任する前年に、新たに建設された中の町小学校に七〇〇人余りが転出することになった。子どもたちが増えていく中で、彼らにどのような教育をするかということは、米軍施政下の教員の大きな悩みとなっていた。

前の章でも触れたが、当時の教職員会会長は、後に初の公選主席、県知事となる屋良朝苗であった。有銘の活動について触れる前に、戦後初期の教職員会の活動についてもみてみると、屋良は、まず一九五三年に、沖縄戦災校舎復興促進期成会及び、沖縄諸島祖国復帰期成会の代表として（ただし、表向きは日本の教育事情視察として）、同年一月に側近の喜屋武眞栄とともに日本に渡航した。そして、東京を中心に戦災校舎復興への協力と沖縄の日本復帰を訴え、その後も、三か月かけて四六都道府県を訪ね、同様に要請を繰り返した。このことにより、約六三〇〇万円の戦災校舎復興募金が集まったが、米国民政府からは睨まれる結果となった。翌年三月、屋良が募金の贈呈式に出席するために民政府に渡航許可を申請したが、民政府はこれを却下したのである。さらに、五月には労働三法に基づく沖縄教職員会の組合移行や、沖縄教職員会の本部である教育会館建設のための琉球銀行の融資も、民政府の圧力で頓挫してしまい、ブラムリー主席民政官は、屋良に校舎復興運動と祖国復帰運動の両方をやめるよう直接圧力をかけた。屋良はこれに対し回答せず、両会の会長を辞任したため、復帰期成会はそのまま自然消滅した。しかし、教職員会は七月の総会で屋良を全会一致

で再任し、米軍の弾圧への抵抗を示すとともに、組織の再編を図ることになる。集まった募金については、民政府が校舎建設費に充てることを拒否したため、交渉の結果、学校教材や備品に充てられることになった。オグデン民政副長官が、三年間で必要な普通教室を建設することを五三年末に約束し、結局三年間では全体の三、四割に満たなかったものの、校舎の建設作業も進んでいくことになった。

また、屋良は日本復帰を実現する布石として、米国の布令によるものではない、沖縄独自の教育法制の整備を訴えた。このために、「われわれは、日本国民として人類普遍の原理に基づき——」という一節を入れた教育基本法を含む教育四法案が立法院に提出され、立法院もこれを可決したが、米国民政府が承認を拒否したために行政主席も署名せず、廃案となった。同法案は五六年秋にも立法院に提出され、可決されたが、民政府は再度拒否し、一九五七年三月には教職員や教育委員会の政治活動を禁じる内容を含む布令一六五号「教育法」を代わりに公布し、教職員会に圧力をかけた。一方、立法院は同年九月に教育四法案を三たび全会一致で可決した。その後、五八年一月に屋良が新任の情報教育部長クロフォードに直接同法案を認めるよう要請したことが実り、ようやく高等弁務官にも承認されることとなった。

日の丸掲揚運動

この時期、復帰運動の高まりの中で、有銘は再び日の丸掲揚運動に関わることになった。これは、一九五〇年代に中根とともに発案した時と同様に、日の丸を「抵抗のシンボル」とする運動だった。

以下は、有銘が語った当時の状況である。

日の丸掲揚運動は、僕が諸見小学校にいた頃から始まって、六年生を持つのが多かったから、卒業記念の国旗掲揚台を作ったんだよ（笑）父母からお金集めてさ。矛盾だよね。だけどね、さっきから言ってるように（『Notre Critique』第七号を参照）、抵抗運動のシンボルになりえたというのはね、こういう実態があるわけよ。何というか、僕らは日の丸掲揚運動というのはね、ある意味で、やっていたわけだ。

学校ではね、運動会の時に、メインポールに大きな日の丸を掲げてね。そこから万国旗を四隅にさ。運動場の。そうするとね、軍の将校が一度来ていたんだよ。で日の丸掲揚していたんでね、これも二つあるんだけど、一つは沖縄教職員会という時に、屋良朝苗先生が会長の頃ね、「掲揚はいけない」という。だから「掲示する」

1932年頃に南洋庁テニアン尋常高等小学校で行われていた、日の丸をメインポールに掲げた南洋興発株式会社連合運動会。有銘が語った「装飾」と同様と思われる（所蔵：那覇市歴史博物館）

と言ってさ。「掲示してあるんで、掲揚じゃない」と（笑）こんな言い訳して。僕らはね、「これはね、昔から運動会の一つの装飾だ」と。で、「あんたがたそう言うけどね、アメリカの国旗もあるんだよ。万国旗の中に」。で、「あれ取ろうか」と。こんな（笑）こんなかたちで追い返したんだよ。それが復帰前にあったわけね。それには掲げて抵抗したんだよ。直接によ。これは運動会の時のね、平和を願う、そして運動会のスタイル、装飾だからね。やってんだって。掲揚した覚えはない。だからといって、日の丸掲揚ってこんなことしないからね。ちゃんとメインポールにくりつけて、万国旗だから。そういう意味だと言って（笑）(2)。

この時期、教職員会の事業部は、学校を通じて日の丸（掲揚するための竿、竿頭を含む）の注文を取り、一括購入して児童らに配布するという運動をしていた。ただし、学校の運動会で日の丸を立てるとすぐにＣＩＣ（米陸軍対敵諜報隊）や琉球警察から警告がくるような状況であったので、言い逃れができる手段として利用されたのが、万国旗だったのである(3)。

一方で、復帰後の一九八〇年代に、文部省が行事の際の日の丸の掲揚と君が代の斉唱を押し付けた時は、沖縄教職員組合（一九七一年に教職員会から発展移行）は今度は組織として反対運動を行った。

そんな運動をしていて、今度は日の丸闘争というのは、文部省が押し付けたでしょ。調査などして、義務付けようとした。「それはちょっと違うんじゃないかー」と言って、今度は反対運動をやったわけだ。矛盾でしょうね。ある意味で、掲揚運動をやったのも教職員会。今度また、掲げない運動をやったのも教職員会。だから、各地域で、晩になって父母の集まりがあるから、説明に行くとね。かなり抗議されたこともあるよ。「あんたがたの勝手か」と。「今はあげろ今はおろせという、何の説明もなく」、と言う。「はいそうですか」、と言ったらね、「おかしいじゃないか」と。「何が民主主義か」と言って。「学校教育間違ってないか」と言って、さんざん。だから、「抗議の趣旨でやってるという説明をしたいから来たんだ」と。で、結局説明したら、「まあ、それならよかった」と。「最初にそれを説明した上で、運動をやりなさい」と。「今はあげろ今はおろせ。これじゃ、人をばかにしているとしか言えんじゃないか」と。かなり抗議もあって。そういう中で運動があった。だから、その頃からは、国旗掲揚台を作った張本人が、教職員たちが、ほとんど使われてなかった。揚げなかったよ。で、祝祭日、正月などに、日の丸の揚がってる学校というのはほとんどなかったんだけど、中部では。一部あったようだね。北部あたりは。でそれで、卒業式の時に、式場に、日の丸を三脚に立ててとか。メインに掲示する。これはむしろ、反対運動をやってさ。子どもたちの、何というか、一年の終わりにとか、思い出とか、そんなものを装飾してやろうとかいって、色々抵抗運動をやったわけだ。(4)

そして、二つの矛盾する日の丸をめぐる運動について、有銘は以下のように整理している。

だから、これは国が一つの方向で、日の丸をということを押し付けてくる。やれと言う時には、やっぱり論議の中心になったのは、日の丸の果たした役割。これを強制という時の役割は、皇民化教育じゃないかと。それが結局戦争を誘発してね。で、一番先にやったのは、日の丸を占領地に掲げる。これが目的化されたものじゃないかという。だから、われわれはその考え方だけはやっぱり絶対に許してはならんと考えておかんといかんということだというように。整理をして、やっていこうじゃないかと。だから、この日の丸掲揚反対運動というのは、最後まで、沖縄ではずっと抵抗したけど、逆にそれが激しかっただけに、文部省、県教育長、市町村までやってきて、統制されてるよ。今でも、東京、大阪あたりでは頑張ってる所もあるけど、毎年これ、いろんな押し付けでやられてるでしょ。こういういろんな所が。非常に遠い、何というか、統制という分かりやすい、法令の中身はそう書いてないけど、いつの間にかね。(中略)

結局この、日の丸掲揚運動をした時の思いは、本来むしろ旗でもよかったわけだ。抵抗のシンボルになりえた実態が、米軍支配の中であった。で、それはむしろね。「俺たちは国籍を、主権を回復したいんだ」という占領に対する抵抗だったわけだから、成り立ってたわけだ。何も天皇の元首化運動じゃなかったわけだ。いや、本土で日の丸っていうのは、一貫して、天皇元首だよ。だから、反日日本人だよ。沖縄の人たちを見る目は。だから、そのことが逆に言って、日の丸、文部省の押し付けの場合に、反対運動に変わっていったという過程を見れば、闘争は矛盾してるけど、考え方としては、「強制されるもんじゃない」と。しかも、アメリカ軍に、主権を奪う象徴としてのね、実際に沖縄では具体的な反対運動をやった。(5)

政治状況の変化

一九五〇年代後半になると、土地闘争を受けて日本本土の関与が拡大していったことから、政治面でも新たな変化が表れるようになった。沖縄保守勢力は一時分裂していたが、一九五九年一〇月には、沖縄財界や米軍の要請を受け、民主党と保守系無所属議員から成る新進会、行政府の当間重剛派から成る沖縄自由民主党が結成された。一方、その一年前には、土地闘争の中でブームとなった民主主義擁護連絡協議会（以下、民連）のメンバーなどを中心に、社会主義政策を掲げ、階級政党として民主的な社会主義革命を遂行することを謳った沖縄社会党が結成された。特にコザの「進歩的」な青年団層幹部は多くが沖縄社会党に参加しており、民連及び沖縄社会党の重要な中核となっていたという。

有銘自身は、それまでは政党とは関わりがなく、戦前から中頭地区の教育界の重鎮であり、この時期には社大党の立法院議員をつとめていた大山朝常[6]を支持するというかたちで動いていた。一方、当時コザには大山に対立する政治的巨頭として、民主党の桑江朝幸がいた。両者は同じ越来村の出身だが、大山が戦後に土地接収をほぼ免れた地域（字山里）出身であるのに対し、桑江は全面的に接収された地域（字嘉良川）出身であるという違いがあり、それまでの選挙の構図は、軍用地に接収された地区＝桑江朝幸（民主党）を支持する復帰時期尚早派、非接収地区＝大山朝常を支持する復帰推進派、という大まかな区分があった。しかし、土地闘争以降に民連、沖縄社会党がこの構図に風穴を開けようとする中で、青年団活動・教員活動の中で地域のつながりを作ってきた有銘のような「青年教員」も、大きな役割を果たすことになった。

当時は地域の有力者を買収することによって票が動くことも多かったため、有銘らは青年団時代に「公明選挙運動」をし、票の買収を阻止しようと夜にパトロールを行っていたという。当時有銘が所属していた諸見小学校がある地域は新興集落であり、土地を嘉手納基地に接収された住民が多かったため、どちらかといえば桑江派が多かった。しかし、有銘が教員として地域でも信頼を得ていたため、説得的に運動をすることで、桑江派を切り崩すこともできたという。有銘は当時の状況について以下のように語っている。

例えば、僕は諸見小学校に五年おるから。そこは非常にどちらかというと新興部落であるわけ。で、どこを中心にいるかっていったら、嘉手納基地。基地から追い出されたあっちの住民が多いわけ。だから結束してそこから出そうというんで、まあ、どっちかというと桑江派なんだよね。だけど。僕もそうでしょ。字からいうと同字だからね。だけど、僕などがね。先頭になっていくとね。これがないわけよ。なぜかっていったらこっち教員だったから。そうすると桑江さんに結びつく、この、顔に結びつくのと、有銘先生に結びつくのとは対等なんだよ（笑）ずっと若輩でもね。それで、なにかあるっていうと、問題があって、取り巻かれているっていうと吹っ飛んで行くわけ。そうすると全部散ってしまうわけ。だからそれはある意味で保守革新ではないわけ。地域でもないわけ。感情もないわけではないけれども、僕に対してはあの、教員っていうのがね、そのつながり。だから、そういう、僕はある意味で地域の守勢という言い方をするんだけど。そういったことを例えば教職員会、という立場で僕らが説得的に運動をすることによって、ぶっこわしていった面もあるわけ。で、青年団ということではみんな知ってるんでね。これたちは簡単に言ったたって説得できないよと。手を替え品を替え人を替え、僕んとこ攻撃が来るわけ。だけどこれあんまり功を奏しないわけよ。圧力がかからないわけ。だから、僕の母などは、立場はかなり困ったと思うけどね。「あれはあれ、私は私だ」と言って（笑）だけどまあ、親父などが健在だったとしたらどうなったかなあと。その辺も、はたして教員やってたかなあ（笑）生き方の違いまで左右しただろうと思うけど。(7)

復帰協の結成

有銘の諸見小学校時代の経験については、筆者が知る限りではあまり多くは語られていないが、この時期に、沖縄社会では大きな出来事が相次いで起きていた。有銘のその後の活動の背景として、当時の状況についてみてみることにしたい。

まず、一九五九年六月三〇日には、旧石川市（現うるま市）の宮森小学校に嘉手納基地を離陸した米軍のジェット戦闘機が墜落、炎上し、児童を含む一八名が亡くなり、二一〇名が重軽傷を負うという大惨事となった。屋良朝苗は、ジェット機が落ちて炎上中という一報を受けてただちにその場に駆けつけ、現場を視察し、状況を詳細に日誌に記録し、翌日から被害者の救援や補償要求に向けて活動を始めた。当日の日誌には、「これも基地なれば

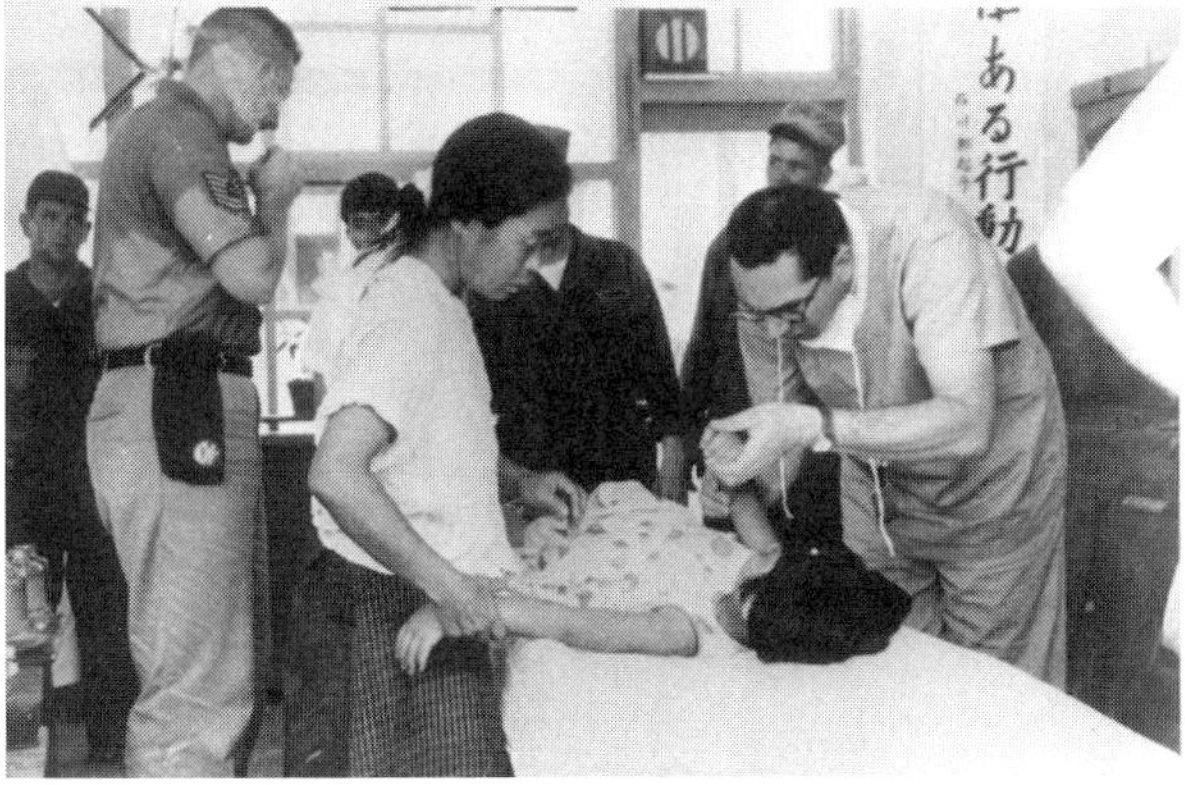

ジェット機墜落事件後に手当てを受ける学童(所蔵：那覇市歴史博物館)

こそ起こることだ。（中略）歴史上かつてない事が起きた六月三〇日、今日の日忘れる事の出来ない不幸の日だ」という記述がある。当時中根章が会長をしていた中頭郡青年団協議会も、補償要求のために幻灯機を使って現場の悲惨な状況を伝える運動を展開した。しかし、米軍の態度は高圧的で交渉の余地がなく、被災者は苦しい立場に置かれたため、翌六〇年になると、教職員会、沖縄県青年団協議会は官公労（以下、沖青協）、沖縄子どもを守る会、沖縄遺族連合会、各政党、労働組合などとともに「石川ジェット機事件賠償促進協議会」を結成して米軍に対し完全補償に向けた活動を展開し、これが沖縄県祖国復帰協議会（以下、復帰協）や沖縄人権協会の結成にも結びつくこととなった。

一九六〇年四月二八日、教職員会、沖青協、官公労を世話役団体とする復帰協が一七団体で結成され、初代会長には赤嶺武次官公労委員長が就任した。当初は参加を見合わせた団体もあったが、翌年にこの日が「屈辱の日」と位置づけられてから、復帰運動は徐々に高まり、一九六三年には、辺戸岬と与論島の間にある北緯二七度線上で、初めて海上交歓大会が開催された。この時の状況について、当時教職員会の専従職員だった石川元平は以下のように語っている。

ジェット機墜落事件後に担架で運ばれる学童
（所蔵：那覇市歴史博物館）

実は僕は四・二八《よっや》会のメンバーでもあるんです。これはもう天国に行った人もいますけれども、この四月二八日を「屈辱の日」として、我々は生ある限りこの「屈辱の日」を忘れまいということでいろんなことをやってきましたけれども、そういう屈辱の日というのはいつから使われたのか。これは最初からではないんですね。復帰協結成の翌年の六一年の祖国復帰県民大会の宣言文の中に、情勢分析をしたり、そういう中で「屈辱の日」ということが打ち出されて、あれ以来もう四・二八「屈辱の日」、それを忘れまいというようなことで復帰運動が燃え盛っていくということになっていきます。

　こういう闘いの中でもとりわけ全国に大きく波及したのは六三年です。一般的によく知られている人為的な分断線、辺戸と与論の間の北緯二七度線。これは二八日ですが、我々はその前日から辺戸へ行きまして、そこでかがり火を焚いたんです。地元とも連携をとりましてね。松の木やらいろんなものを、あれは五メートルぐらい積んだんでしょうか。それに火をつけると本当に一〇メートル、二〇メートルといって炎が上がる。そうすると、与論からも見えたと言うんです。逆に本土側、これは奄美や鹿児島や、これは全国の代表がそこに来ていますが、海抜一〇〇メートルぐらいの所に琴平神社という神社があります。一番高い所です。そこで最初はかがり火を焚いて相呼応して。人間は感情の動物でもありまして、こういうものにはやはり魂に点火されますね。眠っていた、埋もれていたものに点火されるようなそういう気持ちになって、翌日未明から艀、船を借りて、ほとんどが漁船です。あちこちから行っていますが、マスコミ等ではみんな我々がつかめませんが、ほとんど復帰協に結集する船は宜名真の港から、あるいは奥の港から二七度線目指して。非常に荒れた天気でしたけれども。びっくりしたのは中間ぐらいが二七度線だろうと思っていたんです、我々のグループはね。ところが行けども行けどもヤマトの側の船団が見えない。ずっと進んでいくと、もう与論の浜に人影が見えるぐらいのわずか二キロぐらいの地点が実は二七度線だったと。伊平屋、伊是名は二七度線より上なんですよね。

地図の上で後で見たら、なるほどそうなんだがとわかる。その日、多くの人が大体同じ思いをしたようです。そして本土の側は艀が数十艘あって、二七度線を人為的な分断線だということで大変な怒りをもって踏み潰してやるんだという思いで船をぐるぐるぐるぐる回して。行く時から色々論議もしたんですが、パスポートはみんな持たんよなと。パスポートを持っていないです。そこの二七度線を超えているわけですよね、逮捕も覚悟で、こんなことなどは

海上交歓大会の様子(所蔵：那覇市歴史博物館)

全く問題にしない。じゃあ官の側、ヤマトの国家権力の側はどうだったかといいますと、海上保安庁の船が右方向に二隻もう既に停泊していて、別に警告も何も聞いた覚えはありません。ただ静かに見守っていた。ということで予定どおりのことをみんなこなして。（中略）この海上集会で両方とも色々アピールをし、握手を交わし、歌を歌い、シュプレヒコールをやって、それを持ち帰って今度は辺戸から那覇までの、那覇では夕方もう県民大会が準備されているわけ。この道すがら、船にも教職員バンド隊が一隻に乗ったんですね。「沖縄を返せ」だとか、トランペットをはじめ、そこでも色々やって、那覇までの復帰パレードと言いましたけれども、各村々、太鼓をたたいたり日の丸の小旗を振ったり。道は舗装されていなくて、しかも車はといえば、三トン半の南山というトラックを借りて、教育会館の三階の折り畳みの木の椅子、座り心地はよくない、板ですから。これに座ってトランペットですからね、休むわけにはいかんのですよ。待っているんです、次々、各々集落ね。(8)

ただし、最初からこのような熱気があったわけではなく、復帰協結成当時は、「確かに戦後のアメリカーたちの事件事故やあの横暴、横柄な態度も、これも許せないけれども、沖縄戦当時の日本軍の蛮行、それに比べるとまだいい」と受け止め、ある意味で拒絶する人が非常に多かった印象があるという。これに対し、教職員会は、「天皇が主権を持つ国から、我々いわゆる国民が主権者なんだと。（日本は）平和憲法ができた民主主義の国に生まれ変わったんだ」と説得した。このような日本に対する期待は、実際の復帰が近づくにつれ、徐々に消えていくことになるが、それについては後で触れることとする。

二．「復帰」運動の転換

佐藤首相来沖

復帰協の結成により、徐々に復帰運動が盛り上がっていく中、有銘は一九六四年の四月に安慶田小学校に転勤した。この時期になると、さすがに馬小屋校舎はなくなり、全て戸締りのできる校舎になっていた。ただし、これも最初の間だけであり、年数がたつと壊れてしまった。このため、輪を作って針金で巻いたが、結局外さなければ入れない戸締りなので、鍵はないのも同然となったという。

この年の一一月に、日本では佐藤栄作が首相に就任し、沖縄返還を重要課題に掲げることになる。しかし、アメリカの軍事支配から解放され、主権を回復したいという沖縄の人々の願いとは裏腹に、一九六五年一月に行われた佐藤・ジョンソン会談で、佐藤は「沖縄における米軍基地の保持が極東の安全のため重要」という考えを伝えていた。

この時期、アメリカにとって一番の懸案となっていたのは、情勢が悪化していたベトナムであった。一九六五年二月にアメリカが北ベトナムに対し大規模な空爆を始め、三月には沖縄の海兵隊が南ベトナムのダナンに上陸するなど、沖縄はその後米軍基地を介して一気にベトナム戦争に巻き込まれていくことになる。六月には一四年の交渉を経て日韓基本条約が調印されるが、その背景にはベトナムへの地上軍派遣を急ぐ米韓両国の思惑があった。条約調印後、米韓は地上部隊の派遣を始め、ベトナム戦争は本格化し、日本政府もこれに加担していくことになる。

佐藤首相が日本の首相として戦後初めて沖縄を訪問したのは、この年の八月であった。遅すぎるともいえる来沖に、沖縄では「歓迎」、「請願」、「抗議」、「来沖阻止」の主張が交錯する複雑な状況となった。石川は、当時教職員会の状況について以下のように語っている。

佐藤来沖は教職員会、沖縄の教育界としては非常に願っていました。復帰協はある意味、期待と警戒が半々だったと思います。教育界としましては、いわゆる日本人教育をやったけれども、政府の施しを一切受けずに、『戦後二〇年・教育の空白』というパンフレットなどを出したりで、そしてこれを行政、文教局、教育長協会、教育委員協会、市町村のあらゆる所にこういうことをずっと宣伝をして機運を盛り上げておりまし

佐藤栄作総理大臣来沖に際し、沿道で日の丸を振って歓迎する人々（所蔵：沖縄県公文書館）

たのでね。佐藤総理が六五年に来る前年から義務教育費獲得期成会というのをつくってあったんです。そのような運動も始めて、文部省にもそのようなことも既に運動を開始していました。

佐藤総理がたまたま六五年夏に来沖した時に、教職員会長の屋良朝苗は、義務教育費獲得期成会の会長として空港で出迎えたんです。出迎えた後は、現在は天久の杜という、元参議院の大浜方栄関連の巨大な施設になっていますが、その前は東急ホテルでした。その東急ホテルで沖縄の各界各層の陳情を受けるということで設定をされたんですね、総理の日程が。屋良期成会会長は、前年から要請をし続けてきた義務教育費半額国庫負担の要請をそこでやりました。それは大きなものは、子どもたちの教科書の無償配布、それと校舎建築費等の国庫負担ですね。それから教員給与の半額国庫負担です。三つの大きな柱をもって要請をしたことに対して、たくさんの各界各層の要請を受けたんだけれども、屋良朝苗にだけは「わかった」というふうに返事をした。これはたちまちみんなに伝わったようです。非常に羨ましがられた、そしてまた喜んだという。自分たちのものは聞き置き程度にされたけれども、屋良に対してはわかったという。これは事実、翌年からもう予算化されるんです。(中略)

あと一つは、一方まるっきり反対で、復帰協は那覇高校で県民大会を開いたんです。僕なども当然そこへ行って。那覇高校は比較的、与儀公園などよりも五八号線に。当時は軍用道路一号線と言っていましたが、県民大会が終わって向かう先は東急ホテルです。佐藤総理が宿泊する場所がそこだということをみんな聞いていましたので、そこへみんな押しかけようと。今みたいなデモではないです。フランスデモといいましてね、道いっぱい手を広げて、ですから車は一切、みんなシャットアウトです。こういうことで何キロでしょうか、東急ホテルまではおそらく二キロ前後だと。教職員、我々は、一番先頭部隊でしてね。我々は浦添市のキャンプ・キンザーまで、そこで座り込みをしたんです。もう当時の東急ホテルの入り口を含めて、ずっと泊のあたりまでみんな座り込みですよ。そのために、宿舎に帰ってきたら直接復帰協の陳情を受けろと。ところが、こういう状況を見て佐藤総理は帰ってこなかったです。帰れない状況もあって、しかし陳情を受けろと言ったって、そんな大衆の前で受けられる状況でももちろん、判断もそうだったと思うよ。どうしたかといったら、基地内のゲストハウスに泊まらざるを得なかったんです、佐藤総理は。

そこまではいいんですが、その後、一定の締めをして解散をしたんですが、我慢できなかったのが琉球警察の警察官ですよ。非情な乱暴、横暴を振るいました。警棒を振るって解散遅れした労働者・学生に対して警棒を振るって、かなりの怪我人もこの日出したんですね。こういうことなどがあって。六〇年から七二年、返還までのちょうど半ばに現職の総理が初めて来て、これは復帰協でもそういう位置付けをしていますが、私は個人でも復帰運動から復帰闘争への大きな質的転換を遂げた時期だというふうな見方、位置付けを実はしています。ですから復帰闘争、そして本土側とのお互いの言葉の中、文章化の中でも、本土側も沖縄奪還と言ったり、それから返還闘争と言ったり、こういう言葉として。ですから復帰運動の質的転換を遂げた、それをもたらしたのが佐藤来沖であったと、こんな位置付けですね。(9)

ベトナム戦争とコザ

この時期に、復帰協の中では、米軍基地に対する議論が本格化していくことになる。それまでの復帰協の方針は、「原水爆基地の撤去」であり、通常の軍事基地については最大野党であった社大党が明確な態度を示さなかったために、一九六五年の段階では現状維持となった。しかし、米軍の軍事基地の使用が活発化するにつれ、そこから発生する騒音、米軍機の墜落への不安などに加え、沖縄がベトナムに対する加害者となっているという意識も生まれ、基地撤去を求める人々が増えるようになっていく。有銘は、当時のコザのまちの状況を、以下のように語っている。

ベトナム戦争の頃は、特にコザの基地のまちっていうのは、米兵も荒れるんだよね。荒れるっていうのはまた、特徴があって、もちろん、何ていうか、ベトナム戦争に行く前。これは、行きたくないわけよ。はっきり、死ににいくからな。だから、酒をくらってさ。センター通りで喧嘩をした

ベトナム戦争時の米兵たちの様子（沖縄県ロック協会提供）

り、それから、お店から、バー（？）などから、高級な腕時計を盗んで、とか。とにかくそれも、盗むのが目的じゃなくてさ。捕まって豚箱に入れられたほうがいいっていう考え方もあったみたいなんだよ。だからわざと、分からんように泥棒するんじゃなくて、これみよがせにこう、持って行くもんだからね。もう、戦々恐々だよ。商売人はよ。そういう時代。

それから、バスなどでも、酔っ払った米兵たちがさ。あの大男たちが、何名か一緒になってやってきて、両手を広げて、車を止めたりね。まとにかく、横暴な態度をやったよ。相当荒れていた。そういうことが、直接、直接響くわけだ。その代わり、金はあるだけ使うからね。片っぽでは繁盛しているかっこうだけど、片っぽでは被害もあるわけさ。トラブルも多いし。だから、このへんだったら、毎日毎晩、パトカーのサイレンの音が鳴りっぱなしという状況が続いた。そういう時代だよね。で、まあ、基地のまちっていうところは、ベトナム戦争の状況によっては、一喜一憂もあるわけさ。

で今度帰ってきたら帰ってきたでね。戦場の延長線上でしょ。よく言われるじゃない、戦争のあった国。戦争が終わった年から犯罪が増えると。よく言われるんだよね。それは、戦争がある間はさ、まだ緊張が続いて、軍隊は軍人として、職務についてるけど、そっから解放されると、その悪夢っていうのは、酒を飲むと

Aサインバーの様子(所蔵：沖縄市総務課　市史編集担当)

よ、態度に出てくるわけだよね。相当すさんでるさーね。だからそういった、悪影響っていうのは、コザのまちでは、民間に、直接響くわけだ。だからトラブルは、たえないわけだ。行く前の兵隊、帰ってきてからの兵隊。そうすると、踏んだりけったりだよ。だから、そういったのは、直接その中で、金儲けのために体を張っていた人たちは、直接の被害者に、なるわけだ。だけれど、そんな時にこそ、銭は落ちるという、悪循環があるからね。いろんな問題が、惹起するわけだ。まあ、そういう中で、まあ、コザのまちっていうのは、いろんな、僕らも、好むと好まざると巻き込まれる。

それから、直接米人相手をして、儲けてるはずの人たちも、いいことばっかりじゃないわけよ。トラブルがあると巻き込まれると不幸につながる。だから、まあ、当然被害者にもなる可能性あるわけよね。まそういうのが、ベトナム戦争のときには、非常に、直接的に、実感したみたいだね。よくあるのは、ベトナム戦争というのは、朝鮮戦争よりかは、もっと、そうだね、具体的に、日常的に、軍人との関わりも多かった。トラブルも多かった時期じゃないかね。(10)

教公二法案の争点化

同じ時期に、有銘が所属する教職員会では新たな問題が持ち上がっていた。教職員の争議行為の制限などを含む「地方教育区公務員法」及び「教育公務員特例法」が、一九六六年五月末に立法院に送付されたのである。この二法案については、一九五〇年代末から議論されていたが、教職員会側が「政治活動制限」、「争議行為禁止」、「団交権制限」などの規制法的側面について反対していたことや、保守側の分裂などのために継続審議となっていた。しかし、一九六五年の立法院選で、議席数自体は保守側が上回ったものの、那覇などの都市部では野党が勝利し、総得票数でも野党が上回るなどしたため、保守側は危機感を強めた。そして、民主党の日米協調路線に反対する革新政党、「とくに院外支援団体としての労組など革新勢力対策を強化すべきだ」という見方をするようになっていく。教公二法案制定は、そのための重点政策と位置づけられることになった。

これに対し、教職員会は一九六六年六月三日に全教職員を動員した「教公二法阻止教職員総決起大会」を開催し、中央教育委員会と琉球政府文教局長の退陣を要求する大会宣言を採択した。七月には、立法院前でのハンガーストライキと要請行動も実施された。同月末、民主党の賛成多数で休会中の継続審議が決定され、九月からは民主党の単独審議が開始された。民主党が年末になるとなりふり構わぬ強引な議会運営を始め、教公二法案成立を目指したため、これに対し教職員会も一九六七年一月五日に「非常事態」を宣言し、あらゆる手段を使って法案を阻止することを表明する。七日には、野党三党、復帰協、県労協、原水協など一二団体から成る教公二法阻止共闘会議も結成された。一方、民主党側も教公二法早期立法促進協議会を結成し、一月三〇日には沖縄経営者協会、琉球商工会議所、琉球工業連合会の三団体が父母の会を結成するなど、教公二法をめぐって保革勢力が全面対決する構図ができ上がった。

一月二五日に、屋良教職員会会長がハンガーストライキで抗議する中、民主党が立法院文教社会委員会で警官隊を導入して教公二法案を強行採決すると、教職員会は翌日に緊急合同会議を開催し、地区組織や青年部・高校部などの突き上げによって、一〇割年休行使を決定した。一月三一日から約二〇〇〇人が立法院前で徹夜で座り込み、二月一日正午までに約二万人が立法院を包囲したため、立法院は発足以来初めて本会議が見送られ、三週間以上空転することになる。

教公二法闘争

この間、屋良が懸念していたのは、教職員を動員することによって、子どもたちの教育に支障が出るということであった。当時、教職員会は一二地区に分かれており、各地区に会長、各専門部（青年部、婦人部、校長部、高校部）の部長がいるという組織構成になっていた。有銘は当時コザ地区に所属しており、政経部長をつとめていた。これらの地区、専門部の間では闘争戦術に対して意見の相違もあったが、青年部、高校部、中頭地区は一〇割年休行使を強く主張したという。ほとんどがこれに賛成するという状況であったため、屋良も最終的に年休を行使した日の授業は次の日曜にふりかえて必ず実施し、父兄とも密接に連絡をとって了解を求めるという条件をつけ、年休行使に出ることになった。この時のコザ地区の状況について、有銘は以下のように語っている。

教公二法が最大結集したときの二万五〇〇〇、これのコザでの取り組みを言いますとね、当時、小学校単位にね、いわゆる学校が中心になって、父母を小学校単位に集めて、中学校は合流するかたちでね、各小学校単位にＰＴＡがＰＴＡ会の総会のかたちで、説明会など行動に対する理解を得るのは全部やってたんですよ。当時は校長が分会長でね。だから、例えば、市町村単位での役員っていうのは校長教頭か指導主事といわれた人たちがね、役員で、ヒラで役員になったのは、わずかですよ。当時僕は政経部長って役を持っとったけど、ヒラでね。これ例外なんですよ。そういう状況だったから、小学校単位で、そのいわゆる分会長命というのは校長命ですからね、ＰＴＡ総会のかたちで、持ったんですよ。

当時青年部長やっとった山城清輝、この人はその以降、コザ市の教育長も校長もやった人ですがね、今でも僕は四・二八会で仲間の一人だけど、この青年部長などが、中心になって、小学校単位に、この先生は中学校の先生だったと思うけど、説明役なんですよね、順繰りに回って。で、当時、体育館みたいなのはありませんから、安慶田はたまたま図書館

立法院横広場に集まった人々の様子(所蔵：沖縄県公文書館)

があったんですよ、自前で作った、かなり大きな、図書館があって。そこに父母を集めてね。で、趣旨説明。

だからその時は当然、「なぜ教公二法というのが問題なのか、いわゆる教職員の政治活動というのを禁止というけれども、一番の眼目は復帰運動を潰すことだ」と。で、「いわゆる日本人教育じゃなくて植民地教育をするための地ならしをするための悪法なんだ」と。まあこういう説明。それで、「とにかく今、子どもたちの教育、現実的に毎日の教育は必要。だけれども、もしこれが通ったとしたら、それどころじゃない、大きく沖縄の将来が歪められるし、ずっとアメリカの軍事支配に甘んじなければならないと。それを座して待つわけにはいかんだろう」。だからまあ一つ、最後に説明の後、「これは今まで割り当てというかたちで行ってるけど、これはもう最終的には力と力の対決になる様相を持っているから、おそらくいつかは全員がね、一緒になって出て行くというのもこれは覚悟せんといかん」と。「だからその時に学校を教員が空けるけれども、その件は充分理解をしてほしい」と。そして、とりわけこういった運動がある時には、ＰＴＡや父母の立場からもね、「子どもたちの教育は捨てるわけじゃないから一つ一緒になって守ってほしい」と。まあこういう提起をしてるわけですよ。

そうするとね、父母からの意見は、「心配するな、こんな大事な時に、子どもたちのことは全責任を持って、父母の責任によって預かる。だから、とにかく頑張ってくれ。必要だったら父母にも呼びかけてほしい。我々の出来る範囲はやるから」と、まあこういう小学校単位で決議がなされるわけ。話し合いの結果ね。で、たまたまそこに、右翼ってほどでもないんだけど、ボス連中がおってね、当時、風俗連合組合という、Aサインバーとか、この繁華街のね、こういった人たちのまとめ役をしていた、後になって議長までする人ですが、この人を中心に五名か六名ぐらいの人たちがね、弁護士も含めて、これに妨害をしにきたわけ。それでも真正面からは反対というわけにはいかんもんだから、質問というかたちでね、色々やってきて全くかみ合わない発言をするもんだから、お母さんたちが怒りだしてね、「あんた方は話をぶち壊しに来たのか聞きに来たのか、この運動を支えようとしてるのか反対なのか、はっきりしろ」と、というんで、叩き出されてね（笑）まあそういう状況だったんですよ。(11)

そして、二月二三日に議会運営委員会での民主党による強行採決によって、翌日からの本会議開催が決定されると、翌二四日には、未明から警察官と座り込みの請願団が衝突し、最大二万五〇〇〇人の群衆が立法院を取り囲むという前代未聞の事態になる。当時、有銘もその中に一員として参加していた。ここには、説明会で話を聞いた父母たちも支援にやってきたという。

父母たちもさ、じっとしておられないわけだよ。ラジオ放送などがあるからね。みんなでおにぎりを作ったり、差し入れを作ってさ。何名かで車出して来るわけだ。支援に。その分増えるわけだよ、僕らの学校も差入れに、何組か毎日来るわけだよ。でそれにまた話を聞いたら、タクシーの運転手が相当活動したらしいね。ラジオ放送あるでしょ。地域に入ってさ。道行く人たちに声をかけてね、「那覇で今、大変なことが起こってるって分かるか」って、「知らん」って言ったらね、「ラジオ聞け」と言って聞かしてさ。「無料で送るから乗れ」って言って、かき集めてきたというんだよ。運び屋がおったわけさ。これは後で出てきた話だけど、運転手は運転手でみんなそんなかたちで、とにかくニュースを聞いた人は、とにかく那覇へ行って。

だから、立法院の周囲は二万人集まった。人で埋まってたもん。で警官隊が最初いるわけでしょ。玄関なども。一人ずつ捕まえて引き抜くわけよ。そうすると警官隊も最後まで抵抗しないわけよ。引きずられて出てきて、後ろまで行って、「はい、後ろ行って。もう入ってくるなよ」って言って（笑）みんな出してるわけよ。「後ろ行ったらコーヒーもあるよ、おにぎりもあるよ」って言ったらしい。それで、結局玄関も突破されるわけだ。次第に議場に近づいてくる。これは刻々報告されるわけでしょ。そこで機動隊の車も乗り入れてるけど、これもみんなでゆすぶってさ、「どうするか、ひっくり返すか」って（笑）だから結局、その時には議長が、「これでは大変なことになるから、とにかく教公二法を強行することはやめよう」っていうことになって、幕が下りたわけよ（笑）完全に阻止だよ。

ま、それがね、実際には教職員会が各地域で、復帰運動の中心になっていた。屋良朝苗がその主軸におったっていう、もうみんな、公認の事実なんだから。あの闘争は、島ぐるみになりえたんじゃないかな。教公二法はかなりの成果をあげた闘争だと思うよ。結局、弾圧法を民立法で用意させようとして不発に終わった。実際には、大衆行動を通じて。だから曲がりなりにも民主主義を言うアメリカの側が、少しずつ譲ってきている中での、復帰っていうのの実現っていうのは、こんな状況が重なり合っていってるわけよね。[12]

結局、当日に与野党代表と屋良をはじめとする教公二法阻止共闘会議代表が立法院議長の長嶺秋夫と協議し、五月末までに審議を棚上げして六月に意見調整を行い、調整がつかない場合は廃案とするという与野党協定書を交わし、事態は収拾された。そして、この法案の成立によってさらに早期日本復帰を求める圧力が高まることを警戒した日米両政府の説得により、民主党もこの法案を廃案にすることを決定した。

反基地運動の高まり

復帰協は教公二法闘争の翌月、基地を最大の雇用先とする全沖縄軍労働組合が復帰協に加盟したことを契機に、運動方針として「軍事基地反対」を追加した。この年の一一月に佐藤首相が訪米し、共同声明で「両三年内」に返還時期に合意することが明記されたことから、復帰がより現実味を帯びてくる一方、沖縄でも復帰後の基地のあり方について明確なビジョンが求められるようになっていく。このような中、朝鮮半島での安保危機と、ベトナムでのテト攻勢を機に、一九六八年二月から嘉手納基地にＢ52戦略爆撃機が常駐するようになったことは、さらに沖縄の人々がベトナムに対し加害者となっているという意識を高めることにつながった。

ベトナム戦争でも、沖縄は「悪魔の島」だという、もう、一般的な認識があるということを言われてるでしょ。で実際には、僕たちは反対運動をやっていたけれども、そのことが、表に出るんじゃなくてさ。爆撃したB52、結局沖縄から行ったということになるしね。軍隊も、海兵隊は、第一線部隊は沖縄を経由して行ってるからね。こっちで、ゲリラ訓練などをやって、かなり演習地としてはすごいのがあるわけだから。(中略。高江について)あのダムとかさ。あの辺は、全部、使われてるわけよね。ジャングル戦。だから、今でも、抑止力と言ってるけれども、絶対違うという、沖縄で分かるのはね、演習地なんだよ。(13)

B52が常駐した後、沖縄ではB52撤去要求運動が相次いで起こり、沖縄教職員会も三月一六日の定期総会で、初めて「軍事基地の撤去」を方針に掲げることになる。同じ時期、アンガー高等弁務官が同年一一月に行政主席を直接選挙で決めると二月に発表したことから、候補者の人選も問題となっていた。革新側では、安里積千代の名前も挙がっていたが、結局一九五〇年代からいち早く復帰運動に取り組んだリーダーである屋良朝苗が、革新統一候補として出馬することになった。選挙は、屋良と屋良の県立二中時代の教え子である西銘順治による一騎打ちの様相となり、一一月一〇日に行われた選挙では、「即時無条件全面返還」を訴えた屋良が、三万票差で当選を果たした。

選挙中に撮影されたとみられる

B52墜落爆発事故

選挙から約一週間後の一一月一九日未明、沖縄の人々を震撼させた事件が起こった。嘉手納基地から離陸したB52が滑走路に墜落して爆発炎上したのである。搭載していた爆弾も次々に爆発し、一時間にわたって基地内で火災を起こし、付近の住民を恐怖に陥れた。事故現場は、核兵器があると言われていた知花弾薬庫の近くであり、もしその上に墜落していれば、大惨事になっていた可能性があった。有銘は、当時の状況を以下のように語っている。

ゼネストまでの間はね、いろんな事件事故があるわけでしょ。とにかく、ありったけの沖縄の米軍基地の問題、総括的な意味でのゼネストだったからね。例えば中部あたりでは、特に女性部を中心に各分会ごとにね、B52の問題なども含めて嘉手納あたりから火がついて、各分会でも父母を含めて討論集会、集会、学

1968年3月に撮影されたB52（所蔵：那覇市歴史博物館）

習会、いろんな取り組みがあったわけだよ。

そして、実際にはあのゼネストはね、それ（教公二法闘争）以上の状況でさ。直接被害でしょ。あれとは一味違うね。弾圧という側面が、教公二法の場合強いさーね。だけど、これは命の問題なんだよ。だから、ほんとに嘉手納中心にやろうとする時には、みんな真剣だよ。「そうだ」というように、「いや、私もそうだ」。

あん時嘉手納辺りでは、戦争が始まったと錯覚を起こしたというんだ。そうだよ、あれだけ爆発音が聞こえた。僕らの所までは、直接には分からんけどね。

あの時に一番極端な話が、息子は消防隊員で、「すぐ出んといかん。早く準備して、避難する」と言う。その時に、戦争が始まったと勘違いしたお母さんがさ、息子に「大変だよ。でも、気を付けてよ」と言って、お金もいくらか渡してさ。送り出したという話あるぐらいだから。情報分からんさ。とにかく緊急招集がかかって。現場見に行ってくるわけじゃないからね。サイレンは鳴るし、破裂音は聞こえるしだから。みんな戦争体験者でしょ。もう戦争の、ほんとにおっぱじまったとしか思わなかったらしいんだよ。そういう恐怖と、B52が落ちたと聞いたあくる日からの衝撃っていうのは、ものすごく大きいから、具体的にみんなが本気になって。(14)

特に、嘉手納基地に隣接する嘉手納村の危機感は強く、一一月三〇日には戦前戦後を通じて初めての、女性約七〇〇人による総決起大会とデモ行進が行われた。一二月二日に、爆発事故現場とほぼ同じ場所でB52が芝生に突っ込みながら停止するという事故が起きると、当日学生が無届デモや抗議集会を行い、七日には嘉手納村教職員会を中心としたストライキが行われ、村外からの支援団体も含め、二〇〇〇人以上が参加した。さらに、同日、「いのちを守る県民共闘会議」（以下、共闘会議）が、選挙の時に結成された革新共闘会議構成団体も含む一四〇団体余りで結成される。共闘会議は、B52の即時撤去、原子力潜水艦の寄港の即時中止、沖縄からの一切の核兵器の撤去を求め、一二月一四日に「いのちを守る県民大会」を開催し、ゼネストを含む闘争を宣言した。ここには初めて琉球政府各局長が参加した他、自民党の星克立法院議長もメッセージを送った。県民代表団及び屋良主席も相次いで上京し、沖縄の状況を伝え、B52の撤去を訴えた。

二・四ゼネスト

住民らの訴えに対し、日本政府は善処すると答えたものの、積極的に米国政府と交渉し、撤去させようという姿勢は見せなかった。共闘会議は、ゼネストの期日をB52の常駐から一年となる前日の一九六九年二月四日に定め、ゼネスト態勢を構築しようとする。これに対し、米国民政府は基地労働者から成る全沖縄軍労働組合（後述）がゼネストに参加することを警戒し、ストに参加した場合は解雇も含めた懲戒処分もありうるとして切り崩し工作を行った。また、屋良自身は何とかゼネストを回避したいと考えており、一月末に上京した際に木村俊夫官房副長官から「七月前後にベトナムのB52はタイのウタパオ飛行場に移る」と聞いた感触を根拠に、「忍びがたきを忍んで」ゼネストを回避するよう共闘会議に申し入れた。共闘会議は深夜に及ぶ議論の末、ゼネストを回避し、代わりにB52撤去、原子力潜水艦の寄港阻止、労働総合布令撤廃を掲げた県民総決起大会を、同じ二月四日に嘉手納総合グラウンドで開催することを決定した。当日は、約四万人の県民が結集し、大会後は軍用一号線（国道五八号）と軍用一六号線（県道七四号線）の二手に分かれてデモを行い、嘉手納基地を包囲した。有銘もその一員として総決起大会に参加し、先頭に立ってデモ行進をした。当時の状況については次のように語っている(15)。

ゼネストは結局ね、屋良主席が窮地に追い込まれるっていうかたちで、これ以上やると、直接弾圧をくらう可能性があるということなどがあって、結果的には回避ということにはなってるけど、当日はね、完全にストップしてるからね。嘉手納へ行く道は。四時間ぐらいか。結果的には、ゼネストといって実際に突入して、どれぐらいが参加できたかという、保障はないわけだからね。回避というのが事実上はあるけれども。集まって行動し

2月4日の県民総決起大会：嘉手納飛行場前に集まった人々（石川文洋提供）

ようといった部分だけは、やっちゃったわけだから。むしろ、結集した数は、ひょっとしたらその怒りが倍増した可能性はないとはいえないよね。ゼネストは回避したけれども、いわゆる一〇割年休というかたちで、参加することまでは止めなかったという、側面もあるわけさ。

（「教職員会が中心になってたんですよね？」という筆者の質問に答えて）あの時は、僕らも先頭だよね。片面怒りもあるけどね。その場に来ても、執行部突き上げの罵声もあったし、プラカードも色々出たけれども、ここに集まった人たちはね、思う存分暴れたという感じでね。むしろ、現場に行った人たちの気持ちは、高揚したんじゃないかね。でも、屋良朝苗に矛先が向けられて、政治闘争に発展するということはないわけさ。その上の弾圧があるわけだから。それはもう、みんな見抜いた上だから。つまらんこととした。内部分裂。結果的にはね、大衆行動は大成功だよ。単なる運動じゃなくて、怒りを共有した、盛り上がった大会になったと思うよ。（中略）

一般的に言えばゼネストっていっても、あんまりなんだけど、ゼネストっていうことは全てだからね。意味では、島ぐるみの政治闘争ということだよね。だから、行政の立場ではもう、何が何でも止めなきゃならないっていうんで、ありったけの権力を発動して、抑えにかかったわけでしょ。そういうせめぎ合いだから。だけど具体的には命の問題だから。背に腹は代えられないという運動が起こっていたことは事実なんだよ。切実感があったわけだ。例えばその時に圧力がかかって、集会そのものを取りやめとなったんだったら暴動になりよっただろうね。集まらんわけないもん。かえって反動もあったという、発想で言ってるけど、間違いないんだよ。事実関係としては。だけどその集会に、直接弾圧はできなかったわけだ。(16)

ゼネストを決行すれば復帰が遅れるから回避したという見方もあるが、有銘は大衆にとっては問題はそのようなレベルではなく、「命に関わる問題で、これ以上だまされてたまるか」という怒りがあったという。有銘自身は、ゼネストについては「ゼネストという場合には、結果的には行動はね、政治行動として評価できる。ゼネストって構えたけど回避したっていうのは、指導部の話なんだよ。確実にあの闘争は、民衆の政治に対する意識高揚させたっていう、側面を持ってるわけだよ」と肯定的に評価している。

三　反基地運動の高まり

沖縄返還交渉の本格化

ゼネストは実施されなかったものの、主席公選選挙後の沖縄の状況は、日米両政府に危機感を抱かせていた。佐藤首相は三月の参院予算委員会で、返還後の沖縄の基地は「核抜き・本土並み」とする方針で交渉に臨むことを明言する。一方、米国側は五月に朝鮮、台湾、ベトナムとの関係を考慮して、通常兵器搭載の場合は沖縄基地の自由使用を最大限確保すること、緊急時の核兵器の貯蔵・通過権の確保などを条件として、沖縄の七二年返還を受け入れる方針を決定した。日本政府の「核抜き・本土並み」という方針は、国内の世論を考慮して掲げた方針であり、実際には沖縄基地の安全保障上の役割を重視する韓国・中華民国政府の意向なども受けて、沖縄基地の機能を維持する方向で交渉を進めていたが、そのような両国の動向はなるべく公にならないように配慮がなされていた。当時の大部分の日本国民にとっては、沖縄が日本に返還されるかどうかが最も大きな関心事であり、このために同年一一月の佐藤・ニクソン共同声明で、沖縄の「七二年・核抜き・本土並み」返還が合意されたことが発表されると、沖縄に対する関心は分散していくことになる。

しかし、屋良が沖縄の総意として日米両政府に求めていたのは、「核抜き・本土並み」ではなく、主席公選の際に掲げた復帰協及び革新共闘会議の方針である「即時無条件全面返還」、すなわち「核も基地もない沖縄」の返還であった。実際は、当時の沖縄では屋良と結びつきの強い行政府、立法院、復帰協などの外部団体、官公労などの政府内労働組合はそれぞれ問題を抱え、ばらばらな状態であり、屋良を一致して支える状況にはなかった。立法院では野党自民党の勢力が強

全軍労の総決起集会（所蔵：那覇市歴史博物館）

かったため、少数与党の屋良は苦しい政権運営を強いられた。また、革新政権誕生の原動力となった官公労が、野党が問題視する公務員の賃上げをめぐって実力行動に出たため、これも屋良にとってはジレンマとなった。最大の外部団体である復帰協は、二・四ゼネスト後に「軍事基地撤去」と「日米安保条約の廃棄」を初めて基本目標に加えたが、これに反対する労組が退場するなど、内部対立が鮮明になっていた。このような中でも、屋良は一九七二年に復帰が実現するまで、「核も基地もない沖縄」の実現を日本政府に訴え続けることになる。

教職員会専従へ

話を少し戻すと、有銘は一九六九年四月に、安慶田小学校から今度は島袋小学校へ転勤していた。しかし、教職員会の組織の改編のために、島袋小学校は途中で退任し、九月からは中頭地区教職員会の専従役員となった。その経緯は、以下のようなものであった。

僕が教職員会に入る非常に大きなきっかけは、県教育庁の出先機関の統合なんだね。当時沖縄中部には、コザ地区、前原地区、石川地区という三つの教育事務所があった。それを統合して中頭事務所になった。この三地区の教職員会も必然的に統合されて、中頭地区教職員会となったわけさ。

当時各地区の教職員会には専従の事務局長がいた。同時に教職員会には共済会という互助組織があった。拡大した組織の中で三名の専従を各部署に配置したけど、「やっぱり現場から一人、どうしても必要だ」ということで。最初は教頭クラスの三名がおって、「そん中から送ろう」と言ったら、「いやもう、みんな役職に就いてんのに、若者たちがやれ」ということになって、「ならしょうがない」といううんで（笑）昭和の一桁に。だから、結果的に僕が入ったわけ。

そういうかたちで行政機構の統合。必然的に対応する教職員組合の統合。こういったのが節目で、今まではどっちかというと、公益社団法人だから、組合法人じゃないから、専従制度はないわけさ。そうだからといって、一般の民間からというわけにもいかんでしょ。もう一つは、どうしても近いうちに組合に移行せんといかんということなどがあって。それで、僕が学校現場を半か年で途中で移ったっていうことがあって。これはもう、僕にとっても子どもたちや父母にとっても大きな問題だよね。で専従になって、これが六九年の九月。

沖縄市にある中頭教育会館

あの頃は、例えば僕などを例にとると、一九年でしょ。沖縄でも年金制度っていうのはできていた。それが二〇年さ。二〇年おったらあるけれど、一九年では退職処分。そういった意味では、非常に大変な状況ではあって。とにかく僕らの目的は、復帰を勝ち取れば、制度が、制度化される。その方が先だという信念があるもんだからさ。まあ、しょうがないさ。いや、父母には怒られたよ。島袋行って、ちょうど受け持ったのは四年生だったから。父母には同年生たちが何名かいるわけさ。それで、最近になっても、「『一緒に頑張ろうな』と言って握手したのに、半か年で子どもたちをほったらかして行ったなあ」と言って、うらみつらみなんだよ（笑）今でも運動は一緒にやってる連中が、酒飲むとね、「相当期待していたのに、一緒にやろうと思っていたのに、お前逃げ出したな」なんて言って。「それはもうなかったことにして」って言って（笑）今でも運動で一緒だからさ。時々ゆっくりして酒飲む場があると、繰り返し出てくるよ。だからある意味では、罪の意識もあるんだけど。[17]

沖縄の復帰が現実化していく中で新たに立ち現れてきたのが、米軍による基地労働者の大量解雇をめぐる問題であった。沖縄の基地労働者は、布令一一六号によって長く労働法の適用範囲から除外されており、団体交渉権や争議権が認められないなど、権利が厳しく制限されていた。この状況を打開するため、一九六〇年前後から徐々に各職場で労働組合結成の動きが見られるようになり、一九六一年六月には、陸軍関係の六つの基地関係労組二六三八人が全沖縄軍労働組合連合会を発足させる。その後、情報機関が暗躍し、結成が遅れていた空軍でも六二年一〇月に空軍労働組合が結成され、六三年七月には、一二組合六六二四人が単一組織に移行し、全沖縄軍労働組合（以下、全軍労）に改称された。初代委員長には上原康助が就任した。

全軍労は、発足後賃上げや退職金制度などを次々と勝ち取り、一九六八年四月には初の一〇割年休闘争を組み、布令一一六号を撤廃させた。組合員数も大幅に増え、一九六九年時点では、二万一九二六人となっていた。しかし、日本復帰が決まった直後の六九年一二月の基地従業員二四〇〇人の大量解雇通告を皮切りに、大量解雇が始まった。(18) この背景には、ベトナム戦争の泥沼化などによって財政が悪化した米国政府による、沖縄の復帰を見越した合理化政策があった。これに対し、復帰協、教職員会などは、全軍労と連帯して解雇撤回闘争を行った。

全軍労闘争っていうのはね、これも非常に沖縄の闘争に大きな影響を持ってると思うよ。全軍労闘争っていうことを考える時に、沖縄の運動の質が、一八〇度転換したといってもいいと思うよ。軍の中では結局、まあ結社の自由というのが曲がりなりにも認められてるけど、中身は空っぽなんだよね。ストライキなどはできんし。で、集会も基地内では認められなかったわけだから。当時は「パスを返せ」というんで取られると、通行手形だからね。それだけでいいんだよ。解雇通告とか、関係ないんだよ。「お前明日から来るな」ってパスを取り上げればいいことであってね。そういう時代だから。

だけどね、全軍労闘争っていうのは、非常に綿密にね、ものすごいエネルギーが使われたというのが、僕らも後で聞いて分かるんだけど。集会は全て基地外なんだよ。地域に帰ってきてから。だから、闘争をやった当時の役員ていうのは、組合員の家まで全部分かるわけだ。例えば、コザ市でやろうという時にはさ、いっぺんではできなければ、ここからここまでというように地域を区切ってさ、家庭訪問だ。だから、住所も電話番号もみんな掌握してる。それで、同じ職場でも、那覇から北部までいるわけだからね。全県から集まってるでしょ。かなり広範な広がりを持っていた。全軍労闘争の場合はそれを地域で、帰ってきてからよ。夜勤の人は昼、昼勤の人は夜（笑）その地域ごとに集会を持ってさ。懇談会を持ったりして。だから、えらいよ。(19)

有銘は、全軍労闘争の時に、初めて全軍労の人々とともに基地のゲートに近づいて抗議をすることになった。それまではゲートに近づくということは、「パクられても、撃ち殺されても文句が言えない」というほど危険だという意識があり、なるべく近づかないようにしていた。しかし、全軍労のメンバーが出てきて金網を蹴飛ばしながら抗議をするのを見て、そのような意識を完全に打破されたという。

全軍労との連帯

ただし、全軍労闘争に参加する以前の段階では、「軍事基地撤去」の方針を掲げた復帰協の関係団体が全軍労を支援するのは矛盾していないかということについて、激しい議論が交わされた。

僕らなども教職員会当時はコザ地区だけど。コザ地区っていうのは那覇の次に二番目に大きい教職員会だったわけだ。だから、三日間討議したよ。役員といったら、校長らが分会長だからね。で、まあ青年部長が普通ヒラでいる場合もあるけれども、これも大体教頭ぐらい、指導主事とかいう、肩書きを持った人たちがなってて。だけど、コザ地区で、政経部長っていうのは、ヒラでなったのは僕一人だったから。全県でも当時僕一人だったから。みんな肩書き持った人たちであるわけさ。で、討論した時、「おかしいんじゃないか。みんな復帰と言って、基地撤去を言ってるのに、首切りといったらけしからんというのは矛盾しないか」というんで、大変な論議だったよ。だけども最終的にはさ、確かにその通り、矛盾するけど、しかし労働者っていうのは、そこで飯食わんといかんから、働かんといかんじゃないか。仕事はそこにしかないから。そして、当時は四万人余りおったわけだからね。で、一番数の多い職種だしね。全軍労だってはっきりしてることは、「基地撤去するならいいよ」と。この裏付けはなくてね。「首だけ切られるというんなら、ぼろ雑巾を捨てるのと同じじゃないか。こんな勝手な法があるか」と言って。でもしそれで、と言うなら、「ちゃんとこれだけの手当てはすべきだ」と。「琉球政府も日本政府も、アメリカ軍だって責任あるんじゃないか」って。「それはそれで、抗議すればいいじゃないか。そのためにはまず、首切りは止めんと話にならんから、やろうじゃないか」ということになって、最終的には、支援することになったわけだよ。(20)

米軍の解雇は一方的で、補償もなかった。ベトナム戦争が始まった時には、労働力が必要だからということで若い労働者が大量に採用されたが、戦争が泥沼化し、手を引こうという段階になると、今度は勤続年数が浅い人から解雇されたという。勤続年数が長い人々にしても、基地で働くことを希望して基地労働者になった人はそれほど多くなく、沖縄戦後に米軍によって土地を奪われ、生活のためにやむなく基地で働くことを選ばざるをえなかった人も多くいた。米軍の身勝手さ、横暴さに対する怒り、ベトナムの人々への加害者意識、沖縄住民の反戦・平和運動への共感などが結びつく中で、全軍労の解雇撤回闘争が行われていった。(21) これに、教職員会も組織として連帯していくことになった。ただし、学校の責任者である校長や教頭が闘争の先頭に立つわけにはいかないので、青年部や婦人部が動員部隊となった。ゴヤ十字路のすぐ近くにある中頭教育会館が、闘争の準備をする場となった。

結果的には、青年部婦人部っていうのがあって、そこが動員部隊だから。で、各教組で割り当てて、各市町村に割り振って、どの分会はどのゲートにっていうように割り振るわけよ。で中頭教育会館。ホールがあるけど、中二階で四階になってるけど、そこは、宿泊所用として作ってあったから、畳の間があるよ。みんなそこに集めてさ。宿泊して、そこから朝車で送ったわけだよ。だから、教職員会の動員ていうのは、かなり力になってるさ。また前晩から泊り込むでしょ。そこで全軍労から派遣してもらって、実情を聞いたり、意思確認をしたり、学習会やって、一緒に一晩泊まって行くわけだから。だから、あの闘争は、かなり高度な学習の場になったよ。基地の金網を蹴飛ばしながら闘争を組んだというのは、初めてだからね。おそらく、基地労働者が一緒じゃなかったらできる相談じゃないよ。

だから、この全軍労闘争っていうのはかなり組織強化にもつながったし、以降の沖縄闘争というのは質的にも変わるよ。僕らなりの姿勢が変わるからね。教組などは復帰運動をやった。いろんな闘争は、基地撤去だからね。唯一はっきり基地撤去を掲げてるのは、教組は先頭だからね。その意味では。それがまともに全軍労と共闘して、中部地区の各ゲートに、金武まで行ったからね。中頭支部は。僕らは事務局だから、各事務局に弁当運んだり、配置したり、連絡網を置いたり、司令部的役割だから。僕などは大体どこって決めて、今日はどこのゲートに行くからっていうんで、連絡網はできたから。一番多く行ったのは金武のメインゲート。

で、最初はね、夜間行動だから、朝早く、五時ぐらいから行くからね。だから、女教師、女子職員は動員しないことにしてあったわけだ。それに中頭支部の婦人部はよ、承知しないんだ。「差別するな」と言ってね。で、「じゃあそれなら」というんで、沖教組に、中頭支部の要求としてやって。それでも、当時はやっぱり、組織運動には金もかかるけど、動員上負担していたわけだ。一〇〇〇円ずつ出していたんじゃないかな。「金の問題もあるから」と言ったら、「半分に減らせ」

と言ってね。で結局、動員の数を増やして、費用を半分に減らして、というかたちでね、拡大していったのよ。当時の中頭支部の女性部っていうのは非常に活発だったからね。今でも語り草になってるよ。(22)

全軍労が最初にストライキを行ったのは、二・四ゼネスト後に発表された空軍一五〇〇人の解雇などに反対して行われた六月五日のストライキ（銃剣スト）の時であった。六九年末に大量解雇が発表されると、全軍労は七〇年一月にも、二度にわたってストライキを行った。同年九月には四八時間スト、七一年二月から四月にかけては、三次にわたるスト、七二年三月には無期限ストというように、米軍が大量解雇を発表するたびにストライキが行われ、その合間にも七一年には県民と連帯した五・一九ゼネスト、一一・一〇ゼネストが闘われた。しかし、果敢な闘争にもかかわらず、七六年までに毎年二〇〇〇人以上、計二万人が職を失うことになった。全軍労の後身である全駐労沖縄地区本部は、現在はかつてとは様相を異にしている。しかし、有銘と同世代のメンバーは、その後もずっと選挙運動、大衆運動の中で行動をともにし、中心的な役割を担ってきたという。

四．「復帰」の実現

「コザ暴動」

話は少し戻るが、沖縄返還交渉の最中であった一九六九年七月、知花弾薬庫内での毒ガス漏れ事故をアメリカのウォール・ストリート・ジャーナル紙が伝えたことをきっかけに、マスタードガス、サリン、ＶＸガスなど、国際協定違反である致死性の毒ガスが沖縄に貯蔵されていることが明らかとなった。これに対し、沖縄ではＢ52撤去、原潜寄港阻止要求などと併せて毒ガス撤去要求運動が広がり、米軍も六九年末までの撤去を約束した。しかし、Ｂ52は屋良の「感触」よりも遅い七〇年九月に嘉手納基地から撤収したものの、毒ガスの移送先は移送予定地の反対などによって決ま

炎上する米軍関係車両（吉岡攻提供）

ず、時間ばかりが過ぎていくことになった。一九七〇年一二月一九日には、美里村で「毒ガス即時完全撤去を要求する県民大会」が開催され、有銘もこれに参加する。しかし、その翌日未明に起きた「コザ暴動」[23]には、参加することができなかった。

コザ暴動が起きたきっかけは、コザの中の町付近で米兵が運転する車両が起こした交通事故だった。ちょうど糸満市で主婦を轢殺した米兵が軍事裁判で無罪となったばかりであったため、事故処理中のMP（憲兵）を見物人が取り囲み、「糸満の二の舞を繰り返すな」と騒いだ。これに対し、MPが威嚇発砲を行ったことから、集まった群衆は不満を爆発させ、駐車中のMPや外人の車両に次々と放火し、一部は嘉手納基地に突入した。琉球警察は全警官を非常召集し、米軍はカービン銃で武装したMP約三〇〇人を出動させたが、騒ぎは朝まで続いた。[24]焼かれた車は約八〇台にのぼる。しかし、不思議なことに、有銘だけ

毒ガス移送（吉岡攻提供）

でなく、仲宗根悟、中根章なども含め、有銘とともに活動してきた仲間の中で、暴動に参加した人はほとんどいなかった。以下は、筆者が聞かせていただいた、コザ暴動に関する有銘と仲宗根の対話である。

有銘　僕の立場で言うなら、その前の土曜日に、美里中学校というところでね、毒ガス移送闘争があった。その時僕は、中頭教職員会の事務局長をやってたもんだから、書記長をやってたもんだから。組合用語使うと書記長になるんだけど。こちら中心的役割を担ってたから、だから、行った。で、帰ってきてから、書記局は胡屋にあるんだよね。すぐ近くなんだよ、あの十字路は。だけど、行って、「今日はね、みんな全県から集まってるから、中頭地区でやるといっても僕らが行く必要はないから、今日は疲れてるから休んで、来週に、慰労会やろうな」と言って、「家帰って寝よう」と言って帰ったわけよ。それが不覚であるわけよ。一生一代の不覚だと思ってるよ（笑）。

仲宗根　美里中学校での大会はね、毒ガス撤去、あれは復帰協が主催したものだから、僕なんかは主催者側であるわけ。で、近くまでデモに行って、米軍基地の入り口まで行って、こうやってやってさ（拳を突き上げる）、で、その日ですからね。

有銘　だから結局午前過ぎてるから、あくる日の日付になってるけど、現実からはね、中の町には全県の人が集まってるわけだ。だから、あれに関わった人たちは、かなりの広範なんだよ。そこで飲んでいたら僕らも行っていたかもしれない。

仲宗根　だから、僕なんかはニュースで聞いてさ、でそのことを知ったけれどもね。あの時には、あの一帯にAサインバーというのがあるのね。こっちもね、僕らの反基地闘争ということで、結局米兵がAサインに入らないということで、みんな怒ってはいるんですよ。ところがね、あの事件には、この連中が皆入ってきてさ、やってんですよ。で、七〇何台だったかな、焼いたのは。（中略）しかもそれはね、事件の発端は、米兵ですよ。それで、違うんじゃないかと怒って、白人の車を全部こっちに寄せてってひっくり返して、黒人の車は帰らせて、そういう。

有銘　あれにはね、黒人の兵士は参加してたって言う証言もあるぐらいだから。その代わり白人の車も止めて、あんたがた帰れと言って、一切危害を加えてないわけだよ。だからね、暴動って言う時には、僕らは「そうだ」と。「アメリカに対する暴動だ」と言う。だから、心情的には僕はその主張組だけど、言葉の持つ意味では暴動と言ったら、略奪が起こったり、無差別にっていうイメージがつくから、「蜂起だ」と言うんだけど、そりゃあ、「そんな持って回ったこと言うな」と。「暴動でいいんだ」と僕は（笑）言った方だけどね。だから、そういう感情っていうのは持ってるわけよ。(25)

全軍労とAサイン業者が対峙（吉岡攻提供）

この時によく使われたのが、「くるさりんどー」や「うちくるしぇー」というウチナーグチだった。直訳すると「ぶっ殺せ」、「たたき殺せ」ということになる。しかし、ウチナーグチには殺意のある「殺す」という言葉はないし、「暴動」に加わった人々も、青年団運動の時のように、限度を心得ていた。仲宗根は、これを「礼節のある暴動」と表現している。

コザというまち

ところで、コザ暴動に参加したバー街の人々は、一時的に「暴動」に参加したものの、仲宗根の話にあるように、全軍労や教職員会とは対立する関係にあった。全軍労がストライキをすると、米軍が報復措置としてオフリミッツ(26)の指令を出し、客が入らなくなるためであった。有銘は、コザというまちの特性について、以下のように言及している。

（全軍労闘争について）全県的な運動があり、でその延長線上で、第二ゲート、こっち（胡屋十字路）一番近いゲートがあるでしょ。そこにピケを張るもんだから。今度はオフリミッツっていう、報復手段があるわけだよ、米軍には。そうすると、バー街は困るわけだ。と、このピケは、当面、これがあるからオフリミッツになるっていう三角関係になるもんだから、これをやめさせるために、コザで組織的運動が始まると。こういうことになって、結局、それには、やっぱり警備隊を使わんといかんというんで、全軍労は、防衛組織を作るわけだよ。そういうのが次第に高じていって、それが、当時の交通事故が多発して、軍法会議で無罪。こんなものも一緒になって、たまたま、中の町でその事件（コザ暴動の発端になった交通事故）があって。で、ＭＰがきて、処理してるところへ、「逃がすな」と。この、米兵の事件。みんなで逃がすなといって取り囲んだところを、憲兵が、威嚇発砲したということで、いったん散ったのがね、倍になって帰ってきて、それが、暴動のきっかけになってるんだよ。だから、引き金になったのは、たくさんあるわけさ。それでも今度は逆に、じゃあバー街の人たちは、これに背を向けたかっていったら違うんだよ。一緒になって（笑）その代わり、街路樹の一本も被害を受けてないし、バーも被害を受けてないしね。そういう、非常に不自然な中で、暴動と呼ばれるあんだけの大行動が、七〇何台だったかな。八三か、七八か。車焼いたのよ。今、北谷の役所作ってるでしょ。あそこのそばの広場に、かなり長いこと積んであったよ。

だから、まあ、とにかく、コザのまちっていうのは、そういう意味では面白いところだよ。何

ゲート前でにらみ合う全軍労と米兵（松村久美提供）

かあると、運動を阻止しようっていう行動が、具体的に出てくるけれど、何かあるとまた、中心地になっててね。コザだから暴動が起こるわけよ。ほかではちょっと考えられない。やはり接点であって。だから、よく言われるでしょ。米軍がいるおかげで、生活が成り立ってる。確かにそういう側面はあるけど、一番、その接点でさ。一番被害を受けてるのもコザなのよ。で、その、反対運動の中心になってるのもコザなの。ある意味でコザが、標本なんだよ。(27)

有銘は一九七六年から中部地区労働組合（以下、中部地区労）協議会議長に就任するが、中部地区労も、基地問題という共通課題を抱える中部地域（＝コザ）でまとまることができないかという発想から生まれたものであった。

僕らがコザというときには沖縄市じゃないんだよ。こんなちっちゃい範囲じゃないんだよ。中部圏なんだよ。だから、中部地区労ができたのもね、発想はそれなんだよ。基地という共通の、運動目標があるじゃないか。それと、いろんな形態の職場があるわけさ。で、結果的に、中部ではそういう運動のつながりで、結集している。中心部隊がおるもんだから、論議も、やっぱり共通認識に立ってるわけよ。共通項があるじゃない

コザ市があった頃のコザ商工会議所の看板(所蔵：沖縄市総務課　市史編集担当)

か。小さな組織も、いろんな組織も、やっぱり結果的には、この底上げをしない限り、最終的には公務員組織までも、全部支配されるんじゃないか、そういう、共通認識での討議が行われた。そして、大部隊さーね。全駐労の組織の中の、四支部あったけど、三支部はコザ地区の管轄。コザ地区労に入っていた。中部地区労に。牧港支部というのがあってね。これだけが、浦添。だから、まあ、大方、そうだね、七〇%ぐらいは中部地区労に参加していたから。数からいっても大部隊の一番多くの組織であるわけさ。だから中部地区労として、動員ができる、その中心部隊である自治労と、教組というのは、戦闘部隊であったからね。

そういうことで確かに、コザ暴動の震源地にもなったけれど、コザ暴動というのは結果的には、みんな、バー街も一緒に参加した。だけど、終わったとたんに、オフリミッツとなると、今度は集会をこちらではやらさんという。不自然な状態、でも、それをまた、騒乱罪粉砕という運動を中部地区労が中心になって組織すると、これは即、当時の県労協の問題になるから。瞬く間に全県組織になる。でも、主体を担ってるのはやっぱり中部地区労。でその中でも大部隊は全軍労だからね（笑）このへんの、闘争というのは、今までよく、僕らは復帰運動では青年団と教職員会と言うけど、労働運動の、そして、ある意味で平和運動ということになると、全軍労は、中核なのよ。(28)

コザは、ウチナーグチでは「クジャー」という言い方になる。しかし、コザ市という名前は、一九七四年に美里村と合併し、沖縄市となったことによって、地図からは消えた。有銘は、「コザという名前は残したかったな。コザっていう言葉がなくなると、沖縄の戦後がなくなるんだよな。だから反面教師としても残すべきなんだよ」と述べている。(29)

毒ガス移送闘争

翌七一年には、沖縄返還協定をめぐり、五月及び一一月の二度にわたってゼネストが行われる事態となる。また、有銘の住む地域一帯では、一月及び七月の二度にわたって知花弾薬庫から天願桟橋まで毒ガスの移送が行われ、このことも非常に大きな問題となった。米軍は七一年一月一日に、沖縄に貯蔵されていた毒ガスの一部を一月一一日に撤去すると発表し、沿道住民の避難は必要ないと説明した。しかし、原水爆禁止協議会は、米本国は輸送経路から半径八キロ以内の住民は事前避難することになっていると指摘し、沖縄との違いに疑問を呈した。米軍が安全性を強調しつつも、移送作業者と報道関係者に防毒マスクを配布したため、住民は安全性に強い疑念を抱き、不信感を募ら

第一次毒ガス移送を前にした北美小学校の生徒たち（吉岡攻提供）

せていった。

輸送経路にあたるのは、美里、具志川、石川であったため、有銘も沿道住民の安全確保のために住民を避難させるよう、琉球政府に強く働きかけた。当時の屋良の日誌にも、一月一一日に会った各団体幹部の名前として、「中部教職員会（原文ママ）長有銘氏」が挙がっている。この日、屋良が沿道の住民を避難させることを決定したために、有銘は翌日方針を了承した。そして、二日遅れの一月一三日に、マスタードガス一五〇トンの移送が行われることになった。

七月に行われた第二次移送の際は、期間が五六日間と長く、毒ガスの種類もより致死性の強いものであったため、住民の生活への影響はさらに甚大なものとなった。有銘も、闘いの一環として中部の各市町村、教育委員会と交渉し、安全が確保できないとして、学校を休校させたことがあったという。[30]有銘は、自衛隊配備問題やオスプレイ配備問題と重ねつつ、毒ガス移送について以下のように述べている。

毒ガス移送闘争の場合だって、安全だということだけでしょ。それで、撤去になったら「何で

美里村民と話し合う屋良朝苗行政主席(所蔵：沖縄県公文書館)

撤去するのか、誰がいつどうして持ってきたのか」ということは全然伏せてね。毒ガス兵器として持ち込んでないんだよ。材料を持ち込んできて、こちらで毒ガス兵器に仕立てているからさ。だから、持ち込んだ覚えはないわけよ。だからそれが、あるということがばれて、実際に死傷者が出て、大問題になって、撤去ということになった。撤去ということになると、今度は安全だというように。「撤去のためじゃないか、安全のためじゃないか」。何でそんな危険なものを勝手に持ち込んだかということは、問題にならないわけよね。そんな、常にそういう。(31)

当時、基地撤去と毒ガス移送反対は矛盾するという議論もあったが、有銘は「安全を確保しない限り動かすな」という考え方を基本としていた。(32)

反戦地主会の結成

この年の一二月、沖縄では反戦地主会が結成され、有銘もこの会に加わることになる。復帰すると米国政府に代わって日本政府が軍用地主から土地を借り上げ、安保条約・日米地位協定に基づいて土地を提供することになるため、軍用地主と日本政府が新規賃貸借契約交渉を行う必要があった。復帰の時点で約三万名の軍用地主がいたが、そのうちの約三〇〇〇名が自分たちの土地をこれ以上戦争に使わせたくないとして契約を拒否した。これに対し、日本政府は彼らの土地を強制使用するために、沖縄のみに適用される公用地法（「沖縄における公用地等の暫定使用に関する法律」）を制定して五年間強制使用を行い、その後も新たな法律を作って土地の使用を続けている。この公用地法の制定が、反戦地主会結成の契機となった。ただし、「反戦地主」という言葉ができたのは七〇年代からであるが、有銘自身は五〇年代の島ぐるみ闘争の時期から契約を拒否していた。有銘は、その経緯について、一九九六年に行われたインタビューで以下のように語っている。

帰ってきてから五〇年代に土地の契約問題が出てきた。土地代を一括払いするプライス勧告が出たのが五六年ですが、そこで闘争が起きて米本国にまで直訴団を送ったりして、結局、毎年契約＝毎年払いという形に落ち着いていく。あの闘争は大きな成果を勝ち取り、土地代が払われるわけですが、その当時からずっとぼくは契約に応じてないんですよ。そうするとどういうことが起こるかというと、支払いについては契約地主の地主会がめんどう見ないから、ぼく一人が日にちをずらされて呼ばれる。みんなで一緒に並ぶこともなくて、ある意味では便利だったけれども、親戚を含めて周りの人間から「契約しないと土地代をもらえない」とか「みんなと一緒にやるべきだ」とかいろいろ言われる。しかしそれはさほど圧力にならず、ぼくは「アメリカも日本の資本主義の社会で私有財産権を一番大事にする。それが資本主義の根本原則だから、そんな心配するな」と言っていた。

ぼくは周囲の圧力を通り抜けることができたけれども、それについてはぼくの母の理解がありました。「君はもう一人前で親父のあとを継いだ長男だし、ちゃんと決意してやるならそれでいいじゃないか」と。周囲の人たちにも「それは彼に聞け」と言って切り抜けてくれたことが非常

によかった。(33)

同じインタビューで、有銘は基地を作るために嘉手納基地から追い出された自分たちの状況を「戦争難民」と表現し、「沖縄の戦後五〇年というのは、占領当時のままの状態が押しつけられ続け、復帰によってなお不当な統制を加えられてきたんですから、これはもう差別と言うしかないですよ。憲法に照らせば明らかに間違いじゃないですか」と語っている。(34) 逆に、自分たちの主張は「憲法に照らせば一点の曇りもない」という思いが、その後の有銘の活動を支えることになった。

「復帰」の実現

沖縄返還協定の粉砕を求め、二度にわたってゼネストが行われたにもかかわらず、沖縄の施政権は一九七二年に日本に返還された。屋良朝苗は、一九七一年一〇月から開催されたいわゆる「沖縄国会」に向け、「復帰措置に関する建議書」を作成し、一一月一七日に上京したが、自民党は衆院返還協定特別委員会で、屋良の上京直前に返還協定を抜き打ちで強行採決し、その後衆院、参院の本会議でも協定は可決された。一九七二年一月に開催された日米首脳会談で、沖縄返還の期日は五月一五日と決定された。

日本政府は教育委員会を通して県内全ての小中学生、およそ二〇万人に、

復帰当日に配られる予定だった記念メダル
（所蔵：沖縄市総務課　市史編集担当）

「復帰メダル」という記念メダルをこの日に配布しようとした。しかし、沖教組は復帰直前に臨時大会を開き、「配布反対」を確認したという。有銘は、琉球朝日放送のインタビューに答え、当時の教員らの心情について、以下のように語っている。

これはけしからんと。そのまま受け入れて、学校で教壇から配ることは絶対にできんと。(中略)復帰を祝うということでしょう。結局メダルを配る、それを教育現場を通してとなると。おしつけを担ってしまうわけですよ。教師としてはこれは不満だからね。現状に合わない復帰の中身は沖縄県民の意思を全く無視しているわけだから。(35)

父母らの反対の声も強く、その後、当時の県教育庁もメダルを回収することに同意し、実際にはほとんど配られることはなかったという。

五月一五日の「復帰」当日、午前中に那覇市民会館で開催された日本政府主催沖縄復帰記念式典に出席した屋良は、挨拶の中で以下のように述べた。

沖縄の復帰の日は、疑いもなくここに到来しました。しかし、沖縄県民のこれまでの要望と心情に照らして復帰の内容をみますと、必ずしも私どもの切なる願望が入れられたとはいえないことも事実であります。そこには、米軍基地の態様の問題をはじめ、内蔵するいろいろな問題があり、これらを持ち込んで復帰したわけであります。したがって、私どもにとって、これからもなおきびしさは続き、新しい困難に直面するかもしれません。

しかし、沖縄県民にとって、復帰は強い願望であり、正しい要求でありました。また、復帰とは、沖縄県民にとってみずからの運命を開拓し、歴史を創造する世紀の大事業でもあります。

その意味におきまして、私ども自体が先ず自主主体性を堅持してこれらの問題の解決に対処し、一方においては、沖縄がその歴史上、常に手段として利用されてきたことを排除して県民福祉の確立を至上の目的とし、平和で、いまより豊かでより安定した、希望のもてる新しい県づくりに全力をあげる決意であります。[36]

午後からは、同じ那覇市民会館で、沖縄県主催の新沖縄県発足式典が開催された。その横に位置する与儀公園では、復帰協主催の「自衛隊配備反対、軍用地契約拒否、基地撤去、安保廃棄、『沖縄処分』抗議、佐藤内閣打倒五・一五県民総決起大会」が開催され、土砂降りの雨の中、約一万人の人々が集まった。有銘はこの集会には参加していないが、五時からは「欺瞞的返還だ」ということで、抗議の集会に参加したという。[37]

復帰の日のセンター通りの様子（石川文洋提供）

自衛隊配備問題

さらに、復帰が近づくにつれ沖縄で問題となったのが、自衛隊の沖縄配備であった。沖縄教職員会は、日本教職員組合への加盟を念頭に置いて一九七一年九月に解散し、沖縄県教職員組合（以下、沖教組）として再出発していたが、この自衛隊を旧日本軍と同一視し、沖縄戦の時の日本軍の行為について改めて戦争犯罪追求委員会を設置して究明を行った。そして、一九七二年五月には『これが日本軍だ―沖縄戦における残虐行為』という冊子を発行した。自衛隊配備について、有銘は以下のように語っている。

僕らは再軍備だと思っていた。それで、一方では、自衛隊配備ということを前提にしながら、今までの米軍基地を自衛隊基地に変えていくという、地ならしだと見ていたから。その通りになってるけど。だから今、具体的には両先島で起こっている。このこと（自衛隊配備問題）は復帰前後に闘った闘争の延長線にある。それは今も同じ経過をたどるしかないだろうね。それでもその時は県民感情、それからＰＴＡも、一緒になって行動できたから。教職員会もね。ある程度僕らもやったけれども、やっぱり何かいろんな教育行政とかが変わり、教育権の問題も、いろんな摩擦が出てきて。(38)

そして、自衛隊が来ることで、沖縄戦の時の記憶が呼び起こされたことが配備反対運動につながったこともあったのかという筆者の質問に対し、以下のように答えている。

結局、蒸し返すわけよね。僕らが反戦を言う場合に、具体的には沖縄戦だからね。決して軍隊は住民を守らない。住民を守るための軍隊じゃないんだよ、軍隊というのは。国を守るという。国っていうのは何かというと、国体。国体とは何かっていうと、いわゆる、戦前だったら天皇制なの。今でもそれは復活しようというのがあるわけでしょ。だから、必ず色濃く出てくる問題はそこにつながってくるけど。そんなことは今度はまた国際情勢が云々っていう、政治の駆け引きではね。こんなことは関係ないんだよ。でも、それがもとにならん限り、整理がつかないというのが、日本の政治の仕組みだからね。(39)

通貨切替用の円を運ぶために那覇軍港に入港した海上自衛隊の様子(所蔵：沖縄県公文書館)

そして、続く話の中で、有銘は本書のタイトルともつながる「否武」の思想について言及している。最後にその部分を引用し、この章を終えることとしたい。

今までの発想じゃなくて、いわゆる沖縄の、庶民の発想として、とにかく否武。否定する、拒否するの否武ね。この発想が、沖縄の文化だと思う。という、まあ。一つの観察みたいなものがあって。そうすると、見方が全然違ってくるわけよ。で、どっちかというと、そんな論議をしていてもね。「やっぱり国家っていうのは必要でしょう。国を守るというのは必要でしょう」。そこからスタートする限りにおいてはね。戦争肯定論なんだよ。そうしなければどうしようもなくなるわけよ。だけど否武っていうのはね。庶民のね。願いとして、庶民は否武なんだよ。戦争は最悪なんだよ。何でかっていったら、戦争ということになると、もう軍隊の権能だけが優先するんであってね。そこに人権もくそもないんだよ。一切関係ない。指揮命令。だからそれを体験している。それで何回かそういうことによってしか、沖縄は支配されてこなかったから。その過程からいうならね。沖縄の否武という文化はね、庶民が築いたことであって、しかも一時期琉球王国がね、国是として内外に発信していた事実があるんだよね。一六世紀か。前後か。だから、そういったことで、そうなれば、結局戦争を否定する立場で、言葉も、習慣も、発想の仕方も、結びつくわけよ。で、それを国家というかたちで、武力っていうことを肯定したとたんに、発想が違ってくるわけよ。

でも、力の限界というのは、あのアメリカでさえ今ははっきりしてる。国民世論は否武さ。でしょ。覇権主義で、自分らがほったらかされて、何の利益になったか。「世界の憲兵で、飯が食えるか」と言い出してるじゃない（笑）庶民感覚であってね。まあ、行政があおってそうなったんじゃないんだよ。でも、アメリカが、トランプ大統領が、武っていうのを捨てたか。違う。「強いアメリカ」と言ってるんだからね。

それで、抑止力ということをよく言うけれど、僕は、小学校の頃先生から聞いた話として、例えば機関銃ができた時に、鉄砲ができた時に、飛行機ができた時に、爆弾ができた時に、「これで戦争は起こらない」と言ったらしい。だけど、起こり続けてるさ。核爆弾まで作っても、国家の競争、変わらんさ。それでこれをどうするかっていったら、使える核といって小型化して、使おうといってるのが拡大してるさ。だから、否武じゃないんだよな。まさに抑止力というのは、軍拡競争なんだよ。より強いものを持てば攻めてこない、攻められないというだけであって、盾と矛という矛盾と同じさね。だから、根源的にはそういったことを、僕は今、一生懸命考えてるからね。(40)

註

(1) 本稿の記述は、主に櫻澤誠『沖縄の復帰運動と保革対立—沖縄地域社会の変容』(有志舎、二〇一二年)、同『沖縄現代史』(中央公論新社、二〇一五年)、琉球新報社編『一条の光　屋良朝苗日記』上(琉球新報社、二〇一五年)を参考にしている。

(2) 筆者による聞き取り(二〇一三年一一月一八日)。

(3) 沖縄国際大学総合研究機構沖縄法政研究所編『沖縄法政研究所共同研究調査報告書　第一号—石川元平氏オーラル・ヒストリー』(沖縄国際大学総合研究機構沖縄法政研究所、二〇一六年)五六〜五七頁。

(4) 筆者による聞き取り(二〇一三年一一月一八日)。

(5) 同右。

(6) 大山朝常氏は一九〇一年越来村山里生まれ。一九二一年に沖縄県立農林学校を卒業し、近衛歩兵第三連隊に入隊するが、一年後に除隊し、沖縄県師範学校本科を出て教育の道に進む。一九四三年〜越来村立青年学校校長。戦後、は沖縄民政府文教部視学官、コザ地区教育長などを経て、一九四八年〜五〇年、越来村村会議員に。

一九五四年～五八年は立法院議員、五八～七四年にかけコザ市長をつとめる。
（7）櫻澤誠氏による聞き取り（二〇〇七年九月二六日）。
（8）前掲、『沖縄法政研究所共同研究調査報告書　第一号』五四～五五頁。石川氏が一部修正。
（9）同右、六三～六四頁。石川氏が一部修正。
（10）筆者による聞き取り（二〇一三年一一月一八日）。
（11）櫻澤誠氏による聞き取り（二〇〇七年六月八日）。
（12）筆者による聞き取り（二〇一三年一一月一八日）。
（13）同右。
（14）同右。
（15）有銘政夫「憲法に照らせば、一点の曇りもない」本永良夫『反戦地主の源流を訪ねて』（あけぼの出版、一九九七年二月）四七頁。
（16）筆者による聞き取り（二〇一三年一一月一八日）。
（17）同右。
（18）沖縄タイムス中部支社編集部『基地で働く―軍作業員の戦後』（沖縄タイムス社、二〇一三年）二三〇～二三二頁。
（19）筆者による聞き取り（二〇一三年一一月一八日）。
（20）同右。
（21）成田千尋「「インタビュー」全軍労ＯＢが見た米軍施政下のＲＹＵＫＹＵＳと基地」『ノートル・クリティーク』九（二〇一六年五月）参照。
（22）筆者による聞き取り（二〇一三年一一月一八日）。
（23）コザ暴動については、他にもコザ騒動、コザ民衆蜂起などの呼称があり、今に至るまで議論が続いている。ここでは、有銘氏が使用されている「コザ暴動」を使用する。

（24）沖縄県公文書館「あの日の沖縄　一九七〇年一二月二〇日　コザ反米騒動」〈https://www.archives.pref.okinawa.jp/news/that_day/4704〉（二〇二一年八月二五日閲覧）。
（25）筆者による聞き取り（二〇一一年四月二五日）。
（26）一定の民間地域へ米軍人・軍属の立ち入りを禁止する米軍当局の措置。
（27）筆者による聞き取り（二〇一三年一一月一八日）。
（28）同右。
（29）同右。
（30）有銘政夫「［インタビュー］憲法に照らせば、一点の曇りもない」本永良夫『反戦地主の源流を訪ねて』（あけぼの出版、一九九七年二月）四七頁。
（31）筆者による聞き取り（二〇一七年二月一三日）。
（32）高良勉、斎藤美和「〈インタビュー 有銘政夫〉良かったとは言えないが、意味ある時代を生きた」『けーし風』第三号（一九九四年六月）二〇頁。
（33）有銘政夫「［インタビュー］今の盛り上がりには夢がある」井上澄夫編『いま語る沖縄の思い』（技術と人間、一九九六年）一八八～一八九頁。
（34）同右、一九二頁。
（35）琉球朝日放送「復帰35年企画 あの復帰メダルは今」二〇〇七年五月一五日。
（36）沖縄県公文書館「あの日の沖縄　1972年5月15日　沖縄県知事として沖縄復帰記念式典へ―あの日の屋良主席―」〈https://www.archives.pref.okinawa.jp/news/that_day/4557〉（二〇二一年八月二七日閲覧）。
（37）筆者による聞き取り（二〇一一年四月二五日）。
（38）筆者による聞き取り（二〇一七年二月一三日）。
（39）同右。
（40）同右。

第四章

中部地区労議長として（座談会）

二〇二一年　八月二九日　くすぬち平和文化館（沖縄市安慶田）於

安里英子（全体進行）　沖縄恨之碑の会・共同代表
平良眞知（司会）　中部地区労・元事務局長
仲宗根寛勇　中頭退職教職員の会・副会長
眞栄城玄徳　くすぬち平和文化館・館長
照屋秀傳　反戦地主会・会長
安里和晃（記録）　京都大学・准教授
西岡信之（編集）　沖縄恨之碑の会・事務局長

安里英子　今日の座談会の趣旨を説明したいと思います。私は沖縄恨之碑の会の代表をしている安里英子と申します。よろしくお願いします。

有銘さんは、中部地区労議長をなさったり、それから違憲共闘をなさったり、さまざまな活動をなさっています。住民運動もＣＴＳなどに関わっていらっしゃいます。当初企画では、有銘さんを交えての座談会を考えていましたが、今、有銘さんが入退院を繰り返していて、直接お会いできない状態になっています。今日のお話は大事なことになるかなと思っていますので、よろしくお願いいたします。司会は平良さんにお願いしたいと思っています。

平良眞知　では始めますね。ただ、司会というよりは、打ち出しだけになるね。たぶん司会が規

制しても止まらんはずですから、楽しくやっていきたいなと。それが有銘さんらしい展開だと思いますから、よろしくお願いします。

私と有銘さんとの最初の出会いは、金武湾闘争です。屋慶名の役所のそばの闘争小屋にオジーオバーを集めての会議のときですよ。そこで住民と交流したときに、中部地区労議長で中頭教組の委員長されていた有銘さんがですね、「艦砲ぬ喰ぇー残さー」を三番まで歌うんですね。みんなびっくりしましたね。「はぁ、この人はただの人じゃないな」と。いう感じが最初の印象でね。この人はかなり文化的にも面白い人だなというのが第一印象でした。そこから彼との付き合いが現在まで続いていますけど。もう何十年も続いています。お世話になっています。よろしくお願いします。

照屋秀傳　僕は有銘さんとは郷里が越来で、おんなじなんです。向こうの家族は、みんな

照屋秀傳

知っています。有銘さんは僕が小学校六年生のときに、越来小学校の先生としてきたんですよ。あの当時はよ、僕らの担任の稲嶺先生が兵隊上がり。この先生はまず、眠っている馬を白墨で黒板に書くのよ。そして、これに鞭打つわけさ。そしたら、鞭打ったら、この馬がパカッパカッと走る。教育はこれだよと言ってよ。もう一人は玉木先生。トランペットの名手でよ、運動会にはこればっかし。予行演習から本番からよ、裸足で炎天下、パタパタ倒れるのがいたけど。有銘さんは、先生といってもそんなに年も取ってないし、僕らよりは先輩だけど、お兄さんみたいな感じだなぁということでね、親しくしていたら、夕方になって懐中電灯を持ってきてよ、一緒に教室回りしたりして。そういう思い出があって。その辺はまあしかし、森根のいろんな回覧板みたいなものがあるよな。連絡事項とかね。僕が行くんだけど、お母さんが大体相手にしてくれた。有銘さんとは、もう小学校の時分から、向こうは先生、僕は生徒で、担任にはならなかったけど、そういう関係でね。あれから青年会は別々だったな。復帰運動、復帰行進は、これからはもう、同じだな。一生懸命、何百名、沖縄市は、各学校回りよったから。それから復帰になって、地区労になって、ＣＴＳ、それから反戦地主会ということでずっと、今も一緒。

あれは、会議の終わりだろうな。中の町の飲み屋行ってよ。有銘さんがいきなり、「艦砲ぬ喰ぇー残さー」をカラオケで歌うんだよな。僕はもう衝撃だった。それで、そこの人に頼んでテープをもらって、これを家に持ってきて聞いた。あれはもう、涙なくしては聞けない。歌えない。それで、何回も聞いて、泣いて、涙がかれる頃から、歌い出すわけよ。あの「艦砲ぬ喰ぇー残さー」ぬ有銘さんは、さすが先輩だなぁって思ったよ。あれから僕のやっぱり、反戦闘争の持ち歌になってる。

平良　まず、仲宗根さんお願いします。

仲宗根寛勇　有銘さんは、とにかくものすごい活動家というかな。有銘さんは琉大の後半ぐらいから教員になって、青年会活動もしておったよ。青年会活動っていうのは、平和運動やいろんな選挙に積極的に関わるような形で、今の青年会とは全然違うんですよ。その中で、有銘政夫、中根章、高宮城清の三名は、三羽ガラスって言われてですね、さまざまな運動にずっと関わっていたんだよ。

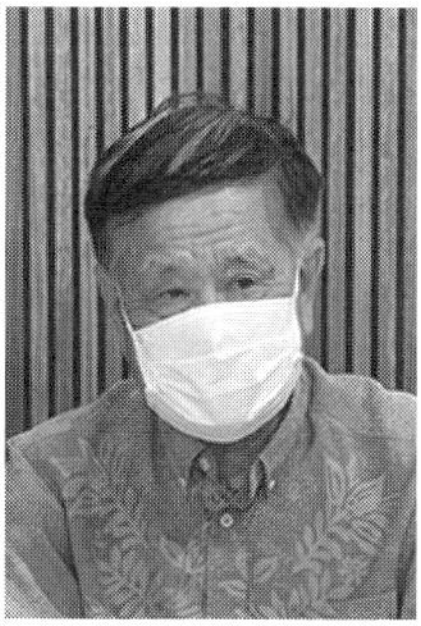
仲宗根寛勇

中頭教職員会がですね、戦前・戦中・戦後を退職教職員から聞いたのを、手記としてまとめたんだよ。その中で、有銘さんの、いわゆる青年会活動をどうやったか載せたんですよ。一九六八年じゃないかな。教職員会っていうのは、校長や教頭の管理職、一般の教員が全部入っている組織で、沖縄全域をまとめる沖縄教職員会っていうのがあったんですよ。これは、初代知事になった屋良朝苗が会長で、喜屋武眞栄が事務局長だったんですよ。中部の方はコザ、前原、石川という三つの地区に教職員会があったんですが、六八年に地区統合して一つになったんです。その時に有銘さんは、政経部長として入ってですね。それから一か年ぐらいしてこれが教職員組合に移行したときに専従になって、教職員組合のリーダーとして活動され

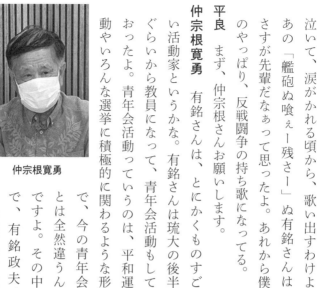

てきたんです。

私は有銘さんとも長い付き合いがあるんですが、一番有銘さんらしさを一番に感じるのは、包容力が非常に秀でている。そしてもう一つは、実践力。これをやろうということになると、きちんと実践していく。そして、いろんな運動を作り出していく企画力。そしてもう一つは、いわゆる調整力というかな。いろんな活動する方々といろんな関係をお持ちになっていますから、それをしっかりまとめて、一つの方向に持っていく。そういう調整力というのも非常にすごいですよ。そのような有銘さんのもとにみんな付いていこうというのがありました。だから今でも、退職した方々には、やっぱり有銘さんというのは、非常に親しみがあって、尊敬する方であるんですね。そういうことをみんなが思いを持っているような方であるわけです。

眞栄城玄徳

眞栄城玄徳　そうですね、有銘さんとの出会いはわりと長いと思うんですけども、本当に身近な出会いというんですかね、身近に接する機会というのは、やっぱり一九七〇年代のはじめですね。一九六九年ですか、佐藤ニクソン会談の中で、沖縄の復帰、これが現実味を帯びますよね。そして七二年の合意に達する段階で、復帰協のありようも変わっていく。組織を作らなければいけないというのが、世論としてあったと思うんです。その時に、復帰協の後押しで、権利と財産を守る軍用地主会、それができますね。これは一九七一年一二月だったと思うんですが。その頃から、有銘さんの行動というんですか、これを見てきた記憶がありますよね。その頃から、教職員会の頃から、問題意識を持ちながら、沖縄の教育運動とか、大衆運動、青年会運動、それを担ってきたと思うんですね。どうしてこう長い時間ぶれずに粘れるのかということは、これはやはり、今思うとですね、少年期の頃の、サイパンにおける過酷な戦争の体験。それに裏打ちされている行動だと思います。これは、少しもぶれないということ。だからといっても、やっぱり妥協もする、包容する、そういうのがある。だけど、譲れないものは絶対に譲れないんだというふうなものを持ち合わせた方ですよね。これからも有銘さんの行動に、学んでいきたいと思いますね。

平良眞知

平良　確かにそうですね。私の有銘さんと直接に関係していたのは、私が中部地区労の事務局長で、有銘さんが議長で、毎日大変だった。

その象徴的なものが、沖縄海邦国体の現場で日の丸を揚げさせない、君が代を歌わせないという闘いで一日に四回、四つの現場でこういう行動をしたことがあるんですよ。今の時代だったら大変なんですよ。ところが、平気で四か所、全員で抗議して歩く。県警も追ってくることができないぐらい。我々はすごい機動力があった。それで、いつも有銘さんを先頭にしてる。それで誰もきついという感じはないし。その上楽しかった。

嘉手納基地へのＢ52飛来への抗議行動。安保の丘で。グアムにＢ52の基地があるんですよ。メディアから二時間前に、台風の関係で、Ｂ52が沖縄に飛んでくるという情報だけど、中部地区労はどうしますかと問い合わせがあるんですよ。ああやれということか、じゃあやりましょう。二時間あれば動員体制は終えられる。二時間で五〇人集まるだけの機動力がある。お昼時間中二五分、有銘さん先頭に安保の丘にみんな集まって抗議行動。これは何十回もやってます。それもきついと思わない。有銘さんと一緒に動いたときは、もう、大変なことをやっているとか、そういったことほとんどない。自然に、当たり前にやってきたと。で、その中で彼が私に言ったのは、「私たちの闘いは、墓穴を掘ってる闘いじゃないんだよ」と。「明るい未来を作ってるだけなんだよ」と。「だから平良くん、明るくやろうじゃないか」と。あの時私はそうだなと。やっぱり楽しくやらんと損するなという思いがあってね。ずっと地区労でね。日の丸、君が代、B52、CTS。いろんな闘いを楽しく、そしてそれは、文化的にやりましたよ。

中城公園で三〇〇人のヒージャー会をしたよ。鍋を一八並べてね。楽しかったよ。

照屋　僕はよ、有銘さんは、土着の実践家と思っている。ずっとね。やはりウチナーンチュやっさ。中部地区労は、まず人が集まる。決起集会にしても集まるし、ヒージャー会にしても集まる。これは、有銘さんの人格の表現でもあるな。だから、僕が常に思うのは、「この人は、痩せてよ、歳も僕より六つ七つ先輩。この人には見習うべきなんだけど、これかなわんなー」思ってよ。実は僕は、見てる方なんですよ。とにかく疲れを知らない実践家というかね。

安里　三〇〇人のヒージャー会というのはどういう流れで?

平良　これはですね、有銘議長が「ヒージャー会は済んだの?」と言うんですよ。私が、なんでですかと言うと、議長が「近いうちに宜野湾市長選挙があるよ」、「取らんといかんよ」と。それはそうですね。

「ヒージャーじゃないか」と、土着文化は。ヒージャーしないと人は集まらないよね。やしが、宜野湾でやったらカツミラリンど。あすが、じんなねーんど。（しかし、お金がないよ）。地区労の予算はアンサー。とう、もらってこようと。どこからもらってくるか。労金から。沖縄県労働金庫。あの時、亀甲さんが理事長やってたんですよ。それで二人で行って、実はこういうこと考えてるけど、労金からお金もらえませんかと言ったら、亀甲さんが喜んでですね、「ここだよ、運動の原点は」と。食いながらやるのが実は大事で、ヨーロッパでは、これが基本で。パーティをやるらしい、まずは。ただね、パーティから始めて・・・。

照屋　奈良県連からね、六名ぐらい来てる、知り合いが。部落解放同盟の人たちも含めてよ。とう、そうてくるやっさー。会費いくらだったかな。納めて、ちゃんとご馳走になってから帰りなさいって言ってよ。やったけど、あれは思い出すな。公園の広場でよ、片付けのことしか覚えていないよ・・・。

平良　実は、三〇〇名くらい、地区労の組合は二五くらいあるじゃないですか。希望者集めたんですよ。二〇〇〇円会費で三〇〇名来た。うりひゃーやっかい（大変だなと思って）。色々考えたら、オーストラリアからですね、こっちの、泡瀬の、スーパーあるよ。食肉が入ってくるっていう話を聞いたんですよ。僕はヤギ肉と聞いたんだけど。で、後で聞いたら、カンガルーだったんじゃないかって一同（笑）。

でも、本物は半分入ってるから。みんな美味しい、美味しいなんですよ。すると、知名定男が三線持ってきたわけ。もう返すわけにいかないから、どうぞと、一緒に食べた。そしたらまた知名定男さんが歌ってもいいかな？それで、どうぞ、どうぞと。

だから、先ほどもちょっと触れたんだけど、有銘さんの行動というのは、自分の考え方、自分の理論に裏付けされた行動ですよね。これヒージャーもね、ヒージャーが目的じゃなかったかもしれない（笑）ヒージャーだけじゃなくて、ヒージャーの裏に何かがあるわけでしょ。心の中にも、体の中に染み込んでいる、理論というのかな、考え方というのかな、これがヒージャー会の中で実践として出たんじゃないかなと思ったりするよね。

ヒージャー会の目的は無事達成されて、宜野湾市長選、桃原正賢市長誕生。もう、思いっきりみんな暴れてね。ヒージャーパワーでね、宜野湾市長選取りましたよ。これがヒージャー会の思い出ですね。

仲宗根 先ほど、有銘さんが、退職教職員会の委員長をずっとやって、特に委員長をずっと長くやってるんですかね。その中で、組合員の人たち、教職員の皆さんから、信頼と尊敬を得ているというね。それは何かというと、いろんな運動で、具体的に組合員の気持ちを汲み取って運動を進めてきたんですよ。他のところと違って、いわゆる教職員組合というのは、二つの方針を持ってるんですよ。一つは労働運動をやるのが組合ですよね。もう一つは、教職員の方、教育運動をやる。民主化教育をやる。この二つの柱があるわけですよね。それを有銘さんは中心になってずっと進めていた。ところが労働運動の中で、私なんかも若いときに一九六三年ごろに教職員になって入ったんですが、その時の学校現場というのは色々な面で劣悪だったんですよ。だからあの時は、教員になるより軍に働いてねと、給与も低いし。その中で、特に教職員の生活の権利を守るというかな、よくしていくというのは、皆さんのときもあったかな、宿直というのがあったんですよ。若いときには学校に泊まらないといけない。週に一回か二回。この宿直制度、これも廃止に追い込んだのは、やっぱり有銘さんなんですよね。それから女性の産休の問題も。僕らが入った時、産休って二週間しかなかったんですよね。これを、産前産後四週四週に。これもやっぱり運動の中でやってきて。そしてもう一つ、一番大きいのは、復帰のときにですね、私はいわゆる、日本に復帰すると同時に国民になったわけですよね。その時に、他の都道府県と比べると、教職員の給料がね、二割か三割低いんですよ。ものすごい低くて、差がものすごいわけですよ。これをどうにか是正しないといかんということで、これを有銘さんなんかが中心になって、先生方の給与を本土並みに、他の県並みにもっていくということね。これを三年か四年やってたんですよ。そういう、教職員の生活とか権利を守ることを一生懸命やっていた。

それから、教育運動ですね、特に今の時点ではものすごく教育は右傾化してますよね。あの時分から我々のところは乱れてたんですよ。それでその時に、私は平和教育を、それから民主教育を守るんだということで、いわゆる教育研修運動というのをね、私は教研という言葉を使ってるんですが、これで自主編成、いわゆる文部省の言いなりにならないで、私たちが子どもたちのために、そしてこういう平和憲法に根ざした、その時にできた教育、憲法に根ざした教育を目指すということで、自主編成運動というのをね、これを率先してやっていたのもやっぱり有銘さんだったんですよね。それで、特にこれを感じますね。平良眞知さんが事務局長の時分じゃなかったかな。沖縄で初めて、全国教研集会っていうのをやったんですよ。これを有銘さんなんかが中心となって。その時中心となったのが中頭で。で、その時、教育研修運動とかね、日教組の大会なんていうとね、右翼がバーっと来るんですよ。全国からね、街宣車一〇〇台動かしてやってくるわけですよ。それに対して、本当にこれを沖縄でできるかということで、危惧されていたわけですよね。それを、あの時中頭支部の委員長だった有銘さんなんかが中心となって、特に地区労なんかとも一緒になって、そういう右翼の妨害を受けさせないとね、そういう行動隊までもを作って、この教研集会をさせた。これが今、教育運動の中で一つ、頭の中にある。

そしてもう一つは、沖縄だけじゃなくて、他の県は他の県で持っているということもあって。大阪とですね、連帯交流をずっとやってるんですよ。大阪の中でも一五単組といって、豊中を中心にして。向こうも面白いことにね、市町村ごとに組合があるんですよ。ちょうど自治労みたいな感じで。そこの一五の市町村が一つになって。その方々が沖縄に来て、私たちと色々と交流するんですよ。その中で特に、私たちがわからない部落解放の問題とかね、徹底的に差別された部落の差別がありましたよね。その部落解放の問題と、それをね、しっかり僕らが学んだんですよ。夜間中学校の問題。こういうのも、有銘さんが向こうと話してやってきたんですよ。教育運動ね。

それからもう一つ、これは住民運動との連帯ということでね、特にこれは地区労運動との関わりもあるんですけどね。特に教職員組合にかけられた一つの大きな攻撃としてあったのが、日の丸君が代の闘いだったんですよ。日の丸を卒業式入学式で掲げろと。君が代歌わせろと。これを西銘県政になってから、やられたもんだから、これは許せないということで。その時に取り組みとしてやったのが住民運動との連携だったんですよね。それで、私なんかもそうだったんですが、本当にすごかったのが、私は中頭中心になったんですが、各市町村の中学校単位で住民会議を作ったんですよ。安慶田中に作りました。その時に、日の丸君が代は卒業式入学式に絶対させないと。それは、単なる組合員だけじゃなくて、地域の人たち、地域の父母、それからＰＴＡ、そういう人たちも一緒になってね、みんな一緒になって運動を作っていった。これはかつてないことだったんです。残念ながらしかしこれは、現在は厳しい状況になってるんですかね。

それからもう一つ、学校現場の中で、特に教育運動との関わりの中でね、上命下達で運動を下ろすためには、校長教頭につなげて先生方に命令する主任という言葉があって。その主任を、お金でもって縛り付ける主任手当とあって、これを中間管理職にしようということをやったもんだから、私はこの主任制闘争をやったんです。お金が月に五〇〇〇円ずつ下りてくるんですよ。学年主任とかね。この五〇〇〇円はいらないと。この返還運動とかね、そういうものを実際に取り組んでいって、有銘さんなんかが中心となって進めたわけですね。

先ほどの地区労運動との関わりについては、有銘さんが地区労を提唱して、中部の労働組合が連帯してお互いにいろんな運動を、いろんな自分たちが抱えている問題を解決しようということで地区労運動を初めてやったのも有銘さんだし、ずっと長いこと有銘さんが議長を務めてたので。平良さんは企画力があるもんだから。

仲宗根　勤労者祭りとかね。それからミュージックなんとかとかね。そういうものも色々やって。やっぱり各労働組合の連携というものでね。その中心になったのが有銘さん。それがあるものですから、今でもやっぱり有銘さんに対する信頼とか尊敬というのはあります。特に、若い人たちにとって、有銘さんはもう退職して二十数年になりますから、今の若い人たちはわからないんだが、退職した方々は、やっぱり有銘さんといったら、親近感のある人でですね、誰にでもニコニコと話して。有銘さんが話す場合は、必ずみんなを和ませてから、みんなが受け入れる体制を作ってから色々な話をするものだから、ヤサヤサという言葉でね。そういう意味では、組合運動の中で有銘さんが果たした役割というのは、ずっと今でも財産として残っているということだと思います。

平良 今のお話の中に、エピソードを出したほうが面白い話がいくつかありますので、まず一つ紹介しましょう。秀傳さんから昔聞いた話だけど。右翼が数十台、街宣車、沖縄になだれ込んだ場合がありましたよね。その集会終わって翌日、沖縄市職労の婦人部が、北部の恩納村海岸辺りでビーチパーティやってたらしい。そうしたら右翼の皆さんも沖縄大好き人間がほとんどで、海を見たい、海で遊びたいということで、街宣車で乗りつけたらしいんですよ、遊びに。その乗りつけた場所がちょうど婦人部がやってるビーチパーティの場だったらしいけど。覚えてらっしゃいますかね。私に知らせてくれたんですよ。忘れた？　じゃあ私の方で紹介しますよ。これ秀傳さんが言った話ですよ。

そこでワーワー楽しくやってる婦人部の中に、右翼たちが突っ込んできたんですよ。そしたら右翼の皆さんに対して婦人部は、喧嘩腰に拒否するんじゃなくて、「沖縄ではとにかくお客さんをもてなすから。とにかくいらっしゃい、どうぞ。一緒にビーチパーティを楽しみましょう」ということで、招き入れて、一緒にやって、最後にカチャーシーして帰したという話（笑）。

まあ、そういったエピソードが、いろんな運動の端々ではね、起きているんですね。有銘さんもわからない話。

それからもう一つ、有銘さんこれわかるかなあ。山城博治が絡んだことがあります。今の話の中で何の話かというと、日の丸君が代闘争です。これは凄まじい運動でしたよ。一五の市町村に住民会議、地域ぐるみの組織作りましたね。一つの市で数百名集まって集会やってたじゃないですか。で、その集大成というかね、まず最初にやったのは、五〇〇〇名の集会だったんですよ。五〇〇〇名集めようという気はないですよ。その代わり、我々地区労がやるんだったらたくさん集まるはずだから。沖縄市民会館でやろうと。あのフロアでですよ。そこでやらんとこれは収まりつかないんじゃないかと。そこに日大だったかね、川本さんというスポーツ学者の教授を呼んで、「日の丸君が代とスポーツ」というタイトルだったような気がするけど、そういったものを講演としてやったんです。それで各組合に動員かけてわーっとやったら、ああ集まったなあと。で、記者が来たんです、私の方に。「平良さん、何名集まってますか」と。「うーん、四〇〇〇名ぐらいかな。有銘さん、四〇〇〇名でいいですか」と言うと、新聞記者たちがニヤッと笑ってね、「違いますよ」と。「ええ、有銘さん、違いますか」と言うと、「違うよ。五〇〇〇名ですよ」って言うんですよ。僕らがびっくりしましたね。有銘さんと僕は、事実を言うべきだろう、でも四〇〇〇人いるか自信がない、まず四〇〇〇で出そうと、少しサバ読んだ気持ちで言ったらね。記者が、違う、上から見たら五〇〇〇名だと。本当に五〇〇〇名の集会で、それからですよ。各市町村でソフトボールとかバレーボールとか競技が体育館でやられるんですよ。で、そこに日の丸が揚げられる。君が代が歌われる。そこで僕らも動員して、さっき言ったようにね、体育館に押しかける。競技場に押しかけて、君が代のある場合はみんな、「若い力」を歌ったんですよ。ぶつけて。抗議のシュプレヒコールの後にね。みんなで「若い力」を歌って、君が代のそれを潰したんですよ。その時に、この「若い力」のテープ、これ手配したのは山城博治なんですよ。これ、白状したって。

照屋　ああ、そうやったと言ったなあ。これね、中頭教育会館だったかな。この話をした時にね、博治さんが頭かきながらニヤッと笑って、「実はあの時俺は県職員でよ、教育委員会関係でね、このテープ買わなくちゃいけない。これ抱えこんで学校現場に入ったのは俺なんだよ」って言うから、みんなイヤーグトーノムンと言って笑っていたんだ。だからその闘いというのは、いろんな波及効果があってね、面白い話があるんだなぁということで。博治さんもあの時は、頭かいてごめんねえと言ってましたけどね。

眞栄城　有銘さんね、今のを聞いていると、やはりいろんな苦労がある。いろんな闘いがあるんだけど、他府県の先進的な闘いに学ぶ。そういう基本的な姿勢があったと僕は思うんだよね。仲宗根さんからも教育研修集会の話とか色々あったんだけど、他府県の方から優れた研究者を招いて講演をしてもらう。そこからいろんなものを吸収して、それを組合の中に還元をしていくというかな。そういう運動の有銘さんの取り組みというのかな。それはあったと思うんだよね。特に、教育労働運動という言い方がありましたよね。教育活動というのは労働運動と一体なんだというふうな意識が有銘さんの中にはあったと思う。それで、特に思うのは、他府県から、学者文化人というのかな、それを呼ぶ。一流の皆さんですよね。講演をしてもらう。それが沖縄の教師たちに還元されていくというのをずっとずっと繰り返しやってきた。そういう中で、有銘さんは、沖縄をどうヤマトの方に発信するかだと思うんだけど、沖縄で何かあった場合は、沖縄の報道というのを、いち早く本土の自分たちの仲間に知らすという活動をやってきたんですね。沖縄タイムスと琉球新報の新聞をすぐ求めて送った。聞いてみたら、今日の新聞の報道を本土の知人友人に送るということをやってらしたんですよ。沖縄の闘いの状況、沖縄で起こっている問題、それを本土の方に流していく、そういうのがあったんですね。とても僕は感動しましたね。

平良　私もやろうと思っていた。私も最初に七三年に聞いて、すごい感動したんだけど、で、そのまたあと、この艦砲ぬ喰ぇー残さーについては、NHKの人がずっと追ってきて、本にしていくんだけど、その中で有銘さんがまた話したのが、やっぱりびっくりしたんですけど。この普及活動ですよ。勝手に個人でレコード持って、中の町をずっと歩いてました。一軒一軒訪ねて。で、「艦砲ぬ喰ぇー残さー、かけてちょうだい」と。ないのはわかってるけど言うわけ。ジュークボックスがあるじゃん、あの当時。わざと言うわけ。ビールを飲みながらリクエスト。「ない？　じゃあ、次に来るまでに入れときなさいね」と。中の町のすごい数のスナックをね、全部歩いた。凄まじい行動力ね。

照屋　比嘉という人も、たいした人間だよな。僕は、今でもよ、あれは毎年、艦砲ぬ喰ぇー残さーから受ける情熱みたいなのを、聴くたびに違う。

安里　有銘さんと、この艦砲ぬ喰ぇー残さーの関係？　でいご娘たちが歌ったものですよね。

平良　知らなかったですよ。長い間知らなかった。

勝手に始めてますよ。で、あとで、本出すよーと、ＮＨＫの人がそういった取材の中で、有銘さんは、ものすごく感動してますよ。でいご娘も。で、コーヒー作る場合も、一生懸命やってたらしいですね。やっぱりウチナーンチュですよ。勝手にやるんですよ。で、相手にやりましたよとも報告もしない。だから、でいご娘も知らない。やっぱり有銘さんのヒストリーというのかな、これが凝縮されている。

照屋　普通はよ、南洋帰りって言ったらね、ヤマトグチがうまいんだよ。ウチナーンチュは。有銘さんはよ、南洋行ったけど、むるウチナーグチだよ。この人たちは、ウチナーンチュ、家族同士は、ヤマトグチ全然使ってないな。わかるよ。だからね、艦砲ぬ喰ぇー残さーのあの歌詞もよ、あれはやっぱり合うんだな。有銘さんとかよ。読谷と中頭一帯はね、同じ言葉さ。

今度は復帰後。何年かな。有銘さんも僕も若かりし頃だ。二次会行ってね、コザ十字路。そこへ行ったら、帰るときに、ちょっと待たされてよ、そこの女の人に。「皆さんは色々、運動も活動もして尊敬もするけどよ、私たちのこと知ってるかねー」と言うわけよ。なんの話かと思って、また戻っていって聞いた。「同じ年代、特に僕らの彼氏になるような年代の人たち、みんな死んだ。戦争で。だからこの歳になるまで、彼氏が見つからない」って言ってよ。もう、あまりにもショックだったたな。

飲み屋のネーネーたちの話ね。おばさんだなあ。有銘さんより、まあ僕らよりひと回り先輩の。有銘さんよりも先輩。待たされてよ。色々いい活動はしてるみたいだけど、私たちのこと知ってるかねぇって。僕はこの人の名前は今でも覚えてる。顔は忘れてるけど。なるほどなあ。艦砲ぬ喰ぇー残さーっていうのは、若いときには戦の時代でよ、はじめでよ。

青春の花を戦争で散らされてよ。この歳になるまで花も咲かない。もうそのまま枯れて死んでいくっていう、沖縄の青年たちの現在未来だ。

眞栄城　今の気持ちはね。僕は艦砲ぬ喰ぇー残さーの歌詞をね、本に載せてほしいと思う。コラムとしてでもいい。艦砲ぬ喰ぇー残さーの歌詞を全部載せてほしい。で、この経緯、なんでこの歌ができたのかという、これはすごいんだよね。この艦砲ぬ喰ぇー残さーを知るということは、やっぱり沖縄戦、そして戦後を生きてきた、「ウッチェーヒッチェーム タバッティー」という歌詞があるじゃないですか。戦争でやられて、生き抜いてきて、このでいご娘のお父さんお母さんが生き抜いてきて、ようやく成功したかなと思ったときにまたアメリカの、米兵の車で正面からぶつけられて、酔っ払い運転で、即死ですよ。大阪から生き延びてきて沖縄に来て、沖縄でまたやられるという。ウチナーンチュの哀りをね。この艦砲ぬ喰ぇー残さー。ウチナーンチュとしては堪らんですよね、これ。このエピソードには、有銘さんやっぱり感激したんでしょう。この歌詞は、民衆の歴史を書いたんだよ。

平良　そうですね。そう感じる。あの人が象徴的に当たってしまったという。沖縄の運命にね。僕はこれをぜひ参考資料として載せれば、有銘さんがこのことをやった、心という か気持ち、これがわかるような気がする。有銘さんは私よりも先輩で、なんであんなに元気かねと思う。私その秘密がわかるんですよ。なんで元気かというと、実はさっきも話に出たけど、飲み屋なんですよ。どんなに忙しくてもね、中の町にフリークという店があったじゃないですか。地下の。あの陸橋が昔あったよね。そのまま真っ直ぐいくと地下に入るわけよ。その地下の店がフリークという名前でね。ここは、我々は夜の地区労と呼んでた。なぜかというとね、有銘さんがいつもここにいるわけ。遅刻して間に合わんなあ、夕方の決起集会には間に合わない。でも結果聞きたい。そこで聞けるわけよ。どうなったかって。今の、音市場のあるところが、そこでまたあーだこーだと運動論戦わせたり。いろんな文化論とか。そういったスナック、サロンですよ。

仲宗根　有銘さんという人は、非常に論議するのが好きでね。もう、朝までやりよったんです。それで、とにかくいろんな運動を展開する場合はお互いが納得しなきゃいけないですよね。今の国会みたいにすぐ何か決めて、そんなもんじゃないですよね。やっぱりみんなが納得して、みんながそれでよしこれで行こうと、そういうひとつ決断がないとことが進まないわけだから、お互い理解しないといけないから。ひどい場合は本当に午前三時まで、お互い喧々諤々やって。そして朝になってから疲れちゃって、もういいだろうというね。そういう感じだったよ、やれる時は。

平良　今の話、非常に奥が深くて大事だと思うんですよ。労組っていうのは決定しないと動かないわけよ。一応上が決めれば動くという。上が決めなければ動かないという。辺野古を見ればわかる。辺野古の現場には、労組がほとんど来ないわけよ。みんなオジーオバー、住民が中心。労組が連日ローテーション組んで動員やれば、いくらか来るかもしれんけど。上が決めきれんから、労組委員は自分の意思で、責任で、行こうという自立した気持ちにはなってないわけ。そこで、金武湾闘争でひとりびとりが代表だという、このことを言ったのが崎原盛秀さんなんですよ。有銘さんが政経部長のときに、彼も労組員。有銘さんと一緒に、二人で何かやったらしい。そういう話は初期の頃やってましたよ。だから、そういった運動の原点といいますかね、今までは必ず上が決めて、組織決定主義で動いてきた。そこにはひとりびとりの責任があるかというとないんですよ。上が決めたから。じゃあ上の責任。だけど上が決めてないのをやった時に、チェックされ、あるいは逮捕されたときに、その責任はとなると、組織はみない。自己責任になっちゃう。これが怖いから動かないという。運動の原点がずれてないかという。その話です、彼がしたの。で、それは、やっぱり金武湾の我々が住民運動を立ち上げた時の動機がここにあったんですよ。一人一人がまずは闘わない限り、運動にはならないと。だから自己責任だった。ひとりびとりが代表っていうのはこれなんですね。その精神を有銘さんは金武湾までいらしてね、そこでいろんな話をした。そのやり方を中教組でも、先生方と闘わせて、みんな納得したら合意じゃないかというふうに、その思いが見えますね、私には。非常にわかりやすい。有銘さんの運動論としてはね。非常に深いですね。

▶▶▶休憩▶▶▶

真栄城　とにかくね、有銘さんはすごく正義感が強い人で、こんな話を聞いたことがある。あの頃は暴力団の連中が勝手なことをして、襲いかかってくる。有銘さんは怯まないわけね。

仲宗根　伊佐浜闘争でよ。米軍がブルドーザーで家を壊そうとするよね。それに、有銘さんは、体はってそれを止めるといって、学校から校長に行ってきますと言って、出て行った。そしたら学校の先生方も子どもたちも、有銘先生頑張ってくださいなんて言って、みんな拍手で送りだしたってよ。それだけよ。あの時分っていうのは、いわゆる米軍に対する、彼らのやり方に対する、ウチナーンチュの怒りというのがみんな持ってるわけ。今では、あの時分だから、米軍たちとやるという場合は、本当に我々も行きたいんだが、いけないから、あなた行ってちょうだいなんて形でね。

七〇年代はじめの頃の復帰闘争なんかよ、すごかったですよ。網の目行進っていうのがあるでしょう。それはね、回るのは集落の中。そして特に学校の前ではね、学校中の子どもたちも授業をやめてね、先生方も一緒になって、校門の前に並んで、みんなでね。そしてテーブル出してね、くわっちー作ってよ、すごかったですよ。あとその時ね、授業があるもんだから、網の目行進するのはその学校から一人でやるわけ。代表。一人でずっとやるわけさ。例えば、僕が城前小学校の前に来たら、そしたらもう、よく頑張ったとやるわけよ。網の目だから、本当に三〇〇m、四〇〇m、やってるんですよね。そしてね、それやる場合には、学校だけじゃないですよ。各家庭もみんな出る。地域からね。もう、行進隊が来るよって言ったらね、みんな出てよ。部落住民が出てきて。これね、ただ、非常に面白いと思ったら、部落の中の保守的な部落も、革新的な部落もあったでしょ。平和行進っていったら保守も革新も。みんなよ。一緒になってみんな応援していた。だからあれはなにも革新運動じゃないんですよ。やっぱり民衆運動ですよね、沖縄の。県民総体としてね、みんな運動に参加してね。そういう感じしますね。それを、さっき言ったように、こういう運動の中心になったのはやっぱり有銘さんですよ。コースをみんな作ってね。どこからどこを回るとかみんなコースも作ってよ。すごかったですよ。

照屋　オール沖縄、あるさ今。昔だったら、オール沖縄、何かといったら、アメリカに対する反旗翻すのはよ、オール沖縄だったよ。例えば、みんな、今でも、戦争はしてはいけないとみんな言うけどよ、戦争してるよ。戦争の準備してるところは見えないさ。昔は誰が戦争したかというと、みんなしたんだよ。いったーおとう、わったーおとう。戦争したんだよ。あれ政府がしたんじゃないよ。みんながしたんだよ。一般庶民の我々は、騙されて、引っ張られていった。騙されてやった。今、この反省がないんだよ。あの戦争はどういう戦争だったかっていったら、東條英機一派がやったというよりよ、僕らがやったんだよ。そして兄貴は生きてたら九〇歳ぐらいになるけど、越来村戦死者第一号とか第二号とか、村中行進しよったとね。名誉の戦死をしたとよ。日の丸揚げてよ。この反省が全然ない。僕の兄貴がずーっと、政治的には保守だったけど、おできができて兵隊不合格になって、兵隊行かない。同期生はみんな行ったよ。半分は死んでるな。で、本人は何かといったら、戦争しないで生き残ってるもんだから恥ずかしいわけさ。本当に恥ずかしいんだよ。一人前になって子どももできてからよ、鹿児島の知覧の特攻の飛行場行って、軍服つけてよ。死んでから見たけどよ。反省どころか戦争に行ってないという恥ずかしさがあるさ。戦争に行かなくてよかった、助かったっていうね、これがないんだよ。

眞栄城　今秀傳さんが言ったのと同じようなことだと思うんだけど、これは日本全体の中でも言えるんだよね。八月一五日、この日に終わったんだけど、八月一五日はある意味では戦争の反省に立って未来をどう作っていくのか、未来をどう生きるのかというような出発点だと思うんだけど。しかし流される映像というのは、皇居に向かって跪いてさ。悪いよ。あれは天皇陛下に対して、申し訳なかった、自分たちが弱いために申し訳なかったということで、土下座をして、皇居に向かって跪くんでしょ。こういう反省しかね、日本の中にはないんだよね。これはずっと僕は今もあると思ってさ・・・。

安里　照屋さんはどのあたりからこの反基地闘争は？

照屋　沖縄で、僕は、伊佐浜やってない。もちろん伊江島もやってない。戦後の反基地闘争に現地で闘っているという、それはないけど。具体的に反基地闘争という形で関わったのは、復帰ですね。僕はよ、幼少、僕のおじいちゃんが結婚をして、子どもが五名いる。できたけど、貧乏でよ。生活できないと。うちも作れない、妻の兄弟がハワイに行ってるんで、そこを訪ねてよ。向こうでサトウキビ労働者をやりながら、お金を貯めて一〇年間頑張ってきた。そのお金で沖縄で約一万坪の土地を一〇万円で買ったわけさ。一〇万っていったら一〇億さ。で、なんでこんなに安くて莫大な土地を買ったかっていうと、ちょうど明治一二年、沖縄がヤマトに統一されてよ。首里城明け渡しで、首里の役人は下野するわけさな。その時にまた、おじのなんとかが領地をもらってね、引き上げてきた。土地はあるけどこれは原野さ。農地じゃないさ。今までサムライやっていたけど、農民しきれないわけさ。お金は欲しいけど土地はいらないと思ってよ。おじが買って。それでまず、サトウキビ、大豆、色々作って。僕のうちは割と裕福な家庭だったみたい。それを戦後、基地に取られる。森根の飛行場というのは、本部の人が、中部農林学校の試験を受けていいと言って来たらしい。カデナーの高台から見たら、大平野さ。遠くから見たらこっちは天国と思ってよ。僕は将来ここで暮らすって言ってよ。こういう土地があるわけさな。これは沖縄の人たちの、穀倉地帯だよ。嘉手納から勝連まで、この平野。北谷、具志川、この平野ね。ここを軍事基地に取られるというのはこれはよろしくない。ワッタータンメーがハワイから貯めてきた金で買ったこの土地を、ワッターアンマーよ戦争に殺されたのによ、僕の弟も戦争で殺されたのによ、また殺した奴の基地に提供する。これはならん。僕は一緒に反対したわけさ。僕もちょうど結婚するということで、だったら僕の親父が、「ヤームン、ジー分けてあげようね」と、いくらか分けてもらったんで、この土地を僕はずっと契約しないで持っている。そしたら、僕と玄徳と有銘さん三名、森根でよ。反対運動。あんまり反対運動もしなかったけどな。向こうは、僕のうちに一四、五名が来るわけさ。「君が抵抗しないと森根の土地全部返すと。君は森根の土地の人の生活の面倒を見てくれるか」と。アハァ〜、テゲーシクマリティウフさや、面倒見てあげるっていうわけさ。これ嘘だよ。嘘だけど、僕が契約しないためにみんなが土地が返ってくるというのはいいことさ。これは責任もってよ、それから僕一人の責任じゃないさ、沖縄全体の責任さ。そしたら親父はにんだらん。それから僕は親父に、こういうことで僕は土地を守ると、抵抗しないと言ってるけど、あとは物言わんでというもんだから。やっぱり昔みたいに、これは生産のために使うべき。生活のために使うべき。

安里　有銘さんが、七一年、四〇歳で反戦地主になるって書いてます。反戦地主会もその頃結成されたんですか。

照屋　反戦地主会が結成されたのはね、一九七一年。一二月。僕は学生運動も平和運動もやってきたから。すぐ役員させられる。僕が役員したら親父が大変なことになると思ってよ。僕は入らなかったわけさ。で、明日裁判所というとき電話があるわけよ。僕は、明日行かんと大変なことになると行ったら、夕刊に出てよ。親父は非常にもう動転してるさ。もう大変。僕は四日間うちに帰らなかったよ。そして座り込みがあって、復帰したら、一八日に県民大会があってよ、その日まで僕はうち帰らない。基地のゲートに座り込んで、機動隊とやっさーむっさーしていたけど、それまでうち帰らない。帰ったら大変なことになる。で、一八日の県民大会に行ったけど、親父に何言うかねと考えていた。そして、うち帰って話したのよ。最初に、戦争でアメリカの軍隊、日本の軍隊に追い詰められて、母親と弟が死んだ。餓死したこと。また、本当は沖縄の土地は軍用地に使うべきじゃない。僕はそういう意味で組合活動もやってきたし、賛成するわけにいかない、と。これからも、今までのこのことを捨てたら自分は生きていけない、父ちゃん許してくれと話した。親父もずっと黙っていたよ。それからは、よっしゃわかったといって、親父も色々考えたんだけども物言わない。

　反基地闘争というのは、生き方の問題だからね。生き方は生き方。これは有銘さんも眞栄城さんも同じ。これは生きている間続かんといかんさ。普通の反対運動っていったら、一回やって終わり、三回やってできない、五回目からはちゃーならんということで諦めるかだけど、これ人間の生き方の問題だからね。反基地に対する裁判では、アメリカと同じ。日本政府は裁判も司法も政治も一体となって住民を押さえつけてくる。これが沖縄差別の最たるものだよ。これが戦後ずっと続いていると思うな。そういった差別からの解放も含めて、貧困からの解放も含めて、反基地闘争は続けなきゃいかん。この土地はね。決して戦争のために渡しちゃいかんということで、僕はずっとやってきた。反戦地主も、それぞれの誇りがあると思う。それは損得の問題じゃないよ。

安里　秀傳さんが反戦地主会の会長をやっていて、有銘さんは違憲共闘会議の議長をなさっていましたよね。違いが若い人たちはわからないので、ちょっと組織の違いをね。違いというか、組織結成の状況とか。

照屋　反戦地主会というのはよ、正式な名前は権利と財産を守る軍用地主会。マスコミが作った用語。僕らは、沖縄がヤマトに返還されるときは、軍事基地は無くなるだろうなと。こういう前提で進めてきたけど、違うらしいなと。アメリカの軍事基地はそのまま。そして返さないで、そのまま日本政府に対する土地の提供、軍事基地として使ってよろしいという賃貸借契約を結ぶ。これが返還協定の中で決まっている。僕らとしてはこれできないということで、まず復帰協ね。沖縄県祖国復帰協議会。これが地主より先に動いたのよ。よし、アメリカの軍用地に賛成をしないで反対をする人たちの支援をする復帰協。復帰協は、特に中部では、反基地闘争の主役を担おうということで、喜屋武眞栄参議員の秘書だった宜保幸男さんが中心になって結成した。初代の会長は平安常次さん。その後、親父が死んでから、会長になった。

眞栄城　照屋さんから反戦地主会のことについて話があったんで、何も付け加えることはないかなぁと僕は思うんですけど。復帰協に代わる新しい連携組織を作る。これが違憲共闘県民会議。契約拒否地主を支援するというのが大きな目的。特に沖縄返還ではご存知のように、条件として、沖縄にある広大なアメリカ軍の基地が安定的に使用できるようにするというのが復帰の条件であったわけですね。

その時に、日本政府は、沖縄の広大な基地を提供するために何をしたかというと、安保条約に基づいて、アメリカに提供するというのがあるんですよ。アメリカに安定的に提供させるために、ある意味では土地提供の契約をすすめるというふうなのが、日本政府の関わり方であったと思いますね。で、その時に、いや俺たちは動かないよという意思表現をしたのが、話にあったように、この憲法第二九条であった。特に七二年の沖縄復帰というのは、これも皆さんご存知だと思うんですけど、公用地の暫定使用法というのを国会の中で強制的に決定されてますよね。特に公用地の暫定使用法は、沖縄に適用される法律ですよね。一地方に適用される法律というのは、その地域の住民投票を付さないといけないというのが・・・。しかし、沖縄の私たちの意志はまったく通らなかった。住民投票にも付さないで、強制的に公有地の暫定使用法をやる。これが一九七〇年ですよ。沖縄の復帰の段階。それは、暫定使用法ですから、五か年間。で、五か年間の暫定使用法だから、一九七七年に切れちゃう。その時何をしたかというと、公有地の暫定使用法を延長するという形になるわけですよ。延長して、契約を拒否している人たちの土地を再度強制使用すると。その時に何かというと、付則の方に、地籍明確化法というのがある。地籍を明確にするというのが口実にあったわけ。沖縄は戦争でごちゃごちゃになってる。位置境界が明確じゃない。位置境界が明確じゃないのを明確にするというのが、地籍明確化法の中に。これは集団和解方式といって、みんなが相談をして決める。でもよく考えると、地籍を明確にするというのが何かというと、特別措置法、特措法を適用するための一つの手段でしかなかった。だから私たちは、地籍明確化法にも反対をした。これは何かというと、私たちの土地を法律で縛って、強制的に収用する。そして特措法を適用するというのが目的なんだということで反対した。私と有銘さん二人はずっと反対を続けて、地籍の明確も嫌だと言ったんです。明確にすることで私の土地を奪い取る。許さないということでずっと拒否し続けたというのが有銘さんと私の立場だった。その中で、拒否している人たちの土地もどうしても収用しないといけないわけでしょ。そういうために何をするというかというと、公有地の暫定使用法をさらに改定する。その中で、地方の自治体が担っていた広告縦覧や代理署名を含めて、それを全部国の方がやっちゃうということになる。総理大臣が採決をする。そして収用委員会の権限を全て奪ってしまう。収用委員会を形骸化したんですよ、国は。しかし、一九九八年、九七年かな、に、地籍が明確にされていない土地を収用するということは法律上許されないということで却下をしたんです。私たちの土地を国が使用するということはダメなんだと収用委員会が却下する。これはすごい画期的なことだった。しかしその段階で、その次に、一九九八年だったかな、一九九九年、さらに改正して、収用委員会の権限を全て奪っていく。そういう経過がありますね。だから、がんじがらめにしていって、有無を言わさず取っていく。でも闘いは続きましたよね。一九七七年に、四日間の空白期間ができました。

平良　一九八二年に特措法改定をするということですね。これまで五年だったんですが、一九八七年の特措法の改定で、一〇年間の強制再使用をやるんですが、その時に、沖縄の人たちが総立ち上がりをしたんですよ。実はここでは二〇年間やろうとしたんですよ。その時にいや許さないということで、しかし一〇年後も強制収用していったんです。そこで、沖縄の芸能人というのかな、文化人というかな、その人たちが一緒になって、強制使用は許さないという大きなイベントをやったんですよ。こんな闘いが作れるとは僕も思ってなかった。ちょうど幸喜良秀さんも一緒になって、この企画を立ち上げていったんです。八六-八七年というのはすごいよね。闘いがね。地区労は忙しいよ、本当に。しょっちゅう集会ばっかりやっていた。

　一九九五年は大田知事が代理署名拒否してますね。ちょうどその時に少女暴行事件も発生してね。八万五〇〇〇人の県民大会もやったし。平穏な年はないんですよ。毎年、洗濯機が回るような感じだった。

安里　ＣＴＳの話が出てきてないですね。

平良　いのちを守る会の崎原さんは、すごく筋道を立てて話をされる。有銘さんの場合は、感性でくるね、有銘さんはね。だから楽しいわけ。文化人じゃないかと、むしろね。タッチとしては、文化的なタッチを感じてたね、いつも。やっぱりCTSの場合は現場がものすごい厳しかったから。辺野古の比ではないぐらいに、乱闘騒ぎはあるし。右翼との対決もすごくあるし。また、当時の県知事は屋良朝苗だからね。共産党からも嫌われてるし、右翼からも攻撃されるし、海上保安庁からは逮捕されるし（笑）現場は四面楚歌で。地区労だけが本当に理解していただいて。連帯してくれたんで、闘えたんですよ。

どこの組織でも。本当の民主主義というかね、自由というか人権というか。憲法の精神を暮らしで活かすというのは非常に大事だと思います。守りきれてない。いざとなったら革新といっても、抑圧する側に回っちゃうんですよね。解決するには、徹底的に議論をするというさ、徹夜してでも。有銘さんなんかはその辺がちゃんと見通していらっしゃるから、納得いくまで話し込んでね。理解させてから一緒に行動する、そういったことの手法ですからね。崎原さんが言ったのもそうですよね。そういうことが運動だと思うんだけど、でも大変ではありますよね、この作業はね。非常にきつい。逃げちゃいかんですよ。今の社会世界、全て正しく進めるには、民主主義しかないんじゃないですか。宗教だったら余計対立する。基本的には一人一人の人権を守る、自由を守るという民主主義の精神でないと、この世界というのはまとまらないと思うんだけどね。で、それを実践してきたと思うんですよ。有銘さんや崎原さんやみんなね。だから、夜のフリーク、夜の中部地区労にみんな集まるんですよ。そこでそういった、所定の会議では消化不良の問題を夜は持ち込んで、さっきの話だけどということでまたじっくりそこで深めて論議するという。ずっと続くんですよね。スナックで。五〇名ぐらい入ってくる。だから各組合が集まってくる。

安里　中部地区労の加盟人数や団体数は・・・。

平良　加盟組織の人数、一万六〇〇〇名いましたよ。団体は、三二ぐらいあった。ちっちゃい組合のね。A&W労組とかね、いろんな闘いやりましたよね。

そういう小さな加盟団体を育て、守りました。一生懸命。そういえばこういう事件がありましたよ。大変な事件だったけど。全総訓といって、総合職業訓練校というのが北谷に今でもあるし。そこで、明日夏休みというときに、みんな帰すんですよね。それぞれの伊江島とかいろんな地域に。だから清掃するわけですよ。で、水使うじゃないですか。たまたま電気がそこにあったんですよ。配線がね。それで漏電してしまった。伊江島の子でしたけど、感電死したんです、生徒がね。そこで担当教員が、犯人にまつりあげられて。不可抗力的な事故なんですよ。しかし警察としては、やっぱり犯人扱いしたんです。被告人にして裁判になったんです。それを我々は無罪判決勝ち取るという。有銘議長が裁判の時に全国動員したんです。そこで私はいつも行って、挨拶をして一緒に頑張ろうと。地区労側も全面支援してね。無罪勝ち取りましたよ。有銘さんが議長の時でしたよ。凄まじかったもんね。あの豪雨の中で一晩座り込んで。三二団体まとめるって大変なことですよ。だからカリスマ的な影響力がないと、包容力がないとまとまらんですよ。当時はセクトも裏では絡んでるしね。各労組、これはなんとか系とかあるわけ。革マル系とかなんとか。それもあるんだけれど、それは僕らは関係ない。ここは労組の場だからということで、そこでうまく調整。調整能力が有銘さんは非常に高かったですね。有銘さんの能力というのはすごいなと。

中部地区労は、いろんな組織が三二あるわけだから、この組織は選挙運動でこれをやりたい。この組織は別の方をやりたい。色々なのがあるわけですよ。有銘議長の話で特徴的なのは、この組織で何か決める場合、その時に有銘さんがよく言うのは、いい運動をやろうという。組織をね。やるなということは言わんでおこう。足引っ張ることだけはしないでおこうと。これは決めようじゃないか。これは決めたんです。そうしたらやっぱり、建設的な運動をする部分は。一緒にできることは一緒に行こう。行けないとこは行けない。行かなくても、また行かないことを批判することもやめようじゃないか。つまり自由ですよね、基本は。これを組織間でね、組織間の自由というのを守ろうじゃないかというう。だから組織間のいがみ合いがないんですよ。地区労の中では。なんであんたが動員に行かんか、反基地行かんか、というのは、そういうことでしたね。というふうなことはしっかり徹底してもらったから、だから何か揉めた場合必ず、できるところとできないところあるから、それは批判し合わないでおこう、認めようじゃないかという。そういうことをやっぱりちゃんと確認する指導力、調整力。素晴らしかった。

照屋　僕はね、今でも地区労は立派だなと思う。私（わたくし）の労働組合。あるとき、当時の組合員だった一人がよ、中部地区労やっていて、今でもよ、来るんだよ。自分は中部地区労って言って来る。一人でもよ、地区労の方針に賛成をすると来れる。誰でも。要求がなくても来れる。

第五章　否戦の琉歌を詠む心

親川　志奈子

祖父が「辺野古に琉歌を持ち込もうかと思っている」と言ったのは名護市長選挙で稲嶺が勝利した二〇一四年一月一九日のことだった。

私の祖父、サイパン生まれの有銘政夫がルーツのある沖縄に帰ってきたのは戦争が終わった一九四六年のことだった。彼の父、つまり私の曽祖父は出稼ぎでサイパンに渡り家族を呼び寄せ汗水流して働いたという。そして沖縄の弟に頼み、生まり島に小さな土地を買い求めた。それは「玉砕の島」サイパンで命を落とした曽祖父が家族に残した唯一の財産となった。しかし、生き残った七人の家族が沖縄に引き上げる頃には、すでにその土地は金網で包囲され「嘉手納基地」となっていた。

八五歳のトゥシビーを迎えた祖父だが、週に一度は辺野古へ出向き座り込んでいる。ある時「運動はいつから始めたの？」と聞いたことがあった、「そうだね、夜になると米兵たちが部落に入り込んで女子どもを襲うということが続いたから、夜間パトロールに参加した、沖縄に引き上げてきてすぐの頃。始めたいと思って始める前からもう始まっていたんだよ」と返ってきた、もう七〇年以上も続けていることになる。少年だった彼は青年になり、就職し、結婚し、子どもが生まれ、孫が生まれ、母を見送り、退職し、ひ孫が生まれ、畑を耕し、老年期を生きている。しかし今もなお、彼の土地は不当に接収されたまま、彼の最も忌み嫌う戦のため、日本政府の許可のもと米軍基地として使用され続け、それゆえ彼は人生の大半を大衆運動とともに歩んでいる。

「百聞は一見に如かずというから、全てのことはまず試しにやってみたらいいと僕は思っている。だけど戦争だけはダメ、それだけはやってみてからでは遅い、やってはいけない」戦争体験者である祖父のこのフレーズを何度も聞くうち、彼の戦争を否定する「否戦」という誓いは私の身体に深く刻み込まれていったため、幼い頃の私はまさか日本が戦争に向けて駒を進める昨今のような状況になるとは夢にも思っていなかった。しかし同時にいつからか、「もう二度と戦争はいたしません、安らかにお眠りください」という無邪気な約束で慰霊の日を祈ることが難しくなってきていることに気がついてもいた。

上滑りする日本語

自民党結党以来の目標であるという憲法改正に向け、安倍政権は武器輸出三原則を撤廃し特定秘密保護法と安全保障関連法を可決、「積極的平和主義」の名の下、楽々と解釈改憲を行い、着々と戦争できる国へと駒を進めている。国会中継を見る度「日本語とはなんて汚い言語なのだろう」と考えてしまう。いや違う、言語に綺麗も汚いもないのだから正確には「彼らはなんて汚らしく日本語を使うことができるのだろう」と表現すべきかもしれない。「平和」を唱えながら「戦争」を準備する様はまさに「戦後レジーム」から脱却し戦中の日本に舞い戻る行為であり、琉球処分で「持ち駒」にされ沖縄戦で「捨て駒」にされた私たちにとっては恐怖以外の何物でもない。上滑りする日本語で遂行される政治により、辺野古に耐久性二〇〇年とも言われる新基地が作られようとしている、つまりは戦と共にもう二〇〇年あれと運命付けられようとしているわけだ。マイノリティの声を黙殺することを民主主義だと勘違いする国家の中で、ウチナーンチュの私が日本語を紡ぐ行為に何の意味があるのだろうと虚無感を覚えていた時、祖父が琉歌や狂歌を詠む姿を見てハッとした。

辺野古に琉歌を

祖父は夜中に目を覚まし湧き上がる言葉を手帳に響き込んだりすることもあると言った。そして長年琉歌を詠んできた友人たちに教えを請いながら、溢れる思いをサンパチロクに落とし込む。「琉歌なんかはやったことがなかったけど、ウチナーグチで語ることに意味があると思った。日本語ではダメなんだよ、日本語で考えるんじゃなくて、ウチナーンチュの思いはウチナーグチで表す必要があったわけ」

だから彼は琉歌に日本語訳をつけない「訳を読んで『理解した』と言われても困る」と話す、なぜならそれらは日本語で表現したいことではないのだから。「解らない単語や表現があればいくらでも解説する。しかしウチナーグチで読んで意味がわかるようにならないと『解った』ことにはならないよ」

彼は毎月第三日曜日に掲載される沖縄タイムスの文化面へ詠んだ歌を投稿している。孫の目から見てもかなりの頻度で採用されているので「すごいね」と言うと、「いや、これは僕が上手いとかそういうことじゃないよ、多くのウチナーンチュが同じ思いをしているということじゃないかな。審査員がヤサヤサと思ってくれていたら幸いだよ、個人の感想じゃなくてみんなの体験だから」と返ってきた。

やがて彼はシーツを裁断しペンキで琉歌をしたためるようになった。それが冒頭の「辺野古に琉歌を持ち込もうかと思っている」につながる。日本政府がどんな理由をつけようが、いくら綺麗な日本語で取り繕おうが、それはワッターウチナーンチュの哲学、祖父の言うところの「否戦」の精神に反するものであり私たちの住むこの島で繰り広げることはできないということを言語の力、文化の力で表明するということではないかと私は受け取った。同時にウチナーンチュの大衆運動、その闘い方を見せてくれているのだと感じた。

沖縄の海を守るとは沖縄の島を、そしてそこに住む人々の命や暮らしを守るということだ。生物多様性と言語多様性は密接に結びついていて相互に影響を与えていると言われている。伝統的に営んできた持続可能な生活や自然資源の活用はそこに住む人々の蓄積した経験によってなされ、それを伝えるのが言語だ。辺野古の自然とウチナーグチ、そしてウチナーンチュ。私たちは辺野古を日本の辺境と見てはいないだろうか、ウチナーンチュを日本人と呼びウチナーグチを日本語の方言ととらえていないだろうか。六か月になる次男を抱きながら辺野古に座りフェンスに下げられた祖父の琉歌を眺め、沖縄の大衆運動について考えた。私たちの闘いは続いている。

戦世の哀り　忘てわしらりみ
　名護まさーいじり　幾世までん

沖縄たるがきて　辺野古基地作て
　平和憲法や　あーさむーさ

暑さかまらさや　にじくねーなてん
　基地ぬ爆音や　我肝さわじ

戦争てるむぬや　政治もち次第
　肝据して悟り　九条重し

今年しむ月や　戦場ぬとどみ
　沖縄の思い　世界に語ら

辺野古清海や　生命回る根石
　いちぐいちまでん　皆が宝

ひやみかち沖縄　立ち出じば見事
　大和・アメリカぬ　鼻ゆあかさ

思事やかなて　一坂越す沖縄
　心リリよ人々　油断すゆな

家庭内床や　肝ぬ据し所
大和日本刀　沖縄三線
基地ぬ番所　辺野古テント村
しけに知リ渡リ　郵便ん届ち
わした沖縄や　弥勒世の要
言葉うしなリば　根石ちリさ
安倍ぬ思いやリ　アベコベどやゆる
沖縄くしなさし　ＵＳＡど拝む
アべんでぃる輩　口ぬあくままに
積極平和　言ちゃる可笑さ

地獄あたがたる　哀り打ち忘して
またん仕掛きゆみ　心じびた

大和捨石　アメリカキーストーン
わした沖縄　平和礎

集まとるしんか　辺野古浜居とて
逢ちゃりば兄弟　肝やーち

正月ゆ迎えて　思出じゃち見りば
やさ！有たん　ありんくりん

政治要締や　御万人の願い
沖縄ぬ想い　徒にすゆな

タケーンある事や　ミケーンあるたみし
　沖縄ぬ思い　勝さて見事

島民でる言葉　なまちきて差別
　島言葉「島人」私肝和む

袖にそて九条　抑止力でしが
　心得よしんが　命どぅ宝

八十過ぎ我身や　まじしみてやしが
　沖縄行く先ぬ　心配どすゆる

んだ又言ちんだ　沖縄ぬ知事やしが
　翁長知事さん　本物の知事どー

又々言ちんだ　沖縄ぬ知事やしが
　前ぬ知事さん　最悪どー

今年申年や　沖縄ぬ夜明け
　見事はい登てぃ　花ゆ咲かさ

第六章　論　集

「否戦」の思想と沖縄の歴史

成田千尋

筆者が二〇一一年の四月に有銘氏と初めてお会いしてから、二〇二一年で一〇年が過ぎた。筆者は、本書の第二、第三章を担当させていただいたが、これまでこれらを執筆したり、有銘氏の軌跡を年表にまとめたりする中で、改めて有銘氏が歩んでこられた時代の過酷さ、沖縄が置かれた状況の困難さについて痛感させられることになった。ここでは、有銘氏が何故一般によく使われる「非戦」、「反戦」ではなく、「戦争を拒否、否定する」という意味で「否戦」という言葉を使われているのかを、これまでの有銘氏の軌跡や沖縄の状況と重ねつつ考えてみたい。

一．二つの戦争

サイパン戦

有銘氏は、一九三一年八月六日、日本の委任統治下に置かれたサイパンで生まれた。満州事変が起きる約一か月前のことだった。とはいっても、サイパンを含む南洋は、大正末期以降の経済的困窮に苦しんでいた人々にとっては憧れの地だった。実際に、戦争以前のサイパンでの有銘氏の思い出は、筆者がうかがった範囲では、サトウキビの栽培や収穫、その後のお祝い、サイパン神社のお祭り、飼っていた牛の訓練、タロホホへの遠足といったように、楽しいものがほとんどである。(1)

しかし、同時期の日本は、一九三三年に満州国を建国し、一年後には国際連盟を脱退と、国際的な孤立を深めていた。有銘氏がチャッチャ国民学校に入学した一九三七年の七月には日中戦争が勃発し、戦争は次第に泥沼化していった。サイパンを含む南洋群島は、日本の南進政策の重要拠点とされ、一九四一年の太平洋戦争開戦前後には、軍事要塞化が進められていく。

同年一二月に太平洋戦争が勃発すると、日本軍は戦争初期は勝利を収めたが、四二年六月のミッドウェー海戦の大敗以降劣勢となり、同年一二月にはガダルカナル島から撤退し、翌年五月にはアッツ島の守備隊が全滅した。ギルバート諸島、マーシャル諸島の島々でも日本の守備隊は全滅し、勢いに乗った米軍はマリアナ諸島方面とパラオ諸島方面の二手に分岐し、その後ルソン・台湾・中国で合流して日本本土上陸を目指すという戦略を立てる。一方で、日本の大本営は米側の戦略を読み誤り、サイパンが位置するマリアナの防備は手薄なままであった。(2)

戦況が悪化する中、一九四三年頃からサイパンの学校の教科書も変わり、徹底した軍国教育が進められた。学校にも将校が配属され、教練を行ったし、夜には学校に毎晩のように兵隊が来て、戦争の話をした。朝には将来何になりたいかという誓いを一人ずつ言う時間があり、男の子は兵隊、女の子は従軍看護婦になるなど、勇ましい言葉を述べていた。週に何度かある大本営発表で戦果が報告された場合は、昼ならば日の丸の旗、晩には提灯を持って、みんなで学校から神社まで戦勝祈願をしに行った。(3) 食事の際も、みんなで「箸取らば　天地御代の御恵み　君（天皇）や親の御恩あじわえ、いただきます」という言葉を唱え、「学校に行けるのも兵隊さんのおかげだ」という軍歌を歌った。(4)

ところで、一九四二年の段階では、サイパンには約三四〇〇人の現地住民に加え、約二万七〇〇〇人の邦人（うち沖縄出身者約一万九〇〇〇人）と、日本軍の飛行場建設などのために募集され、連行された朝鮮人約一三〇〇人が暮らしていた。(5) 現地の人々は日本人とは別の学校に通っていたため、有銘氏はチャモロ・カナカの人々とはあまり付き合いはなかったが、六年生の時のクラスには、朝鮮人の同級生が一人いた。(6) 太平洋戦争が始まった後でも、軍隊が来るまでのサイパンでの生活は、「苦労した覚えはないくらい豊か」だったという。(7)

しかし、一九四三年九月にサイパンが「絶対国防圏」の中に位置づけられると、状況は変わっていく。一九四四年二月末には、ここに南洋群島の各部隊を統括する第三一軍司令部が置かれ、民間人を上回る日本兵約四万七〇〇〇名が派遣されたため、学校は軍隊のために明け渡されて「山学校」の状態となり、急激な人口の増加のために食糧難も起きることになった。(8) 加えて、サイパンに集められた日本軍は、サイパンに到着する以前に米軍の魚雷攻撃などによって損害を受けており、サイパン守備軍の主力となった二九師団は、ほとんど訓練を受けていない状態であった。また、米軍が上陸した当時、マリアナ諸島の軍施設は未完であり、パラオ方面の防備強化を急ぐために、第三一軍司令官はパラオへ出向していた。もともと準備が万全ではない中で、日本軍は六月一一日から始まった大空襲で壊滅的打撃を受け、一五日には島の南西から日本軍をはるかに上回る約七万人の米軍の来襲に遭ったのである。

日本軍は一六日に総反撃を試みるが、これは失敗に終わった。米軍上陸の報告を受けた大本営は、当初は兵力の増援を行おうとしたが、一九日から二〇日にかけてのマリアナ沖海戦は米軍の圧勝に終わり、日本は母艦航空兵力に壊滅的な打撃を受けた。制空・制海権を米軍に握られる中、大本営はサイパン奪回作戦を実施するのは困難と判断し、二五日にはサイパン島の放棄を決定する。進退窮まった日本軍は、七月七日に最後の総攻撃を敢行して「玉砕」し、この中で現地の住民や朝鮮人も含む多くの民間人が巻き添えとなった。(9) このような中で、有銘氏一家は戦場を三九日間にわたって逃げ惑い、お父さんと弟は戦争のために命を奪われた。

沖縄戦

捕虜になった有銘氏一家は、一九四六年二月までサイパンの収容所で生活し、沖縄に帰還する。その間、沖縄でもサイパンと同様に、日本軍の作戦に巻き込まれ、多くの民間人や連行された朝鮮人が犠牲となった。順を追ってみてみると、沖縄（と台湾）には、一九四三年頃から日本軍の飛行場が建設されており、翌年三月には南西諸島防衛軍として第三二軍が創設された。「皇土防衛と南方圏の交通の確保」のための防衛ラインと位置づけられた沖縄には、同年七月から九月をピークに中国大陸や日本本土から実戦部隊が次々と送り込まれ、それに伴う大量の物資の運搬を目的として、朝鮮半島からも「特設水上勤務隊」四個中隊（約二八〇〇人）が強制的に派遣された。実戦部隊の中には、朝鮮人学徒兵らも含まれており、兵士以外にも飛行場建設のために労務動員された朝鮮人や、「慰安婦」として連行された朝鮮人女性がいた。[10]

一九四四年一〇月一〇日には、フィリピンのレイテ島上陸作戦を前に、日本軍の援護を断ち切ることを意図した米軍により、南西諸島への大空襲（一〇・一〇空襲）が行われ、那覇の市街地の大半が焼失する。しかし、大本営はその翌月、第三二軍の精鋭と言われた第九師団を、新たな防衛拠点と定めた台湾に移動させることを決定した。兵力を削がれた第三二軍は、現地徴兵、防衛召集などを通じて県民の中から兵力を補充するとともに、作戦も大量の犠牲を伴う持久作戦（捨て石作戦）に変更せざるをえなくなった。

一方、米軍は既に一〇・一〇空襲の前から、台湾攻略を放棄していた。米統合参謀本部は、一〇月三日には、太平洋地域総司令部に対して「一九四五年三月一日までに南西諸島内で拠点を一つ、あるいはそれ以上占領するよう」発令し、翌年一月六日には、沖縄攻略作戦であるアイスバーグ作戦を立案した。[11]以後、作戦には数度にわたって修正が加えられ、一九四五年三月二六日からは、実際に米軍部隊が慶良間列島への上陸を開始、四月一日には沖縄島にも上陸する。その数は、陸軍や海兵隊を中心とする約一八万人であり、周辺海域などで支援した部隊を合わせると約五五万人と、太平洋戦争最大の規模となった。一方、対する日本軍は約一〇万人ほどであり、その約三分の一は補充兵力にすぎなかった。このような中で行われた地上戦により、日米合わせて二〇万人余りが戦没し、沖縄県民の四人に一人が亡くなり、戦場に動員された朝鮮人も多数犠牲になったとされる。六月二三日に牛島満司令官が自決した後も戦闘は続いた。沖縄で降伏調印式が行われたのは、日本本土よりも遅い九月七日となった。

以上のように、サイパンと沖縄での戦いの経過をたどってみると、どちらも大本営の軍事戦略のために基地化され、その後日本軍が派遣され、日本の戦略の読み誤りにより、戦争の中で多くの民間人の犠牲が出たという共通点があることが分かる。追いつめられる中で、集団自決（強制集団死）や朝鮮人・沖縄人がスパイ視されて虐殺される事件があったことも共通していた。このような「非人間的、非社会的」[12]な戦争を状況を少年時代に経験されたことが、その後の有銘氏の行動に大きな影響を及ぼすことになった。

二、土地の接収と基地化

嘉手納基地の建設

一九四六年二月に沖縄に帰還した有銘氏一家が目にしたのは、アメリカの占領下に置かれた沖縄の姿だった。戦火を逃れた住民たちは、島内に作られた米軍のキャンプに収容されている状況だった。徐々にキャンプから故郷への帰還が許されるようになっても、帰ってみると家が軍用地化されていたため、周辺地域に移住したり、キャンプの近くに留まったりする人も少なくなかった。有銘氏もしばらくは郷里である森根の空き地で農業をされていたが、いつの間にかそこには鉄条網が張り巡らされ、畑に行けなくなってしまったという。(13)

森根にある有銘氏の所有地は、父の政松氏が仕送りをしたお金で政松氏の弟（有銘氏の叔父さん）が買われた、特別な思いのある土地である。本来ならば、政松氏は有銘（政夫）氏が高等二年になるまでに沖縄に帰り、その土地に加え新たな土地を買って生活を始め、政夫氏は農林高校に入学させることを計画されていた。しかし、同じ時期に政松氏は食糧増産のために陸稲を作る農家に指定され、帰郷できないままサイパン戦の中で亡くなり、蓄えた財産も失われてしまった。叔父さんが買われた有銘氏の所有地は、嘉手納基地の第二ゲートから第三ゲートに抜ける大きな通りに面しているといわれる場所であるが、その一帯には米軍将校の住宅が立ち並んでおり、今は入ることもできない。(14)

そして、有銘氏だけではなく、その地域に住む人々は全て、米軍基地のために土地を奪われた。戦前の嘉手納町は北谷村の一部であり、字嘉手納を除いては純農村であった。沖縄製糖の分密糖工場や県立農林学校、青年師範、警察などがあり、沖縄県営軽便鉄道の終点でもあったため、中頭地域における文化、経済、教育の中心地となっていた。また、比謝川の河口にもあたるため、県下各地から家畜を積んだ汽帆船が比謝橋付近まで出入し、中頭郡における家畜の一大集散地としても栄えていた。

しかし、同村は沖縄戦の際に米軍の上陸地点となり、熾烈をきわめる集中砲火のために、「住家をはじめ、一木一草に至るまで」焼き尽くされ、焦土となったまま終戦を迎えた。[15]米軍のキャンプに収容されていた嘉手納の住民は、一九四七年頃から移動を許されるようになったが、一九四八年五月頃から米軍の飛行場管理が強化され、全面的に通行立入が禁止され、日常生活にも支障をきたすようになった。このため、嘉手納村は同年一二月四日に、北谷村から分村して独立することになる。[16]有銘氏は、米軍基地に追い出されたまま、戦後一度も自らの土地に帰ることができない状況について、「戦争難民という表現が正しいと思っている」と述べている。[17]

しかし、アメリカはこのような土地を奪われた人々の思いや状況には目もくれなかった。冷戦が深化する中、一九四九年五月には、米国政府内で沖縄における施設の長期的な保有及び沖縄とその付近の軍事基地の早期開発が決定され、基地建設が進められることになる。

「太平洋の要石」としての沖縄

第二、第三章では、有銘氏のご経験を中心に一九五〇年代から七〇年代にかけての沖縄の状況についてたどってきたが、ここでは復帰前の沖縄の米軍基地の位置づけの変化について、簡単に触れておきたい。

基地建設を開始した後でも、沖縄の台風被害や基地開発への懸念などから、当初米国政府内で沖縄の本格的な基地開発については疑問の声も上がっていた。しかし、その度に反対意見によって却下され、特に一九四九年一〇月の中華人民共和国（以下、中国）の成立及び翌年六月の朝鮮戦争の勃発は、沖縄を基地化する方向を決定づけることになった。(18) 以後、米軍は嘉手納基地を「極東最大の空軍基地」として重要視するようになっていく。

こうして、朝鮮戦争が継続する中で一九五一年九月にサンフランシスコ平和条約及び日米安保条約が締結され、翌年四月の両条約の発効により、沖縄は引き続き平和条約の第三条に基づきアメリカの支配下に置かれることになった。さらに、一九五二年から五五年にかけて、アメリカはオーストラリア及びニュージーランド、フィリピン、韓国、中華民国（台湾）との間に次々と相互防衛条約を結び、沖縄はこれらの条約の「要」とも位置づけられた。その後も基地の拡張・強化は進められ、一九六五年にアメリカがベトナム戦争に本格的に介入した際は、沖縄の米軍基地は出撃・補給基地として最大限に活用された。

このような中で、アメリカと相互防衛条約を締結しているアジアの国々も、沖縄の米軍基地を自国の安全保障にとって不可欠な存在と見なすようになっていた。特に、北朝鮮と対峙している韓国政府、中国と対峙している中華民国政府は、安全保障上の観点に加え、沖縄が自国と同様に大日本帝国の支配下に置かれた地域であるという観点からも沖縄に強い関心を寄せていた。一九六〇年代後半になり、日米間の沖縄返還交渉が本格化すると、両国は沖縄の基地機能の維持を求め、日米両政府に対して働きかけを行い、一九六九年に発表された佐藤・ニクソン共同声明の中には、両国の安全が日本の安全にとっても緊要・重要であるとした「韓国・台湾条項」が挿入される。逆に、両国と対峙している中国、北朝鮮にとっては、日本政府の合意のもと沖縄の米軍基地が復帰後も維持・使用されるのは望ましいことではなく、一九六九年の沖縄返還合意は、日米安保体制の強化とも映っていた。しかし、その後の米中接近の中で、中国側も日本の軍事大国化を防ぐ「瓶の蓋」としての米軍基地の維持に同意するようになり、冷戦体制を固定化するかたちで、沖縄の基地機能は維持されていくことになる。[19] 有銘氏を含む沖縄の人々の復帰後の闘いは、このような東アジアに作られた体制との闘いともなった。

三　復帰後の闘い

沖縄の施政権返還から四年後の一九七六年、有銘氏は沖縄県教職員組合（以下、沖教組）中頭支部委員長兼中部地区労働組合協議会（以下、中部地区労）議長に就任し、活発に平和運動・労働運動を繰り広げていく。この時期から、有銘氏の活動は新聞でもしばしば取り上げられるようになった。本節では、おもにこれらの記事を参照しつつ、反自衛隊闘争、反戦地主としての闘い、民主教育運動、反基地・平和運動、文化活動に分け、同時期の有銘氏の活動について跡付けてみたい。

反自衛隊闘争

七六年以降で有銘氏の活動が最も早く掲載されているのは、勝連半島にある海上自衛隊沖縄基地隊の発足三周年記念式典で基地が一般開放されるのを前に、沖教組中頭支部が式典の即時中止を申し入れたという、同年一一月の記事である。自衛隊の関連式典を容認した場合、児童生徒を含め一般の人たちが反自衛隊感情を和らげ、宣撫工作に乗ってしまうのを警戒したということが理由であった。[20]

自衛隊配備については第三章でも少し触れたが、配備の経緯についてもう少し詳しくみておくと、沖縄への自衛隊配備が計画されているのが明らかになったのは、一九七〇年一〇月の中曽根康弘防衛庁長官の来沖時であった。ただ、実際の配備が近づくに従って配備に反対する人が急増していったことなどから、復帰時の配備人数は当初の計画よりも縮小され、逐次配備というかたちで進められることになった。[21] 復帰時にＮＨＫが実施した「沖縄住民意識調査」によれば、一九七二年五月の時点で、自衛隊については賛成二八％に対し、反対六〇％、翌年四月の段階でも賛成二三％に対し反対六〇％というように、[22] 自衛隊に対する反対感情を持つ人が賛成よりも倍以上多かった。沖縄への配備は「沖縄進駐」あるいは「沖縄派兵」と呼ばれることもあり、一九七二年一二月に那覇市が施設内に居住する隊員の住民登録を保留したり、沖縄県自体が一九七九年まで国の機関委任事務とされる自衛官募集業務を拒否したりするなど、自衛隊に対する反感は全県的な広がりを持っていた。[23] しかし、保守系の西銘順治が一九七八年に知事となって、自衛官募集業務の受け入れが開始され、また自衛隊の段階的な配備も進み、令和三年現在では、約八二〇〇人の自衛官が沖縄で勤務している。[24]

また、後から振り返って書かれた記事ではあるが、一九八〇年一一月の「反基地・反自衛隊闘争」をテーマとした記事[25]によれば、中部地区労は七三年五月に開催された「若夏国体」への自衛隊チーム参加に対しても阻止闘争を行った。当時のコザ球場で行われる軟式野球競技に、ほとんどが自衛隊員からなる佐賀県の目達原《めたばる》チームが出場することが明らかになると、中部地区労はチームの練習時から阻止行動を行い、試合当日も球場の入り口や観覧席で、機動隊に排除されつつも抗議を続けた。このために、優勝候補だったこのチームはあっけなく負けてしまった。また、同年一〇月に勝連町のホワイトビーチに海上自衛隊が配備されることになると、開隊式のために二〇〇〇人が招待されたが、沖教組中頭支部は、中部地区労に呼びかけて約一〇〇〇人を動員して説得活動を展開し、招待された人たちも沿道で説得したため、開隊式への参加者は三〇〇人程度に抑えられたという。

さらに、中部地域の反自衛隊闘争で反響が大きかったものとして、沖教組中頭支部が提起した「基本的には自衛官の子弟の入学は拒否する」という闘いが挙げられている。(26) これについては、自衛隊基地がある北海道や長崎から抗議の電話が来るなど、否定的な反響もあった。有銘氏自身も、記事の中で「確かに教師である限り一般的には子どもたちを学校から排除するという論理はなりたちません。これは決して許されません、私も一般的にはそうだと思います」と述べている。しかし、そうであっても、「親の持つ心情やこういう抗議のできる状態などを総合的に判断し、なおそれでも教師であればやるべきだという結論に達し」たという。自衛隊配備の問題は、「〝教育以前の問題〟として大胆率直に、しかも反戦平和の教育を貫徹するためにどうしても避けては通れない問題」だと考えたためであった。筆者は、この〝教育以前の問題〟についてうまく説明することができないが、やはりこのような一見極端とも思える行動の背景に、どのような凄惨な戦場体験があったのか、そして戦後アメリカの統治下に置かれる中でどのような苦難があったのか、復帰後も変わらない基地負担や自衛隊の配備がどれほど耐え難いことであるのか、という背景を重ねてこの問題について考える必要があると感じる。

中頭支部は、その後も一九七八年一〇月に行われた自衛隊開隊記念式の際に阻止行動を行い、中頭支部の組合員を中心に五〇〇人が参加したとされている。[27] 中部地区労としても、一九七九年一二月の桑江朝幸沖縄市長の自衛隊祝賀会への出席に抗議したり、[28] 一九八七年二月の自衛隊訓練や、一九八八年二月の沖縄本島一周駅伝への自衛隊の参加に抗議したりするなどの行動が記事となっている。[29] 有銘氏に以前お話をうかがった際、「一番問題提起をしたのは沖教組中頭支部だ」とおっしゃっていたため、記事になっていない行動が他にも多くあったのではないかと思われる。

反戦地主としての闘い

また、一九七七年に五年間の時限立法である「公用地法」の期限が切れたことから、反戦地主としての闘いも本格化していく。反戦地主会の結成を援助し、これを財政的にも支えた復帰協は同年五月一五日に解散するが、このいわば後継組織として、解散以前に公用地法違憲訴訟支援県民共闘会議（以下、違憲共闘会議）が結成され、同年三月から公用地法違憲訴訟が提起されるのである。五月一六日に、上原太郎氏、照屋秀傳氏とともに那覇地裁で仮処分申請を行った有銘氏は、「戦争のために沖縄が犠牲になり、今なお米軍基地のために苦しまなければならない現実を、私は決して許すわけにはいかない。幸い私は基地内に一握りの土地を持ち、一貫して契約を拒否してきたが、この抵抗は戦車道建設を憎み実射訓練[30]に抗議する一県民の立場と全く同一だ。公用地法の期限が切れた現在、沖縄を軍事基地から解放するという原点に立ちかえって、沖縄闘争を構築しなければならない。仮処分はそのためのきっかけであり、単なる私一人の争いごとではない」と決意を表明した。[31]

この時、日本政府は公用地法に代わる新たな基地確保法を制定することを意図していた。公用地法に対し違憲訴訟が提起されたため、次は軍用地の確保を目的とした地籍明確化法を制定し、反戦地主の切り崩しを行おうとしていたのである。その対象地は軍用地に限定されており、地籍の確定は「集団和解方式」が取られ、和解成立によって地籍が明確化するまでは、これらの土地は軍用地として継続使用が可能となっていた。沖縄に戦争によって地籍不明地が多いことを利用したものであり、この法案に対しては沖縄県のみならず国会内の野党も反発した。野党はいったんは対象地を基地外にも広げ、地籍明確化法の附則により、公用地法の期限を五年から一〇年に延長することで妥協したが、七七年四月以降の反対運動の盛り上がりに突き上げられ、土壇場で再び抵抗したために、一五日以前に成立するはずの同法は、一八日にようやく成立した。このため、一五日から一八日にかけての四日間は法的空白期間が生じ、日本政府が反戦地主の土地を「不法占拠」している状態となっていた。[32]しかし、公用地法はさらに五年延長され、反戦地主の土地の強制使用は続いた。

その間、日本政府は既存の米軍用地特措法[33]を発動して強制使用を行うために、地籍の明確化作業を「かなり強引かつ杜撰な方法で」推し進めた。土地の位置・境界がはっきりしない場所は、各地主の所有面積の総面積に対する比率で土地を分配し、それに納得しない人がいても、周りの土地が全て確定すれば残った土地がその人の土地と特定できる、という論法で確定がなされた。[34]

一九八二年五月一四日に公用地法の期限切れが迫ると、日本政府は今度は米軍用地特措法を発動し、強制使用手続きを行うことになった。その中には県収用委員会が起業者、土地所有者双方から公開で意見を聞く「公開審理」が含まれていたために、有銘氏は長年にわたりこれに参加することになった(35)。公開審理は八一年八月から開始されたが、有銘氏に関しては、八一年一〇月に開催された第三回公開審査の際の意見陳述が記事となっている(36)。これについては記録が手元にあるため、そちらから引用することとしたい。

一七日の午前一〇時から那覇市のゆうな荘で開催された第三回公開審理に出席した有銘氏は、七人の県収用委員の前で、自己紹介に続き、以下のように立場を表明した。

私達の土地が戦争によってアメリカ軍に占領され、さらにアメリカの極東軍事政策の拠点にするために、ブルトーザー［原文ママ］と銃剣で強奪され、再び朝鮮戦争、ベトナム戦争の侵略に使われ、又最近ではさらに、三度目のあらたな戦争準備のために強制的に収用されようとしているわけです。私たちは日本国憲法が示しているように、絶対平和主義の立場に立つものとして、一切の戦争準備には反対であります。

そこで、軍隊、軍事基地、軍事演習に対しては、絶対に容認できないし、さらには、憲法で保障される私有財産権を守り抜く立場を明らかにするために、一切の土地収用や軍用地の接収には反対をする立場から具体的な事例をのべながら意見を述べていきたいと思います(37)。

ここには、有銘氏の「否戦」という考え方が明確に示されている。その後には、有銘氏がこれまで経てこられた米軍施政下の状況や、復帰後の基地の変化、そして地籍明確化法の「集団和解方式」によって反戦地主が置かれている苦境、切り崩しのための防衛局の悪辣なやり口が詳細に語られている。ここでは紙幅もあるため全て引用することはとてもできないが、一つ特記すべき部分は、集団和解方式の名の下で境界線を云々というかたちで隣接地主、親戚などを使って攻撃が仕掛けられる中、大きなものにはどうにもならなくて契約した人たちも、じっくり話していると、「説得をしにきたはずの人たちが『本当はあんたたちの気持の様になりたいんだけれども、私たちはいろんな形でできないだけだよ、これだけ言ったけれども誤解はしてくれるな』、ということを残して帰って行く」と述べておられることだ。[38]「同じ沖縄に生を受け、同じ戦争を体験し、今でも心の底では戦争を憎み、そして歯をくいしばって生き抜いてきている」人たちを、戦争準備につながる土地を確保するために様々な嫌がらせによって分断しようとしてきたのが日本政府のやり方であった。有銘氏は最後に、「私達は、誰に何といわれようとも、どういう様な仕打ちをうけようとも最後まで、反戦平和の信念で一切の戦争準備に加担することなく闘い抜く」決意を再びはっきりと表明し、陳述を終えている。[39]

実際に、有銘氏はこの言葉の通り、その後も反戦地主として闘い続けてこられた。米軍用地特措法の発動によって、日本政府は一九八二年五月一五日から八七年五月一四日まで、反戦地主の土地に対する五年間の強制使用権原を得たが、その後も強制使用を続けるため、八五年八月五日には那覇防衛施設局長が沖縄県収用委員会に対し、今度は反戦地主の土地を二〇年間強制使用するための採決申請を行った。これは大きな反発を呼び、中部地区労も九月の定期大会で抗議決議を採択した。[40]八六年二月から始まった第一回目の公開審理の会場には、八〇〇人という五年前の一〇倍以上の人々が集まった。続く審理でも防戦一方となった県収用委員会は、一一回で公開審理を強引に打ち切り、翌八七年二月二四日に、九七年五月一四日までの一〇年間強制使用の裁決を行った。[41] 次回の期限切れの際の闘いは、全国的にも注目を集めることとなるが、それについては後述する。

民主教育運動

次に、沖教組中頭支部での活動を中心に、民主化・教育活動（民主教育運動）について確認したい。まず、一九八〇年代初めには、一九七六年から文部省が導入しようとした主任制を、沖縄で実施することが問題となった。主任制は、「調和のとれた学校運営を目指し、学校における教育指導の充実を図るため」のものとされたが、校務を分担する必要な職制（教頭、教務主任、学年主任、教科主任、生徒指導主任など）の管理上、指導上の職制を確立しなければならないとされていたため、「学校における管理運営体制の強化を図るものであり、学校運営の中に上命下服の命令体制を持ち込むもの」だとして、日教組などを中心に主任制反対闘争が起きていた。[42] また、当時屋良県政下にあった沖縄では、七六年二月に県教育長と沖教組・高教組各委員長の間で、現場職員及び教育団体の合意なしに一方的には実施しないという協定書、確認書が締結され、実施は見送られていた。[43] 屋良の後継者として平良幸市が知事となった後も、主任制が実施されることはなかった。

しかし、七八年一〇月に平良知事が病気で辞任し、一二月に行われた沖縄県知事選で保守の西銘順治が当選すると、状況は変わった。一九八〇年四月の段階で、沖縄県が全国で唯一の主任制未実施県となると、沖縄県教育委員会は一〇月からの実施を発表し、翌年四月には沖教組・高教組の反対にもかかわらず、実施を強行するのである。(44)

これに対し、沖教組中頭支部及び中部地区労は、数度にわたって県や市の教育委員会に申し入れを行い、八〇年一〇月の第二七次沖教組中頭支部研究集会では、「主任制・教育課程を職場でどう闘うか」を統一テーマとして議論を行った。読谷補助飛行場での米軍のパラシュート降下訓練機の爆音が鈍くとどろく中での開催となり、取材した記者は「基地公害に悩まされる中頭支部の教育現場の実態を象徴しているようにみえた」と記している。(45)一一月には、今度は中部地区労で主任制に関する学習会が開催され、一五〇人が参加した。(46)

翌年四月に主任制実施が強行されると、有銘氏は「四・一〇スト突入中部地区総決起大会」の主催者となり、約二〇〇〇人が主任制に抗議した。(47)その後、沖教組中頭支部でも継続的に主任制に抗議する行動が続けられ、七月には沖教組の支部として初の単独の「主任制断固阻止中頭支部総決起大会」が急遽開催されている。この段階で、五三市町村のうち既に二四市町村が規則を改正したが、実際に実施に踏み切ったところはなく、県教育庁が早期実施を積極的に指導している状況であったため、これに対抗しようと開かれたものだった。大会では、幼稚園部会の津波敏子部長が「この歴史的な闘いを勝利させるため、わたしたちはいささかもひるむことなく勇気をもって前進しよう。沖教組中頭支部の二六〇〇人の組合員は非常事態に備え、総力をもって主任制を断固阻止していくことを宣言する」との非常事態宣言文を読み上げ、会場に集まった約一五〇〇人の組合員が越来小学校前までデモ行進を行った。(48)最後には行政側の秘密会議によって実施が決定し、押し切られてしまうことになったが、一部では管理職として支給される手当を返還するなどして抵抗が続けられた。[49]

また、一九八〇年七月頃から教科書検定をめぐる論議が高まり、自民党が教科書問題、学制、教育基本問題、高等教育、教員に関する小委員会を設置して「戦後教育の見直し」を行っており、日教組や社共両党は反発を強めていた。[50] 沖教組中頭支部でも、これに対抗する取り組みを始め、まず八一年八月一六日から二三日の八日間にわたって、中頭教育会館で「第一回教育関係図書展示即売会」を行った。対象となった本は、幼児教育、国語、算数などの各教科、教育一般、教育制度・政策、その他教科などに沖縄関係図書を加えた約一〇〇〇冊であった。沖教組中頭支部では以前から積極的に自主編成講座、教育実践講座や父母を対象とした教育講演会などを開いており、その中で教師たちから「自主編成運動を促進していくための基礎資料が必要だ」という声が上がったため、直接的にはこれに応えようとして開催された。ここでは、「(自民党が)教科書の反動的統制強化をねらい、ひいては〝国定化〟さえ目論む」危機的状況の中で、「教育や教科書への偏向攻撃に抗していくためには、自主編成運動を一段と強化していく必要がある」という立場も示されている。[51]

図書の展示即売会については、少し前に行われた自主編成講座の説明会で、有銘氏が記者に対し「教師の質を高めるいろんな講座や講演会は他地域に劣らず活発だ。だがマスコミがこれを取り上げてくれないので、一般父兄から民主化運動ばかりやっているとの誤解した電話をもらったりする」と嘆いてみせた効果があったのか、[52] 琉球新報、沖縄タイムスともに数度にわたって取り上げた。有銘氏も、開催期間中は「あんたは図書展示会を見ましたか」と会う人ごとに誘いをかけて懸命に呼び込みを行い、「手を引っ張ってでも連れて行きそうな気配だった」と取材した記者が書くほどだった。[53] 内容については「非常に好評」であり、一九八三年一月、一二月にも同様の展示会が開催されたことが記事となっている。二度目の場合は、教育、沖縄関係及び平和教育児童図書など六〇〇点の本が陳列された。主催者の意図は、「図書を買う、買わないは別として、どのような平和教育児童図書、教育、沖縄関係があり、それをどのように生かすか、あるいは今後の図書購入計画の参考にしてくれるだけでもよい。ＰＴＡ、一般住民に紹介したい図書を中心に集めてある」ということだった。新刊書も多く取り揃えられており、「これからの図書購入の在り方、父兄として何を読まなければならないか―など参観者に大きな示唆を与えそう」と記者が感想を述べている。(54)

この教科書問題は、一九八二年には国際問題にまで発展することになった。同年六月に、文部省が教科書検定に際して、日本のアジア「侵略」を「進出」と修正させたと報道され、中国、韓国がこれに抗議したためである。当初の報道には間違いもあったが、中国や朝鮮半島に関する内容だけでなく、沖縄戦時の日本軍による住民虐殺についての記述も削除されていることが明らかとなり、出典とされた聞き取りの成果である『沖縄県史』が一級資料ではないと評価されたため、沖縄でも大きな問題となった。(55)

八月に開催された中部地区労第一〇回定期大会では、沖教組中頭支部が緊急動議として「教科書検定制度に反対し『住民虐殺』記述の全面削除に対する抗議決議」を出し、採択された。記事によれば、決議の内容は「(住民虐殺の全面削除は)政府・自民党が進めている軍事大国路線と軌を一にし、教科書検定の強化は軍国主義復活につながる」とし、「再びあのいまわしい戦争を繰り返さないためにも子どもたちに住民虐殺を歴史的事実として正しく伝え、今回の削除を撤回、復活を要求」するものであった。(56) その後、中部地区労は「民主教育をすすめる沖縄県民会議」に呼応し、九月一三日には午後六時から沖縄市胡屋の一番街で「教科書からの県民虐殺の削除」に反対する署名運動を行うとともに、チラシ二〇〇〇枚を配布した。有銘氏は宣伝カーを繰り出して「教科書からの県民虐殺の削除」の実態などを訴え、通行人の多くが呼びかけに応じて快く署名していたという。(57)

また、全県的にも検定への抗議、住民殺害記述の復活を求める運動が起こり、保守が多数を占める県議会も全会一致決議で抗議したため、記述は修正されることとなった。ただし、日本軍との共生共死に重点を置こうとする国民史をめざす文部省は、翌八三年の改定検定では「住民虐殺」だけではなく、「集団自決」の記述を加えるよう修正意見を付し、一般住民が直面した戦争の悲惨な現実を重視する沖縄側との考え方の違いが鮮明となった。(58)

これ以降、沖縄では八三年一二月八日に、「子どもたちにフィルムを通して沖縄戦を伝える会（通称・沖縄戦記録フィルム一フィート運動の会）」が設立されたり、八二年にひめゆり同窓会総会でひめゆり平和祈念資料館建設が決定され、八九年に開館するなど、沖縄戦のさらなる伝承への試みや、より詳細な実態調査が行われるようになっていく。(59)

このような中、有銘氏自身も、一一月には沖教組中頭支部主催の第一回「基地と戦跡めぐり」を実施している。これは「米軍上陸の中頭から宜野湾市嘉数高台、首里、南風原、沖縄戦終焉の地・糸満市摩文仁まで」、五〇人余りの教師が沖縄国際大学の石原昌家教授の案内で、丸一日がかりで軍事基地の実態や沖縄戦の跡をたどるというものであった。参加者のほとんどは戦争を知らない戦後世代であり、人数を限って実施された。有銘氏はこの意図について、「じっくり基地、戦跡を巡り、沖縄戦、戦争の本質を知り、自らのものにしてほしかったから。一人一人が成果を学校現場での平和教育の実践に生かしてもらいたい」と語った。[60] 同様の試みは、翌八五年にも実施されており、同年六月二三日には教師を対象とした「六・二三教育講演会」も実施された。[61] また、六月二九日には、中部地区労の第一五定期大会が開催され、ここでも県教育長、文部大臣宛てに、「教科書検定による『沖縄戦』記述削除に抗議し、その復活を要求する決議」が全会一致で採択されている。[52]

沖縄戦に関する教育だけでなく、有銘氏は教育に実践的に役立つ先進的な取り組みも多く行われた。八二年の一二月に初の自主編成授業研究会（組織教研での自主編成運動の成果と教科研究推進委員会の二年間の研究成果を全組合員に公開し、教科実践に生かそうとするもの）を実施したり、[63] 沖教組で初めて八四年に運動会や学習発表会などで子どもたちが楽しく取り組める集団活動を目指した「小学校集団づくり研究会」を発足させたりといったものである。[64] また、同年五月には、教育総合誌「ひと」（太郎次郎社刊）を中心としたユニークな研修会「ひと塾」を初めて沖縄で開催した。これは戦後の民間教育運動の中で生まれた授業実践の再検討、楽しい授業をどう作っていくかをテーマにしたものであり、他府県から一五〇人、沖縄から二五〇人が参加する大規模なイベントとなった。[65] 八五年の一〇月に採用三年以内の教師、補充教師、教育実習生を対象とした四日間の「研修講座」を初めて開催するなど、[66] 若手の教員への配慮も忘れなかった。

ところで、有銘氏はこの時期は「カラオケに〝熱〟をあげて」おられたということも、琉球新報の「いっぷく」の記事となっている。[67] 中でも得意とされていたのが、沖縄戦後に捕虜収容所で作られたとされる反戦歌、「屋嘉節」であった。当時の雰囲気が伝わるかと思うので、記事を全文引用する。

最近、カラオケに熱をあげているのが沖教組中部〔原文ママ〕支部の有銘政夫委員長。琉球民謡の部でかなりのレパートリーを持っていると仲間のうわさ。
その中でも得意としているのが「なちかしや沖縄」で始まる「屋嘉節」のようだ。酒座の度に同支部事務局職員は〝耳にタコ〟ができる程この歌を聞かされ、少々〝飽食気味〟だという職員もいるとのこと。有銘委員長がマイクを握ると「琉球民謡のオンパレード」となるらしい。コンビを成す山城成剛副委員長は、完全にあきらめてしまったのか、聴き役に回っている様子だ。酒座で難しい話はよそう―との配慮で、皆を歌う雰囲気に連れ込んでいるのだ―との説もある。さる一二日、山城副委員長や支部事務局職員と杯を交わしていた有銘委員長は「中部は車のチューブのようなもの。ふくらます人がしっかりすれば、沖縄一の住みよい町になる」といいながら、マイクを握り、琉球民謡を歌っていた。(68)

有銘氏のもう一つの十八番としては、「艦砲ぬ喰ぇー残さー」（一九七一年、比嘉恒敏氏作詞作曲）がある。こちらは沖縄の戦中、戦後を歌った反戦歌であり、初めて聴いた時は「まさに自分たちの家族の戦争を歌ったものではないか」と思ったという。その後、組合の集会や、大阪などの教師との交流でこの歌を歌い、歌に込められたウチナーンチュの思いを伝えようとしてこられた。ジュークボックスがはやり始めた頃は、この歌ばかりリクエストされていた。レコードを一〇〇枚ほど買い込んで、大阪から来た交流団に渡したこともあったという。(69)

そして、「沖縄一の住みよい町」にするための別の努力の一つが、次に見る反基地・平和運動であった。

反基地・平和運動

有銘氏が展開された反基地・平和運動について確認する前に、同時期の日米安保体制の見直しについて触れておきたい。日本では一九七六年以降、福田赳夫、大平正芳、鈴木善幸と頻繁に首相が交代していたが、一九八二年一一月末に中曽根康弘政権が成立して以降、八七年一一月まで長期政権が続くことになる。この間、一九七〇年代の米中接近、米ソデタントにより冷戦構造が大きく変容し、世界が多極化に向かっていく中で、日本政府内では日米安保体制の立て直しを模索する動きが出てきていた。三木武夫政権期に、防衛力の規模を限定する一方、安保体制の「信頼性の維持及び円滑な運用態勢の整備」を重視した「防衛計画の大綱」が策定され、続く福田政権期の七八年一一月に、「日米防衛協力のための指針」(七八ガイドライン)に合意がなされる。これは侵略を未然に防ぐための協力として①防衛力の整備、②在日米軍基地の安定的・効果的運用、③米軍による核抑止、④共同作戦計画の研究と共同演習・共同訓練などを掲げたものであったが、これ以降、日米防衛協力の柱として日米合同演習・訓練が行われるようになり、(70)これが沖縄の人々の生活に大きな悪影響を与えることになった。

西銘保守県政が発足した一九七九年八月、約二週間にわたって沖縄島と周辺海域で、米第七艦隊と第三海兵水陸両用車による合同上陸演習が行われた。兵員約四万人が参加する在日米軍としては最大の軍事演習と言われ、自衛隊も前年に策定されたガイドラインに沿ってこれに参加していた。翌八〇年には、自衛隊の軍事的活動の活発化を反映し、一月には自衛隊那覇基地でミサイル爆発事故が起こり、六月にはF104戦闘機の炎上事故が発生した。そして、翌八一年九月には、沖縄周辺海域で初の大規模な日米合同演習が行われることになる。(71)

この直前の八月から、嘉手納基地周辺の労働組合、民主団体の間では、一九七八年に有銘氏を中心として結成された「嘉手納基地爆音防止共闘会議準備会」を再建、強化して爆音公害訴訟をしようという話が持ち上がっていた。(72) 実際に、翌月二六日に「嘉手納米軍基地爆音防止住民共闘会議」が結成され、八二年二月には、嘉手納基地周辺の住民六〇一名が、夜間飛行の差し止めと損害賠償を求め、嘉手納基地爆音訴訟を提訴した。住民共闘会議の結成時には、中頭教育会館ホールが会場となり、嘉手納、北谷、読谷、沖縄、具志川、石川の六市町村の住民と中部地区労、沖教組中頭支部、自治労、全駐労、全逓、全電通、中頭郡青年団協議会、婦人会など中部ブロックの労組、民主団体の代表者約二〇〇人が参加し、有銘氏も労組代表の一人として「米軍当局の傍若無人の爆音被害を黙って見逃すことはできない。この共闘会議の輪をさらに大きくして反戦平和の立場から闘い抜いていく」との決意を表明した。(73) 詳細は触れることができないが、嘉手納爆音訴訟団の原告の数は、第二次訴訟では五五四〇人、第三次訴訟は二万二〇四八人と増加し続け、二〇二二年一月から、過去最大規模となる三万五五六六人による第四次訴訟が始まった。

その後、中部地区労は爆音防止共闘会議や護憲反安保県民会議、原水協などとも協力しつつ、「米軍のわずかな事故も見逃すまいと」(74) 闘いを組んでいくことになる。一九八〇年代に取り組まれた有銘氏が関係する基地関係の闘いは、新聞に掲載された見出しを拾ってみると、次の表のようになる（沖

「原子力艦入港に抗議の決議 / 中部地区労」『沖縄タイムス』1980/3/28 朝刊
「Ｐ３Ｃ機から落下か / 県道で見つかった「ソノブイ」/ 投下口に常時積載 / 散乱地点は飛行コース / 沖縄市、米軍に抗議へ」『琉球新報』1981/8/26 朝刊
「Ｂ５２は出て行け / 原水協と中部地区労が抗議集会」『琉球新報』1982/7/30 朝刊
「ごう音の中で抗議集会 / 基地撤去を再確認」『琉球新報』1983/4/29 朝刊
「事故続きに怒り爆発 / 嘉手納爆音共闘集会で抗議決議」『琉球新報』1983/6/7 朝刊
「米軍ヘリ不時着事故 / 中部地区労協が抗議集会 / 基地ある限り事故が」『沖縄タイムス』1983/7/9 夕刊
「共同訓練やめろ！ / 中部地区労護憲反安保 / 嘉手納で抗議集会 /〝軍拡〟に歯止めを」『沖縄タイムス』1983/9/29 朝刊
「米韓演習に抗議 / 嘉手納基地向けて気勢 / 中部地区労護憲反安保」『沖縄タイムス』1984/3/17 朝刊
「抗議集会のさ中次々飛来 B52/〝１６年前忘れない〟/ 吉浜町長即時退去を要求」『琉球新報』1984/10/25 朝刊
「「基地撤去以外ない」/ 中部地区労と原水協 / 抗議集会で怒り爆発」『琉球新報』1984/11/13 朝刊
「F4 など移駐許さん / 中部地区労が抗議集会」『沖縄タイムス』1985/2/28 朝刊
「「沖縄戦」削除に抗議 / 沖教組中頭支部の定期大会 / 米軍事演習中止も要求」『琉球新報』1985/6/30 朝刊
「中部地区労組協 / タンク増設に抗議 /〝いまに黙すれば永久に〟」『琉球新報』1985/9/1 朝刊
「日米共同訓練に抗議 / 中部地区労 /「一切の暴挙を許すな」」『琉球新報』1985/9/14 朝刊
「２０年強制使用に抗議 / 中部地区労の定期大会」『沖縄タイムス』1985/9/29 朝刊
「ニアミスに米軍へ抗議」『沖縄タイムス』1985/12/25 朝刊
「在比米軍機嘉手納移駐許すな / 中部地区労が抗議集会」『沖縄タイムス』1986/2/22 朝刊
「KC１３５のエンジン火災事故 / 基地脅威に我慢も限度 / 中部地区労が抗議集会」『沖縄タイムス』1986/6/1 朝刊
「A４スカイホーク / 嘉手納移駐やめろ / 中部地区労が抗議集会」『沖縄タイムス』1986/8/6 朝刊
「日米共同訓練やめろ！ / 中部地区労 / 怒りの抗議集会開く」『琉球新報』1986/8/17 朝刊
「原潜寄港を糾弾」『沖縄タイムス』1986/8/20 朝刊
「黒い巨体に怒り渦巻く/Ｂ５２「飛来は核ならし」/ 嘉手納町議会きょう抗議決議」『琉球新報』1986/10/4 朝刊
「静かな夜を返せ！ / 原水協と中部地区労 / Ｂ５２飛来で抗議集会」『琉球新報』1986/12/2 朝刊
「護憲反安保中部地区労 / 自衛隊の訓練に抗議 /「宣ぶ工作だ」と糾弾」『沖縄タイムス』1987/2/17 朝刊
「米韓合同演習反対 / 中部地区労が抗議」『沖縄タイムス』1987/2/20 朝刊
「嘉手納 / ハリアー飛来許さんぞ！ / 中部地区労 / 緊急抗議集会で気勢」『琉球新報』1987/3/18 朝刊
「「欠陥機は帰れ」/F１５墜落で抗議集会 / 中部地区労」『琉球新報』1987/5/21 朝刊
「新たな爆音公害許さん！ / 中部地区労が抗議集会 / Ｆ16 移駐」『琉球新報』1987/7/11 朝刊
「ＫＣ１０大挙飛来 / 爆音禍日増しに / 中部地区労が抗議集会」『沖縄タイムス』1987/7/22 朝刊
「緊急抗議集会開く / Ｂ５２飛来で労組、民主団体」『琉球新報』1987/7/26 朝刊
「一挙に噴出した基地被害 / 次々飛び立つＦＡ１８/ 中部地区労きょう緊急抗議集会」『琉球新報』1987/7/29 朝刊
「爆音共闘などが大会 / 本土での曲技飛行禁止協定 /「沖縄にも適用せよ」/7 日の訓練抗議」『琉球新報』1987/10/3 朝刊
「基地沿いで８０人が抗議 / 嘉手納爆音阻止住民共闘」『沖縄タイムス』1987/10/8 朝刊
「「人殺し訓練やめろ」/ 中部地区労 / 爆音にこぶしで抗議 / 日米共同訓練」『琉球新報』1987/12/6 朝刊
「Ｂ52 飛来 / 嘉手納町議会きょう抗議決議 /” 台風避難” に怒りの声 /「核慣らし」と住民反発」『琉球新報』1988/1/12 朝刊

「「音楽会は宣ぶ工作」/ 海自まつり中部地区労が抗議集会」『琉球新報』1988/2/13 朝刊
「労組員こぶしの抗議 / 沖縄本島一周駅伝自衛隊参加反対で集会」『琉球新報』1988/2/20 夕刊
「Ｆ４移駐に抗議集会 / 中部地区労」『沖縄タイムス』1988/3/25 朝刊
「滑走路補修は移駐（スカイホーク）の口実 / 中部地区労が抗議集会」『沖縄タイムス』1988/5/7 朝刊
「Ｆ１６の嘉手納移駐で抗議 /－中部地区労－」『沖縄タイムス』1988/5/26 朝刊
「嘉手納 / 演習激化に抗議 / 中部地区労が糾弾集会」『琉球新報』1988/6/17 朝刊
「曲技飛行など抗議 / 中部地区労、嘉手納基地で」『沖縄タイムス』1988/7/8 夕刊
「ホーネット移駐で抗議集会開く /＝中部地区労＝」『沖縄タイムス』1988/7/12 朝刊
「中部地区労が抗議集会 / 米軍統合演習」『沖縄タイムス』1988/8/20 朝刊
「中部地区労が集会 / 戦術偵察機の飛来に抗議」「琉球新報」1988/9/17 夕刊
「きょう、読谷村皮切りに中部地区連鎖集会 / 軍事演習激化を糾弾 / 来月１２日に全体大会」『沖縄タイムス』1988/9/21 朝刊
「Ｆ１６移駐、スパイ機飛来を糾弾 / 嘉手納町で中部地区労 / 抗議集会開く」『沖縄タイムス』1988/10/28 朝刊
「米合同演習に抗議 / 護憲反安保と中部地区労」『沖縄タイムス』1988/12/3 朝刊
「在比Ｆ１６の嘉手納移動 / 米軍を追い出せ / 中部地区労が抗議集会」『沖縄タイムス』1988/12/20 朝刊
「催涙弾ガス事件 / 人命軽視を糾弾 / 中部地区労 / 米軍司令部前で集会」『沖縄タイムス』1988/12/29 朝刊
「平成幕開けに原潜寄港 / 県原水協と中部地区労平和に逆行と抗議」『沖縄タイムス』1989/1/10 朝刊
「Ｆ１５が急上昇飛行 / 中部地区労 / きょう緊急抗議集会 / 嘉手納基地」『琉球新報』1989/2/15 朝刊
「１００人が抗議集会 /「チームスピリット１９８９」で / 嘉手納」『琉球新報』1989/3/15 朝刊
「きょう抗議集会ＣＨ５３墜落で / 宜野湾市民の会、中部地区労」『沖縄タイムス』1989/3/24 朝刊
「Ａ４飛来で中部地区労 / きょう抗議集会」『琉球新報』1989/5/19 朝刊
「Ｆ１６機飛来に抗議 / 中部地区労の６０人が参加」『琉球新報』1989/8/31 朝刊
「B５２飛来で嘉手納町 / 台風避難でも「ノー」/ きょう臨時議会開き抗議」『琉球新報』1989/10/3 朝刊
「中部地区労が抗議集会 /Ｂ５２機飛来を糾弾」『琉球新報』1989/10/25 朝刊
「現地運用態勢演習に抗議集会 / 中部地区労」『琉球新報』1989/11/30 朝刊
「ビーチクレスト９０/ 無謀な演習やめろ！中部地区労が抗議集会」『沖縄タイムス』1989/12/7 朝刊
「中部地区労が緊急抗議集会 /Ｂ５２の嘉手納基地飛来で」『沖縄タイムス』1989/12/27 朝刊

縄タイムス三一件、琉球新報三〇件。内容が重複するものは一紙のみ記載）。その数の多さに驚かされるが、これはどれほど米軍基地が傍若無人に使われており、多くの爆音被害や県民の命を脅かす事件・事故があったかということを反映してもいる。

この時期、日本では中曽根康弘政権、アメリカではレーガン政権が小さな政府や民間活力を標榜し、財政面から福祉政策や社会保障に厳しい政策をとる一方で、対ソ強硬姿勢をはじめ、軍事力に重点を置いた対外政策を実施していた。韓国でも軍人の全斗煥が

政権を握っていた。このような中で、沖縄では自衛隊も参加する在沖米海兵隊と第七艦隊による大規模な上陸演習（一九八三年六月）、米太平洋軍による那覇空港の民間機の離着陸を規制した大規模な航空機戦闘訓練（一九八五年一一月）などが行われた。ベトナム戦争終結によりいったん沖縄から撤退し、八四年に再配備された米陸軍特殊部隊（グリーンベレー）が、読谷補助飛行場で頻繁なパラシュート降下訓練を行ったり、八五年三月に米海兵隊が沖縄配備の全火砲を核砲弾発射可能なM一九八型榴砲弾に転換するといったこともあった。[75] 軍事力の強化が進む中、一九八七年一月一七日に、どちらかといえば保守的な山村である沖縄島北部国頭村で、村民が米軍演習場内への垂直離着陸戦闘機ハリアーの離発着場の建設に反対し、演習場内に進入して米海兵隊と衝突し、建設工事を中止に追い込むという事件も起きた。また、同年六月には、約二万五〇〇〇人の人々が嘉手納基地に集まり、周囲一七・五キロの基地を完全に包囲するという初めての嘉手納基地包囲行動が実施された。

また、一九七六年に開始された米韓合同演習（チーム・スピリッツ）は、最大時には参加兵力二〇万人を超える世界有数の規模の演習が毎年一か月間にわたって繰り返されるものであったが、一九八三年にはそれまでで最大規模の演習が行われた。その翌年から、南北間に一時対話ムードも出てきたため、中部地区労は在日朝鮮人総聯合会沖縄県本部のキム・スソップ（金洙燮）氏などとともに、二月に米韓合同演習に反対するためにビラを配布した。[76] 翌三月一六日には、中部地区労と護憲反安保が共同で、嘉手納町屋良の通称サンパウロ・ブラジル公園（安保の丘）で「米韓合同演習反対抗議集会」を開き、昼食時間帯であったにもかかわらず、自治労や高教組などから約一〇〇人が参加した。有銘氏は、この時の挨拶で「巨大な基地を見る度に強い怒りを覚える。（中略）今回の演習には嘉手納基地からも多数の軍用機が参加するが、舞台となる韓国でも国民の多くはこの無謀な演習を認めていないはずだ。私達も人殺しのための演習に強く反対しよう」と訴えた。[77] 米韓合同演習に対しては、翌年以降も抗議活動が続けられている。

抗議活動だけでなく、八七年七月には、中部地区労と日朝連帯委員会の共催で、政治犯釈放など要求する「韓国民衆との連帯講演会」も開催された。[78] これは基地問題とは関係はないが、同年六月に韓国で盧泰愚大統領が民主化宣言を発表したことに触発されて開催されたものだと思われる。基地の存在を通して、軍事的に結びつけられている朝鮮半島の民衆の存在が視野に入っていたことも、開催の背景にあったのではないだろうか。

文化活動

また、上記の講演会のように、有銘氏は抗議活動だけでなく、様々な文化活動にも積極的に取り組まれてきた。例えば、沖教組中頭支部で年一回開催している文化祭がある。中でも、発足一〇周年となった一九八三年二月二四日から二六日まで開かれた文化祭は、例年になく力が入った。テーマは「仲間たち、響き合う活力で明日を拓こう！」であり、大きな目的は、①組合員の結束、地域との連帯の強化、②民主的な文化活動の活発化、郷土民族芸能文化の正しい継承、発展を図り、あわせて創造活動を促進することであった。二四、二五日は中頭教育会館での展示発表会、二六日が沖縄市民会館での舞台発表であり、一〇周年記念ということで、舞台発表は通常の連合分会単位ではなく、支部を一単位としての中頭の全教職員あげての挑戦となった。また、幕開けの古典音楽合奏にコザ小学校の児童五〇人が賛助出演するほか、中城小学校、読谷中学校、嘉手納中学校の児童生徒で編成するジュニアオーケストラが出演するなど、師弟一体となった舞台づくりが取り組まれており、地域に根差した生きた文化創造・教育という点でも関心が寄せられた。準備の様子を取材した記者は、「中頭はじまって以来のスケールのでっかい、そして師弟の楽しい文化祭の舞台が見られそうだ」と期待している。(79)

そして、実際の文化祭の様子であるが、作品展示は、書道、絵画、写真、生け花、手芸、盆栽、彫刻、骨とう品など九八〇点余が展示され、好評であった。二六日に行われた舞台発表は八曲ずつの二部に分けられ、古典音楽の「かぎやで風」に始まり、かせかけ、踊いクワディーサなどの幕無しの新しい試みによる六〇人の琉舞、海勢頭豊氏の曲「ハイビスカスの幻想」にのせた創作ダンス、二〇〇人による「フィンランディア」のなどの合唱と、盛沢山の内容であった。有銘氏は挨拶において「沖縄の誇りある民族芸能・文化をこよなく愛し、さらに継承発展させることが沖縄の将来と子どもたちの未来に大きな希望と勇気を育む力になることを信じ、今後ともあらゆる機会をとらえ、積極的な文化活動を推進したい」と述べている。この場には北は恩納、南は西原までの各学校現場の教職員も参加していた。(80)

その他、主だった活動について挙げてみると、まず一九八〇年の四月には「金城氏の移動彫刻展を成功させる準備会」の実行委員長に就任し、彫刻家の金城実氏の「戦争と人間」展を開催されている。この彫刻展は、二五日の沖縄市を皮切りに県内各地で開催された。(81)また、有銘氏は一九八四年七月には、金城氏と二人でアイデアを練り、しっくいと鉄筋、接着剤を使った独特のシーサーも制作してもらっている。これは縦六〇センチ、横五〇センチの大きさで、ギョロッとした目や前面にそった角を持っており、反戦・反基地の意味を込め、有銘氏の自宅に基地の方角に向けて据えられた。有銘氏は早速中部地区労や沖教組中頭支部の書記局員を招いて「シーサーを讃える会」を開き、ヒージャー汁をすすり、泡盛をくみ交わしながらシーサー談義に花を咲かせた。ここでは書記局員らで結成する古典音楽同好会メンバーが祝いの曲を奏で、〃カリー（乾杯）〃づけとなったという。[82]

また、一九八一年一二月には、郷土の作曲家、普久原恒勇氏の詩曲「響＝とよむ」を聴きたいという人たち一六九人で構成した「響公演実行委員」の世話人代表の一人となり、八日に沖縄市民会館大ホールでの公演（再公演？）を実現・成功させた。会場には音楽ファンが一〇〇〇人余りもつめかけ、出演者四七人も〃普久原音楽〃の素晴らしさをいかんなく発揮し、聴衆は指笛・拍手でこれにこたえたという。[83] 普久原氏は、琉球民族楽器を主に編成した大管楽器・詩曲民族音楽作品を特徴とする戦後沖縄を代表する作曲家であり、有銘氏及び中根章氏とは同世代で住まいも近く、親しい間柄だった。

それから三年後、県議選に落選して「ヌージュン」というプロダクションで営業の仕事をしていた中根氏の相談により、有銘氏は再び普久原氏の公演に関わることになる。一度目の公演に参加できなかった中根氏が、その後普久原氏の公演を見て感動してコザでの再演を訴え、「準備費用の三〇〇〇円の一〇〇名分は私が作る」と宣言したことが背景にあった。有銘氏も意気投合して飛び回って資金を集め、最終的には一〇〇名を超える寄付者を集めることができた。この時の公演も、沖縄市民会館は満杯となり、大成功を収めたという。[84]

また、恒勇氏の養父である普久原朝喜氏も、「琉球民謡の祖」、「琉球民謡の最高峰に立つ巨人」と呼ばれるような偉大な音楽家だった。この時も、中根氏が有銘氏に碑の建立の話を持ち掛けて実行委員会を立ち上げ、一九九三年には普久原朝喜氏の生誕九〇年を記念し、沖縄こどもの国に顕彰碑が建立された。こどもの国に碑を建てることは、都市公園法の指定で困難を極めたが、青年団の後輩である新川秀清沖縄市長の尽力で、碑の立つ場所だけは公園指定から外してもらうことができたという。[85]

また、八〇年代に有銘氏らが始めたまた別のユニークな試みとして、一九八三年から開催された「勤労者まつり」があった。一回目は中部地区労、労金、労済、旅行会の主催であり、一一月二五日に沖縄市民会館中ホールで開催された。日ごろ額に汗して働く人たちが一堂に集まって親睦を深めることが狙いであり、会場にはおよそ六〇〇〇人の勤労者がつめかけた。海勢頭豊氏のギター演奏、沖縄漫才で知られる八木政男と北村三郎のコントに加え、コザ音楽同好会のフルバンドによるダンスナンバーが披露され、若い男女らがリズムに合わせてダンスに興じ、出会いを楽しんだという。お楽しみ抽選会や、出店コーナーなども設置された。[86]

二回目は「生存のためのフェスティバル」とうたわれ、中部地区労、労金、全労災などの主催で、沖縄こどもの国で開催された。今回は、園内の「水と森の広場」に子どもたちを対象にした陶芸、手作り遊具、出店などのほか、反戦パネルなどの各種展示も配置された。広場中央のステージでは、ウチナー芝居、カンカラ三線などの催しが繰り広げられ、クライマックスには〝オキナワンロックの女王〟として有名な喜屋武マリーが結成したロックバンド「マリー・ウィズ・メドゥーサ」のコンサートが行われた。この時、有銘氏はまつりの実行委員長に就任し、「まつりのなかから明日に向かっていきる何かが生まれ、希望を託すことができるのではないか。だが、そのためには平和でなければならない。戦争はすべてを奪う」と訴えた。(87)親睦を深めるためのおまつりで平和を訴えた背景には、一週間前にも九機のB52が台風避難を理由にその年三度目に飛来するなど、常に戦争につながるものと隣り合わせになっているという環境があったと思われる。その後、中部地区労が主催団体に入っているかは定かでないが、少なくとも一九八七年まで勤労者まつりは毎年開催され、多くの人でにぎわった。

その他にも、有銘氏は翌年、中根氏とともに、「軍事演習にも歯止めをかける運動にしたい」という展望のもと、県内初の民間による野生生物のサンクチュアリづくりを目指して北部の山林の共同購入を呼びかけたり、(88)八七年九月に沖縄芝居をたやすまいと「見る会」を発足させるなどの活動を展開した。(89)さらに、有銘氏は九一年五月末には、パク・スナム（朴壽南）監督による映画「アリランのうた―オキナワからの証言」の上映、制作を支援する中部実行委員会を結成し、多くの人に鑑賞してもらえるよう支援を行った。(90)「アリランのうた」は、沖縄戦で犠牲となった朝鮮人「軍夫」や「慰安婦」の実態について、沖縄戦体験者や、韓国の元「軍属」、日本兵ら一〇〇人以上を取材し、証言や映像で伝えるドキュメンタリー映画である。有銘氏も取材の段階から協力し、サイパンでの戦争体験や朝鮮人軍属が銃殺されるのを目撃した体験を証言されており、その記録は単行本『アリランのうた―沖縄からの証言』(91)にも収められている。証言の中では、スパイ視された朝鮮人が銃殺された体験について語っておられ、「今考えても、沖縄のスパイ容疑で殺された人たち、戦争の犠牲で、そういう中で、たくさんの朝鮮人が、日本軍のために殺されているんじゃないかなー、という気がしてならないんですよね」と述べておられる。(92)このような疑問を持たれていたことが、後に恨之碑の会の共同代表をされた背景にあったのではないかと思われる。

以上のように、七〇年代から八〇年代後半まで、復帰後の自衛隊配備や日米防衛協力の見直しによる日米合同演習の激化、自民党による教育政策の管理化や右傾化といった悪条件にもかかわらず、有銘氏は進取の精神や創意工夫に満ちた活動を展開されてきた。このような中、一九八九年に一二月に米ソ首脳が冷戦終結を宣言したものの、一九九〇年八月にイラクのサダム・フセイン大統領がクウェートに侵攻し、同年一一月には国連安全保障理事会がイラクのクウェートからの撤退を求めて武力行使容認決議を採択、九一年一月にはアメリカを中心とする多国籍軍のイラク攻撃により湾岸戦争が始まるというように、情勢は再び緊迫していく。有銘氏は、湾岸戦争に対しても、中部地区労で総決起大会を行うなど、積極的に反戦の意思を示していった。(93)

四．冷戦崩壊後

違憲共闘会議議長として

有銘氏は、一九九二年四月の中部地区労定期大会で新議長を選任し、退任された。六〇歳の時であった。その後、しばらくは目立った記事は見当たらず、ご本人も、退任された直後は、「ワンボックスカーを買って、とにかく、沖縄中隅から隅まで、絶対回ってやろうと思って」いたという。(94)しかし、次から次へと問題が起き、とてもそんな暇はなかった。仲宗根悟氏に懇願され、同年一二月に違憲共闘会議（沖縄軍用地違憲訴訟支援県民共闘会議）議長に就任されたこともその一因であった。

一九九〇年に入ると、那覇防衛施設局は、米軍用地特措法による三度目の強制使用手続きに着手していた。復帰の時に賃貸借契約を結んだ軍用地主との間で契約更新をする時期が一九九二年五月に近づき、土地連の協力を得て再契約の予約を集めたが、約一〇〇名はこれに応じなかったためである。このような中、九〇年一一月の県知事選挙では、社大・社会・共産の推薦、公明支持の大田昌秀が、四度目の当選を目指した自民・民社連合推薦の西銘順治に勝利した。その一〇日後、那覇防衛施設局は、県収用委員会に対し、再契約拒否地主（新たな反戦地主約七〇人と一坪反戦地主約五〇〇人）[95]の土地に対し、一〇年間の強制使用の裁決申請を行った。[96]

また、那覇防衛施設局長は、湾岸戦争さなかの九一年二月一二日、大田知事に対して公告・縦覧代行申請書を提出した。大田知事は、保守県政のようにすぐに手続きを行うことはなかったものの、政府及び防衛施設局が、代行問題を第三次沖縄振興開発計画や基地の計画的返還や跡地利用とからめたため、最終的には手続きに応じた。このためにに、またも公開審理が行われることになったが、実際の公開審理は県収用委員会の思惑通りには進行せず、委員会は突如九二年一月末に公開審理を打ち切ることを決め、二月一二日に五年間の強制使用という採決を行った。[97]

次に防衛施設局が強制使用手続きを開始したのは、有銘氏が違憲共闘会議議長に就任した翌九五年三月のことであった。大田知事は、この時は米国大使館、日本政府に対し、公告・縦覧代行申請書への代理署名を拒否する意向を示し、那覇軍港返還など「基地三事案」の最優先での解決を求め、五月には四度目の訪米要請を行った。[98]

この年の九月四日、三人の米兵による少女暴行事件が発生すると、この事件が四〇年前の「由美子ちゃん事件」をまざまざと想起させたのに加え、復帰後も繰り返される米兵犯罪に対する怒りもあいまって、沖縄では様々な抗議行動がわき起こった。この中で、大田知事は九月二八日に開かれた沖縄県議会において、代表質問に答えるかたちで、代理署名拒否の方針を明らかにした。これは、沖縄で行われた県民世論調査では、これは七五％から九〇％の支持を得、全国的にも大きな関心を集めた。[99]この中で、沖縄では首都圏の市民に問題の本質を伝えたいと東京行動団が結成され、有銘氏も当時中部地区労事務局長だった伊波洋一氏などとともにこれに加わった。九月二七日夜に総評会館で行われた集会には、四〇〇人がつめかけた。[100]

村山富市政権は、知事を翻意させようと説得を試みたが失敗に終わり、一二月二二日には、代理署名に関する職務執行命令訴訟が開始される。この時、有銘氏は他の八人の反戦地主とともに補助参加を申し立て、福岡高等裁判所那覇支部で行われた第一回口頭弁論に参加した。有銘氏は、この時「法廷では正面から憲法論議を展開し、日米安保条約の不当性をあますところなく暴きたい」と意気込んでおり、自らも意見陳述に立った。[101]しかし、この補助参加の申し立ては、期限切れによる不法占拠を避けるために審理を急ぎたい国の意向を受けた裁判所によって退けられてしまう。有銘氏らは、翌年二月九日の第二回口頭弁論の日に、再度裁判所に陳述の機会を与えるようと申し入れ、近くの那覇市中央公園で集まった約二〇〇人ほどで抗議集会を開き、「大田知事を支援し続けよう」「国の通らぬ道理に、反戦地主は一歩も引かない」という思いを共有した。この日の口頭弁論は、国側の不誠実な対

応により、冒頭から対立が表面化し、荒れ模様となった。(102)

その後、有銘氏は同月二三日第三回口頭弁論を前に、同訴訟の実質審理を求め、全国から二か月ほどかけて八万六五九五人分集めた署名を二二日に高裁那覇支部に提出した。(103)結審が予想される三月一一日が近づくと、有銘氏は八日正午から、県側弁護団が申請した二三人の証人の採用を含む実質審理を求め、労組員らとともに福岡高裁那覇支部近くで座り込みを開始し、「当事者の話を聞かないまま形式的に裁判を終わらせることは、県民の声を無視する行為。なんとしても証人調べをして欲しい」と訴えた。(104)三月一一日に行われた第四回口頭弁論では、知事は三時間にわたって沖縄が背負わされてきた苦渋の歴史を証言し、有銘氏らは那覇市の裁判所庁舎前の空き地で、実質的な当事者である地主らの証人採用を求め、「命どぅ宝」の鉢巻き姿で座り込みを行った。座り込みに加わる人々は増え続け、昼過ぎには五〇〇人を超えたという。しかし、証人採用は認められず、県側の弁護士が抗議する中、裁判は打ち切られた。(105)

このような経過を経て、福岡高裁那覇支部は三月二五日に判決を出したが、それは知事に「代理署名」を命じるものだった。知事は出廷を見合わせたが、有銘氏は他の反戦地主や支援者ら二〇〇人とともに裁判所に向かい、法廷で判決を傍聴した。判決に対しては、集まった人々から一斉に反発の声が上がり、有銘氏も「安保優先の不当な判決だ。知事があれだけ沖縄の苦難の歴史を証言したのに、聞く耳を持たぬという姿勢。主権在民を忘れている。判決は出たが、私たちは闘い続ける」と訴えた。(106)

その後、知事は高裁判決を不服として、四月一日に最高裁判所に上告する。一方、日本政府側は、この日に賃貸借期限が切れた楚辺通信所の知花昌一氏の土地への代理署名を知事が拒否したことから、七月一二日に福岡高裁那覇支部に職務執行命令訴訟を起こし、その後期限が切れた楚辺通信所以外の土地についても、同様の経過を経て知事を提訴した。このように、政府と県の間では、同時並行的に三つの訴訟が進行することになったが、この間に沖縄では連合沖縄を中心に、「地位協定の見直し」と「基地の整理縮小」について賛否を問う住民投票を実施しようという動きが始まっていた。この二つの要求は、少女暴行事件後の開かれた県民大会で決議されたものであった。[107]

一方、橋本龍太郎首相（一九九六年一月〜）は、四月一二日に、普天間基地の全面返還に日米が合意したと発表する。ただし、これには県内他施設でのヘリポート建設など、クリアすべき四項目の条件がつけられていた。さらに、一七日に来日したクリントン米大統領と橋本首相により、日米安全保障共同宣言が発表されたが、ここでは、「日米安保条約に基づく米国の抑止力は引き続き日本の安全保障の拠り所であること」が改めて確認されるとともに、「米国が引き続き軍事的プレゼンスを維持することは、アジア太平洋地域の平和と安定の維持のためにも不可欠であること」で意見を一致させ、約一〇万人の前方展開軍事要員からなる現在の兵力構成を維持することが確認された。[108]沖縄で少女暴行事件後に地位協定の見直しと基地の整理縮小が「島ぐるみ」の要求として求められる中で、日米両政府は日米安保の重要性を再確認するとともに、むしろ安保体制を強化することを選択したのである。

その後、六月に県民投票条例が成立し、投票日は九月八日に設定された。これは、九月中旬か下旬に代理署名訴訟に関する最高裁判決が予想されていたため、その前に県民投票によって示された県民の意思を、最高裁判決への防波堤にしようという意図があった。[109]しかし、異例のスピード判決により、最高裁は県民投票告示日の前日である八月二八日に判決日を指定する。県敗訴の公算が大きいとされており、大田知事はこの時も出廷しなかったが、有銘氏は二七日夕方に那覇市、代理署名訴訟などの勝利と県民投票の成功をスローガンとした県民集会を主催し、挨拶で「結果がどうであろうと、沖縄が黙り込むことはない」と力を込めた。二八日は朝一番の飛行機で東京に向かい、最高裁で判決の言い渡しを傍聴した。結果は、沖縄県側の敗訴であったが、有銘氏は当日夜に日比谷公園で開催された「抗議集会」に出席し、「最高裁までがそっぽを向いた。主権者である私たちが、全国民に訴え、こんな政府、こんな裁判所をつくり替える決意をする日が今日だ」と、集まった約三五〇〇人の前で宣言した。(110)

九月八日に行われた県民投票では、九〇万九八三二人の有権者のうち、四八万二五三八人(投票者の八九・〇八%、全有権者の五三・〇四%)が地位協定の見直しと基地の整理縮小に賛成票を投じた。大田知事はこの県民投票の結果を受け、一〇日の橋本首相との会談に臨み、公告・縦覧代行については、「政府の対応を聞いた上、県としての考えをまとめる」と言及を避けた。この時点では、知事が代行に応じることはほとんど予測されていなかった。しかし、知事は一三日、橋本—大田会談の内容を評価し、公告・縦覧を代行することを明らかにする。その理由は、近く解散・総選挙が控えていることから、場合によってはこれまでの対政府交渉が無駄になること、米軍用地特措法の改定により、米軍用地強制使用の手続きが全て国に取り上げられるおそれがあることなどであったが、知事を支援してきた人々の失望・反発は大きかった。(111) 有銘氏は新聞の取材に応じ、「知事が応じたことは、結果的に基地の強制使用に手を貸すものだ。これから公開審理など具体的な我々の運動が始まる」とコメントしている。(112)

一九九七年二月に公開審理が開始されるにあたり、違憲共闘会議は二月四日に那覇市で定期総会を開催し、県収用委員会の公聴に全国から一〇〇〇人の動員を目指すことを決め、「公開審理で、強制使用の違憲、不当性を明らかにする」との宣言を採択した。[113] この時期に、政府は強制使用の根拠である駐留軍用地特措法を、収用委員会の審理中は国の使用権を認めることができるように改正しようとしており、有銘氏はこれについても「都合が悪くなれば、法を変えるようで、主権国家と言えるのか。強制使用に対して地権者がノーをいう権利を、国が補償するからこそ公開審理などの手続きがあるのに、それを封じ込める法律を国自身がつくるとは、恐ろしい矛盾だ」と強く批判していた。[114]

国の使用期限が昨年三月末で切れた楚辺通信所は「法的空白状態」が続き、他の一二施設も五月一四日の期限切れを控える中で、公開審理は二月二一日から開始された。審理には、傍聴者を含め、過去最高の約一二六〇人が参加した。[115] 有銘氏は、那覇防衛施設局による申請概要説明に続いて意見陳述に立ち、まず憲法の理念や定められた権利を前面に掲げ、自分たちが求める審理のあり方について発言を行った。

まず最初に申し上げたいことは、安保優先の公開審理であってはならないということです。安保条約というのは主権者の権利を補償する条項は、ひとかけらもありません。主権者、そして国民、個人の権利は、憲法の保障する基本的人権であり、何人もこれを侵してはなりません。八二年、八七年、九二年の強制使用手続きにおいては、収用委員会は安保優先の立場に立って、主権者の権利を無視し、一方的に審理を打ち切り、強行採決した。こういう事態を、今回は、絶対にあってはならない。このことを申し上げておきたい。

日本国憲法は、平和主義・国民主権・基本的人権の尊重が基本的理念です。前文には、政府の行為によってふたたび戦争の惨禍がないようにすることを決意し、ここに主権が国民に存することを宣言しています。このように日本国民は国家の名誉にかけて全力をあげてこの崇高な理想と目的を達成することを誓うと明記されています。そしてこれをうけた憲法第九条は、まさに戦争の否認、軍備の否認、交戦権の否認であります。武力による威嚇または武力の行使を国際紛争を解決する手段とすることは、これを永久に放棄するという明文があります。二九条は、財産権はこれを侵してはならないと明記されています。日本国憲法に基づく土地収用法には軍事基地および皇室に関する土地の強制使用は除外されています。現実に自衛隊の基地については強制使用は行えません。三一条は法的手続きの保障なんですけども、何人も法律による手続きによらなければ、その自由は奪われないと明記されている。（中略）

特別立法、ひとつの公共団体に適応される特別立法は、地方公共団体の住民投票によってその過半数の同意を得なければならないとなっています。一九五二年、四月二八日の平和条約は、まさに憲法違反です。占領下にあって動揺したにしても、一九七一年特別国会における公用地法、特別立法、これは不当極まりない悪法であります。マスコミの報じるところに依りますと、あらたに画策されている一方的なしかも強権的な米軍用地収用特措法の改悪は、まさに占領国家の、米軍占領下の布令布告の乱発とまったく軌を一にする暴挙であります。いったい日本国は占領下なのでしょうか。このことは絶対に許されないものです。さらに、この土地収用については、去った県民投票において、沖縄県民は、はっきりと、基地の提供にノーという結論を出しているではありませんか。（後略）

この日は有銘氏も含め、一〇人の土地所有者が陳述を行った。過去三回の公開審理は、騒然とした雰囲気の中で行われたが、今回は兼城賢二会長が「公正、中立の立場で実質審理するのでご協力を」と要請し、違憲共闘会議もこれを受けて、同会議などから四〇人の統制委員を選び、会場のあちこちで騒ぎが起きないよう見守るなどしたため、審理は整然と進められた。[116]しかし、第三回公開審理と同時期に政府が駐留軍用地特措法改正案を明らかにすると、公開審理の場でも改正問題が取り上げられ、地主や弁護団からは「収用委は飾りものか」「何のための審理か」など、怒りの声が上がった。[117]その後、沖縄では抗議活動が高まるが、改定米軍用地則措法は四月三日に閣議決定され、橋本首相と新進党の小沢一郎党首の手打ちの結果、ほとんど実質審議がなされないまま衆参両院を通過し、四月一七日に成立した。[118]

この法の成立により、日本政府が実態として「中立的第三者機関（収用委員会）の判断を事実上一切排除し、暫定使用の名目で、永続的な強制使用」をすることが可能となったが、有銘氏ら反戦地主は、黙ってこれを受け入れたわけではなかった。違憲共闘会議や反戦地主会弁護団などは、改正駐留軍用地特措法は「違憲だ」として、五月から土地返還請求訴訟を起こす検討を始めたのである。これは、一四日で期限切れとなる米軍一二施設用地に改正特措法が適用され、暫定使用されるのを受けた対抗策とも言えた。[119] 五月二九日に浦添市民会館で開かれた第四回公開審理では、地主側は改正特措法を厳しく批判し、有銘氏も「政府は必要最小限のやむを得ない措置と言うが、憲法より安保優先の論法。安保条約が私たちの権利、財産を守るなんてことはない。収用委は、私たちの権利を憲法に基づいて保障する立場を堅持してほしい」と訴えた。[120] この時の公開審理は一九九八年一月に終了したが、一一回にわたる審理の記録は『くさてぃ』という証言集として出版され、好評を呼んだ。[121]

国に対する裁判闘争

そして、同年八月、反戦地主会及び一坪反戦地主会は、改正駐留軍用地特別措置法に基づき土地使用を認めた県収用委員会の裁決は憲法違反として、県収用委員会を提訴した。[122] さらに一〇月には、有銘氏を含む反戦地主七人が、駐留軍用地特措法は財産権を保障している憲法に違反するなどとして、今度は国を相手どり、一人当たり一〇〇万円の慰謝料と損害賠償を求める訴えを那覇地裁に起こした。[123]改正特措法をめぐる口頭弁論は翌年二月から始まり、有銘氏は「憲法に明記された地権者の権利保障の観点からみても、国の強制使用は不当、不法だ」と主張した。これに対し国側は「原告の請求の棄却を求める」とした答弁書を一月末に提出していた。[124]詳細な経緯は省略するが、この訴訟は、一九九六年七月に提訴された反戦地主の知花昌一氏の訴訟との併合審理となり、二〇〇一年一一月に初の判決が下された。知花氏の提訴内容には、特措法改正前に使用期限切れになった同氏の土地を、国が法的根拠が空白のまま、三八九日間使用したことに関する内容も含まれていたが、那覇地裁はこれについては「何らの占有権を有しないまま占有した。国家賠償法に基づく責任を負う」として、違法状態だったと認め、国に対し知花氏へ賃料相当の約四八万円を支払うよう命じた。しかし、改正特措法について違憲ではないと判断し、有銘氏も含む他の原告の請求は棄却した。[125]

これに対し、知花氏、有銘氏も含む反戦地主八人は、判決を不服として同年一二月に福岡高裁那覇支部に控訴した。控訴の理由について、有銘氏は「地裁判決は、憲法の上に安保条約を位置づけており納得出来ない。これが法治国家なのかと問い続けなければ、沖縄の差別はなくならない」と話した。[126]しかし、翌年一〇月の控訴審判決では、高裁は改正特措法を合憲とした上で、知花氏の土地については、国が賃料相当額を担保に提供していることから、損害は弁済済みと判断し、一審判決を取り消した。[127]有銘氏八人はこれも不服とし、上告を行ったが、最高裁では一度の口頭弁論も開かれないまま、二〇〇三年一一月に「改正特措法は日米安保条約上の義務を履行するために必要で、合理性も認められる」との判決が下され、二審・福岡高裁那覇支部判決が確定した。知花氏は敗訴後の記者会見で「立法、行政、司法が一緒になって沖縄の声を無視している。それが現実だ。もうこれ以上、沖縄への差別はなくしてほしい。それが僕らの思いだ」と力を込めた。有銘氏は、「日米安保条約は憲法に優先するということが明らかになった。それは沖縄だけの問題ではない。全国の問題だ」として、「裁判に負けても、私たちがいま矛を収めるわけにはいかない。闘い続けるよ」と静かに語った。(128)

闘い続ける理由

これ以降の詳細な経緯は今入手可能な資料で追うことは難しいが、その後も有銘氏は反戦地主として、恨之碑の会の理事として、四・二八会会員として、あるいは中頭青年団のOBとして、多忙な日々を送ってこられた。なぜこのように様々な運動をリードされ、国という大きな権力に立ち向かい、負けることなく闘い続けてこられたのか。筆者は直接そのような質問をしたことはないが、以前有銘氏が話して下さったこととの中に、その理由が表れているように思うので、一部をご紹介したい。筆者が二度目に有銘氏にお会いした、二〇一一年一二月にうかがったことである。以下は、全軍労闘争に関する筆者の質問から始まり、復帰運動が「民族主義的運動だ」と評論家によって切り捨てられたり、沖縄返還が佐藤栄作首相の手柄としてだけ評価されたりしてしまうことがある、という内容の次に話して下さったことである。

（沖縄が）小さいだけに、これが影響している。ここから、発すると言ったってね。これが評価される、これが主流を占めるということは、まずありえない。ただし、どんな論理でもね、沖縄の現実みたいに、こんな長い歴史の中で生き延びているっていうこと自体は、人間の、人間らしさであってね（笑）ま、ある意味で弱さの象徴であるし、ある意味では、強烈な意志の、象徴であると。こんな繰り返しが、今でいう民主主義とかね、法治国家とか、思想とか、こういったものにつながっていくだけの話であってさ。こういったものを全部抹殺したら、じゃあ、人間の歴史って何。過去はなくていいって言うんだったら、歴史を抹殺することでしょ。
　だから、まあそういうふうに、結局僕らだって、色々言われている中で、じゃあ歴史って何っていうことを、考えることによって、今のようなな。まあ、自己批判も含めながらも、反論したくなる。言葉になるというのは、これは後天的な知識であってね。やってる時にそんなことまで整理をして、「べきだ」と言ってやった闘争は一つもないと思ってるから。「べきだ」という闘争をやる時にはね、べきでなくなると、尻つぼみ、逃げ出す（笑）だけど、この必然性という、自分の生活の延長線上で、あの、体験化していくっていう闘争は、まあ、損得で見る人は逃げ出すし、体続かん人は逃げ出さざるをえないけど、そうじゃない限りね、叩かれようが、踏まれようが（笑）そんなこと関係ないのよ。[129]

そして、本土の人たちが辺野古の闘争などに関わることはどう思っていらっしゃるのかと質問した際に、答えて下さったことの中に、なぜ今も闘い続けるのかという答えが含まれているように思われる。

僕らが沖縄の現地で、中部で学んだことはね、原告意識なんだよ。これはね、数はいらないわけ。でそれはもう、きちっとした、ここらへんのこの闘争の原動力はね、あのおじいおばあたち。で一言一番強烈な言い方が、「子や孫のためには、命を張って闘える」と。で、「足腰の立つ限りはやります」と。どんな論理もいらないんじゃない。それ以外に。生活がかかっているから、考えるという言い方も、現実的だけどね。生活の全てをかけて、これをやるという方には、動かないよね。人生の全てをかけて、これをやるという、発想はね。ぶれないよね。だからある意味では権力闘争には、一番の、必要な原点。これが原告だよ。で、国を相手の原告だからね。そうすると、ある意味で、主権者さーね。整理してみると。単なる利害じゃないさ。勝つか負けるかっていう、ことじゃないさ。権力に立ち向かうっていうのは。

だけど、例えば利害がからんでるとさ、負けてもともとなんてことにはならんさ。負けたら完全に殺されるからね。だけど、僕らの闘い、国を相手にした権利闘争というのは、原点としては権力に立ち向かうというから、普通は負けるのが、普通なんだよね。当たり前では困るけど。普通なの。しかし、負けることを気にしていたら、闘いにならないよ、と。でそれはね非常に、非常に強いですよ。それをさ、「展望がない闘いだから」っていう評論家はね、さっさとその場にいないほうがいい。数じゃないんだから。(中略)

権力闘争っていうのはね。べきではないわけよ。絶対に許せないだけなんだよ。これは、主権者の、主張なんであってね。「こうあるべきだ」というのを、権力を持ってる人が自覚するなら別として、「あんたがた、こうあるべきだよ」って教えたって、始まらないわけよ。だから、「いや、あんたがたがどう言おうと、主権者としては、絶対に譲れない。だから、法的措置をということであれば裁判闘争も辞さない。負けたからといって、認めるわけにはいかない」。ね。いや、それは、違うじゃない。で、場合によって、負けてもまた新たな闘争。そのことがね、歴史的に見ると、世の中を変えてきてるわけよ。常に権力者が、形式的には、勝った歴史の中で、変えられてきてるわけよ。変えてきてるわけよ。でそれを、「僕らが変えた」という言い方をしてもいいけど。そういったことは、この闘いの経過があって、実現した。だから、「自分がやって自分が勝った」と言うよりかも、このことによって変えられたのは、権力のほうで、変わったのは権力のほうで、でそう見たほうが楽しいじゃない。ねえ。何でかったら、それが主権なんだよ。思うからね。これ夢があるじゃない。みんなで喜べるじゃない。(130)

これを読み返して感じるのは、有銘氏が続けてこられた闘いというのは、目先の利害ではない、より大きな展望を持った闘いであったということである。復帰以前は、敗戦後に日本国民に与えられた憲法に保障された権利を手に入れることが大きな目標であった。復帰後は、その憲法よりも日米安保が優先されていることを闘いの中で実感しつつも、なお憲法を盾として、安保を優先した政策によって沖縄が差別的な状況に置かれていることを変えようとした闘いであった。それは同時に、「沖縄が犠牲となるのを拒む」ことで、「沖縄に犠牲を繰り返して押し付けてきた過ちから日本を解放(131)」しようとする闘いであったと言えるかもしれない。これは、一九九〇年代にインタビュー形式でまとめられた「皇民化の歴史を断切る　民主化の歩みの先陣を」という文章の中にある一節であるが、同じ文章の冒頭には「日本の政府・権力が、沖縄をどうあつかってきたのかを知ることが、実は、日本人全体をどうしてきたのかを知ることにつながるといえます」とある。基本的には、当時問題となっていた「日の丸、君が代」問題や、日本が戦争の反省もなしに東南アジアへの経済進出を進めていたことを念頭に置いて書かれたものではないかと思われるが、頂いた当時は知らなかった七〇年代以降の経過も踏まえてこの文章を読み直すと、書かれたことの重さ、深さがより伝わってくるように思えた。

おわりに

最後に、なぜ「非戦」や「反戦」ではなく、「否戦」なのか、という冒頭の問いに立ちかえってみたい。それは何よりも、戦後の沖縄に、米軍基地というかたちで、戦争につながるものが押し付けられ続けたからだと考えられる。常にそこにあり、米軍の意のままに戦争に備えた訓練が行われ続けている基地に対しては、「反対」より強い「拒否」、「否定」という意志を示さざるをえなかったのではないだろうか。第一節で確認したように、サイパン戦と沖縄戦という二つの戦争は、どちらも島が基地化された上で軍隊がやってきて、起きたものだった。「基地があるから安全」ではなく、「基地があるから戦争に巻き込まれる」という感覚は、沖縄で戦争を体験された方々には共通してあるのではないかと思われる。そして、ベトナム戦争の際には、沖縄が出撃基地となったために、そこに「基地があるために加害者にさせられる」という感覚も加わった。だからこそ、特に米軍基地と日常的に接さざるをえない環境にある沖縄島の中部の人々は、生活のために基地で働かざるをえない人々が多かったものの、ベトナム反戦運動にも積極的に参加していった。

日本への「復帰」後、基地は減るどころか、局地防衛と称して新たに自衛隊までもが配備された。有銘氏らは、自衛隊に対しても本質は軍隊と同じだと考え、徹底的に拒否の意思を示そうとされた。さらに、一九七八年以降本格化した日米防衛協力による日米合同演習・訓練や米軍の演習の激化に対しても、基地の少しの変化も見逃さず、徹底的に抗議されている。「復帰」後、日本政府が軍用地の確保を容易にするために公用地法、地籍明確化法、駐留軍用地特別措置法、その改正法と次々に法律を変えていく中でも、常にその上位にある憲法を武器に、裁判闘争も辞さずに闘い続けた。最初にお会いした時に、有銘氏は「憲法を本気で現在まで実践している県というんだったら沖縄ぐらいじゃないかな。その自負はあるよ」とおっしゃり、また「僕らが問題にするって言うのは必ず、安保条約が優先してるってことであってさ。憲法の裏付けでしか闘えないわけよ。だから、沖縄ではまだ憲法九条って言うのは、輝いてるんだよ」ともおっしゃっていたが、今回裁判闘争の経緯も調べてみて、ようやくその意味が理解できた。

　公用地暫定使用法違憲訴訟を始め、大田知事代理署名拒否訴訟、普天間基地爆音訴訟など、様々な米軍基地関係訴訟に関わってこられた新垣勉弁護士は、「米軍基地優先の社会構造・法構造を解消し、人権保障を徹底するためには、(憲法体系とせめぎ合っている)『安保法体系』を解消し、憲法体系に収斂することが不可欠」であり、そのためには「わが国の政策決定の価値判断が覇権国家アメリカへの依存を最優先させる仕方で行われ、国民の中にも『アメリカと共同歩調を取れば、わが国の国益にも合致する』との思想が浸透している」という状況を変革する必要があると指摘されている。[131] 戦争という筆舌に尽くしがたい惨禍、そして軍事優先の米軍統治という過酷な経験を経て得た憲法を武器に、このような状況を変えようとする多彩な実践が、有銘氏の、そしてこれまで一緒に闘ってこられた方々の、軌跡であったといえるのではないだろうか。当事者の方々からすれば、「今になって気が付いたのか」と言われそうであり、また紙数や時間の関係から書けなかったことも多くあるが、本稿が戦後沖縄で行われた多様な実践を知り、それを今後に活かそうとする際に、少しでも役立つことを願っている。

註

（1）成田千尋「［インタビュー］昭和一桁世代の南洋移民経験と沖縄戦後闘争―有銘政夫氏に聞く」『ノートル・クリティーク』七（二〇一四年五月）第一章を参照。
（2）石森大知、丹羽典生編『太平洋諸島の歴史を知るための60章：日本とのかかわり』（明石書店、二〇一九年）一六九～一七〇頁。
（3）成田、前掲インタビュー、三〇頁。
（4）「証言23　軍隊がなくて基地がなければね、戦争起こらないんだ　有銘政夫さん（一九三一年生）」森亜紀子『複数の旋律を聞く―沖縄・南洋群島に生きたひとびとの声と生』（新月舎、二〇一六年）一七五頁。
（5）石森大知、丹羽典生編、前掲書、一七〇頁。
（6）安里英子、有銘政夫「［インタビュー］サイパンの暮らしと戦争」『ポンソナ通信』二一（二〇一八年二月二〇日）。
（7）成田、前掲インタビュー、三〇頁。

（8）同右、二八頁。

（9）石森大知、丹羽典生編、前掲書、一七一～一七二頁、

（10）沖縄戦前後の朝鮮人軍人・軍属の状況については、沖本富貴子『沖縄戦に動員された朝鮮人―軍人・軍属を中心にして』（アジェンダ・プロジェクト、二〇二〇年）に詳しい。

（11）沖縄県公文書館「アイスバーグ作戦」＜https://www.archives.pref.okinawa.jp/event_information/past_exhibitions/938＞（二〇二一年九月五日閲覧）。

（12）有銘政夫「皇民化の歴史を断ち切り民主化の歩みの先陣を」『まなぶ』三七八（一九九〇年秋　増刊号）三七頁。

（13）高良勉、斎藤美和「〈インタビュー　有銘政夫〉良かったとは言えないが、意味ある時代を生きた」『けーし風』第三号（一九九四年六月）一九頁。

（14）前掲、「証言23　軍隊がなくて基地がなければね、戦争起こらないんだ　有銘政夫さん（一九三一年生）」一七一～一七二頁、有銘政夫「憲法に照らせば、一点の曇りもない」本永良夫『反戦地主の源流を訪ねて』（あけぼの出版、一九九七年二月）四三～四四頁。

（15）嘉手納町役場『町制施行　記念誌』（嘉手納町役場、一九七六年）九頁、新嘉手納基地爆音差止訴訟原告団『新嘉手納基地爆音差止訴訟団記念誌　５５４０』（新嘉手納基地爆音差止訴訟原告団、二〇一一年）一〇頁。

（16）前掲、『町制施行　記念誌』九～一〇頁、二二～二三頁。

（17）前掲、「憲法に照らせば、一点の曇りもない」四四頁。

（18）野添文彬『沖縄米軍基地全史』（吉川弘文館、二〇二〇年）三八～四五頁。

（19）詳しい経緯については、成田千尋『沖縄返還と東アジア冷戦体制―琉球／沖縄の帰属・基地問題の変容』（人文書院、二〇二〇年）を参照。

（20）『琉球新報』一九七六年一一月二七日朝刊。

（21）さらに細かい経緯については、成田、前掲書、第五章を参照。

(22)櫻澤誠『沖縄現代史―米国統治、本土復帰から「オール沖縄」まで』(中央公論新社、二〇一五年)一八八頁。
(23)新崎盛暉『新版　沖縄現代史』(岩波書店、二〇〇五年)四七～四八頁。
(24)沖縄の米軍及び自衛隊基地(統計資料集)令和3年3月／沖縄県<https://www.pref.okinawa.jp/site/chijiko/kichitai/documents/r3_toukei_1_gaikyo2.pdf>(二〇二一年九月九日閲覧)。
(25)『琉球新報』一九八〇年一一月二一日朝刊。
(26)同右。
(27)『琉球新報』一九七八年一〇月二九日朝刊、『琉球新報』一九七八年一〇月三〇日朝刊。
(28)『沖縄タイムス』一九七九年一二月二一日朝刊。
(29)『沖縄タイムス』一九八七年二月一七日朝刊、『琉球新報』一九八八年二月二〇日夕刊。
(30)一九七六年から、県道一〇四号線を超える実弾砲撃演習が行われていたことを指すと思われる。
(31)『琉球新報』一九七七年五月一六日朝刊。
(32)新崎、前掲書、五七～六一頁。
(33)日本の土地収用法に準拠した、米軍に土地を提供するための特別措置法。一九五二年四月二八日の安保条約発効と同時に制定された(新崎、前掲書、一八頁)。
(34)同右、六五～六六頁。
(35)米軍用地特措法の詳細については、新崎、前掲書、七八～八〇頁を参照。
(36)『琉球新報』一九八一年一〇月一七日朝刊。
(37)沖縄公用地法違憲訴訟支援県民共闘会議『反戦は逝かず』(沖縄公用地法違憲訴訟支援県民共闘会議、一九八一)三一～三二頁。
(38)同右、四〇～四一頁。
(39)同右、四四頁。

（40）『沖縄タイムス』一九八五年九月二九日朝刊。
（41）新崎、前掲書、一一一頁。
（42）文部科学省「学制百二十年史　二　主任制度の創設」<https://www.mext.go.jp/b_menu/hakusho/html/others/detail/1318372.htm>（二〇二一年九月一五日閲覧）。
（43）櫻澤、前掲書、一九八頁。
（44）同右。
（45）『琉球新報』一九八〇年一〇月二三日夕刊。
（46）『沖縄タイムス』一九八〇年一一月二八日朝刊。
（47）『琉球新報』一九八一年四月一〇日朝刊。
（48）『沖縄タイムス』一九八一年七月三一日朝刊、『琉球新報』一九八一年八月一日朝刊。
（49）沖縄国際大学総合研究機構沖縄法政研究所編『沖縄法政研究所共同研究調査報告書　第一号』（沖縄国際大学総合研究機構沖縄法政研究所、二〇一六年）一七一～一七二頁。
（50）『朝日新聞』一九八一年二月二八日朝刊。
（51）『琉球新報』一九八一年七月二三日朝刊、『沖縄タイムス』一九八一年八月一四日朝刊。
（52）『琉球新報』一九八一年七月二三日朝刊。
（53）『琉球新報』一九八一年九月三日朝刊。
（54）『琉球新報』一九八三年一月三〇日朝刊。
（55）櫻澤、前掲書、二二三～二二四頁。
（56）『琉球新報』一九八二年八月一五日朝刊。
（57）『琉球新報』一九八二年九月一四日朝刊。
（58）櫻澤、前掲書、二二四～二二五頁。
（59）同右、二二五～二二六頁。

(60)『琉球新報』一九八四年一一月七日朝刊。
(61)『琉球新報』一九八五年六月一四日朝刊、同六月二一日朝刊。
(62)『琉球新報』一九八五年六月三〇日朝刊。
(63)『沖縄タイムス』一九八二年一二月二七日朝刊。
(64)『琉球新報』一九八四年三月二日朝刊。
(65)『沖縄タイムス』一九八四年五月一六日夕刊。
(66)『琉球新報』一九八五年一〇月四日朝刊。
(67)『琉球新報』一九八五年一月一七日朝刊。
(68)同右。
(69)「『戦争に消えた古里』有銘政夫 ～私と『艦砲の歌』その一～」仲松昌次『「艦砲ぬ喰ぇー残さー」物語
―「でいご娘」と父・比嘉恒敏が歩んだ沖縄』(ボーダーインク、二〇一五年)一三二頁。
(70)吉次公介『日米安保体制史』(岩波書店、二〇一八年)第三章を参照。
(71)新崎、前掲書、七六頁。
(72)『琉球新報』一九八一年八月二七日朝刊。
(73)同右。
(74)『琉球新報』一九八三年六月七日朝刊。
(75)新崎、前掲書、九三～九四頁。
(76)『琉球新報』一九八四年二月二日朝刊。
(77)『沖縄タイムス』一九八四年三月一七日朝刊、『琉球新報』一九八四年三月一七日朝刊。
(78)『琉球新報』一九八七年七月一七日夕刊。
(79)『琉球新報』一九八三年二月九日朝刊。
(80)『琉球新報』一九八三年二月九日朝刊、同二月二六日朝刊。

(81)『琉球新報』一九八〇年四月一四日朝刊、同四月二五日朝刊。
(82)『沖縄タイムス』一九八四年七月一七日朝刊。
(83)『琉球新報』一九八一年一二月九日夕刊。
(84)徳田友子『コザから吹く風―中根章の奔流の軌跡』(ボーダーインク、二〇一三年)一九二〜一九五頁。
(85)同右、二二二〜二二四頁、有銘政夫編『チコンキ―ふくばる 顕彰碑建立記念誌』(中根章、一九九三年)。
(86)『琉球新報』一九八三年一一月二七日朝刊。
(87)『沖縄タイムス』一九八四年一一月二〇日朝刊。
(88)『沖縄タイムス』一九八五年五月二一日朝刊。
(89)『琉球新報』一九八七年九月一九日朝刊。
(90)『沖縄タイムス』一九九一年五月三一日夕刊。
(91)朴壽南編『アリランのうた―沖縄からの証言』(青木書店、一九九一年)六一〜六八頁。
(92)同上、六五頁。
(93)『琉球新報』一九九一年二月一四日朝刊。
(94)筆者による聞き取り(二〇一一年一二月一日)。
(95)多様な思想や信念で基地内所有地の契約を拒否する反戦地主に対する政治的、経済的、社会的圧迫をやわらげ、草の根レベルの反戦反基地闘争を再構築することを目的として、一九八二年一二月に会を発足させた。
(96)新崎、前掲書、一二〇〜一二一頁。
(97)同右、一二三〜一二五、一二八頁。
(98)櫻澤、前掲書、二四二頁。
(99)新崎、前掲書、一五四〜一五六頁。
(100)『朝日新聞』一九九五年九月二八日朝刊。
(101)『朝日新聞』一九九五年一二月二二日夕刊。

(102)『朝日新聞』一九九六年二月九日夕刊、『読売新聞』一九九六年二月九日西部夕刊。
(103)『読売新聞』一九九六年二月二三日西部夕刊。
(104)『読売新聞』一九九六年三月八日西部夕刊。
(105)『朝日新聞』一九九六年三月一一日夕刊、『読売新聞』一九九六年三月一二日西部朝刊。
(106)『朝日新聞』一九九六年三月二五日夕刊。
(107)新崎、前掲書、一五八、一六四～一六五、一六八～一六九頁。
(108)外務省「日米安全保障共同宣言－21世紀に向けての同盟－（仮訳）」<https://www.mofa.go.jp/mofaj/area/usa/hosho/sengen.html>（二〇二一年九月一六日閲覧）。
(109)新崎、前掲書、一六九～一七〇頁。
(110)『朝日新聞』一九九六年八月二八日朝刊、同八月二九日朝刊。
(111)新崎、前掲書、一七二～一七四頁。
(112)『読売新聞』一九九六年九月一四日西部朝刊。
(113)『朝日新聞』一九九七年二月五日朝刊。
(114)『朝日新聞』一九九七年二月九日朝刊。
(115)『読売新聞』一九九七年二月二二日東京朝刊。
(116)『読売新聞』一九九七年二月二二日西部朝刊。
(117)『読売新聞』一九九七年三月二八日西部朝刊。
(118)新崎、前掲書、一八〇頁。
(119)『毎日新聞』一九九七年五月六日西部朝刊。
(120)『毎日新聞』一九九七年五月三〇日西部朝刊。
(121)『琉球新報』一九九八年四月二〇日朝刊。なお、公開審理の記録は以下のサイトから閲覧可能である。沖縄・一坪反戦地主会　関東ブロック「沖縄県収用委員会・公開審理」<http://www.jca.apc.org/HHK/

Kokaishinri/Kokaishinri.html>（二〇二一日九月一六日閲覧）。二二七〜二二九頁にかけての引用は第一回公開審理の部分を参照。

(122)『読売新聞』一九九八年八月一五日西部朝刊。

(123)『朝日新聞』一九九八年一〇月二四日朝刊、『読売新聞』一九九八年一〇月二七日東京朝刊。

(124)『毎日新聞』一九九九年二月二日西部夕刊。

(125)『読売新聞』二〇〇一年一一月三〇日西部夕刊。

(126)『毎日新聞』二〇〇一年一二月一三日西部夕刊。

(127)『読売新聞』二〇〇二年一〇月三一日東京夕刊。

(128)『朝日新聞』二〇〇三年一一月二一日朝刊、同一一月二七日夕刊、『読売新聞』二〇〇三年一一月二七日東京夕刊。

(129) 筆者による聞き取り（二〇一一年一二月一日）。

(130) 筆者による聞き取り（二〇一一年一二月一日）。

(131) 前掲、「皇民化の歴史を断ち切り民主化の歩みの先陣を」四〇頁。

(132)『琉球新報』二〇二〇年一二月一七日。

沖縄戦・強制連行問題を通して考える加害と被害の重層性

安里英子

はじめに

二〇〇六年、読谷村に朝鮮人の犠牲者を追悼するための碑が建立された。これを「恨（ハン）之碑」と呼んでいる（正式にはアジア太平洋戦争・沖縄戦被徴発者恨之碑）。自然の石灰岩の巌に抱かれるよう建立されたブロンズ像の碑は、彫刻家の金城実によるもの。目隠しされ後ろ手で縛られた朝鮮青年が、銃をふりあげた日本兵にまさに連行されようとしている瞬間である。青年の足元にはオモニ（母親）がすがっている。

徴発とは「兵士などを強制的に召し出すこと」（広辞苑）を意味する。明治政府は一八九五年に台湾を、一九一〇年に朝鮮を強制併合し、植民地とした。また一九二二年には、旧南洋群島を委任統治下に置いた。その南洋群島には、サイパン、テニアン、パラオなどに多くの沖縄の人々が移民している。有銘政夫の父親は一九二〇年に旧越来村からサイパンに移民し、南洋興発の経営する農園でサトウキビ作に従事した。政夫はそこで生まれている。有銘によれば、具志川、金武村からの移民が多かったという。また、マンガン採掘に駆り出されて朝鮮の人々も多く、朝鮮出身の級友もいたと話している。有銘はサイパンの戦闘で、父と弟を亡くしている。このようにアジア太平洋戦争では、日本の植民地下の人々が戦争にかりだされ犠牲となったが、平和の礎には、それらの人々の刻銘はない。

「平和の礎」には、沖縄戦で死亡した二四万一六三二人が刻銘されている。出身別では沖縄県一四万九，五八四人、県外都道府県七万七，四五八人、米国一万四，〇一〇人、英国八二人、台湾三四人、朝鮮民主主義人民共和国八二人、大韓民国三八二人となっている（二〇二一年）。ただ、これは実数ではない。とりわけ朝鮮半島出身者の数は実数からほど遠い。また、南洋群島やフィリピンなどで犠牲になった沖縄人は含まれていない。「礎」はあくまでも沖縄の地で犠牲になった人々のみが刻銘される原則になっているからだ。

沖縄における朝鮮人強制連行の特徴は、本土の場合、企業による強制労働（炭坑・造船業）が主であるのが、沖縄の場合は戦争の最前線にいる日本軍と行動を共にし、壕掘り、飛行場建設、物資の搬送などに従事したことである。いわゆる「軍夫」も性奴隷にされた女性たちも軍隊とともに沖縄の島々を移動していった。

強制連行の形はさまざまで、軍属としての徴用された者（軍夫）、日本軍「慰安婦」として、あるいは企業の募集によるもの、徴兵による兵士もいた。その他、よくわかっていないものに、学徒兵や賄い婦など。

また、沖縄の場合、強制連行に関する調査は、米軍支配下では行うことができなかったため、その実態の究明は遅れた。復帰直後の七二年に初めて「第二次大戦時沖縄朝鮮人強制連行虐殺真相調査団」（尾崎・弁護士団長他八名）が来沖し、沖縄の平和団体と共同で調査が行われた。

八六年には、元「朝鮮人軍夫」五人が阿嘉島での招魂祭のため訪れた。同時に沖縄大学土曜教養講座（第一三四回）で開催されたシンポジウム「強制連行の元韓国人軍夫と沖縄戦」に参加し、証言内容をマスコミが大きく報道した。

日本軍「慰安婦」問題

九一年、性奴隷（「慰安婦」）を強制させられたペ・ポンギ（裴奉奇）さんが沖縄で亡くなり、ソウルではキム・ハクスン（金学順）さんが、自らの体験を証言し、日本政府に対して裁判で訴えた。そこから「慰安婦」問題は大きく動くことになる。

沖縄の女性たちは、九二年に開催された第五回「全国女性史交流のつどい」の第一分科会で「沖縄・戦争と女性・『慰安所マップ』が語るもの」を発表した。九二年に発表された慰安所の数は一二二ヵ所（二〇二一年現在で、一四三ヵ所）となっている。

また、これらの動きは、沖縄で生涯を終えられたペ・ポンギさんの存在も大きい。ペ・ポンギさんは、一九一四年朝鮮半島で生まれた。日本の植民地となった四年後のことである。農民たちは土地を奪われ小作農となり貧しさを極めた。そのため親子で暮らすこともかなわず、三人いた兄妹もばらばらになり、幼いポンギさんは一人親戚などの家の手伝いをしながら少女期を過ごした。ポンギさんが「慰安婦」として連行されたのは四三年、二九才のとき。「女紹介人」にもうかる仕事があると声をかけられ、他の女性たち五一人と共にだまされて、日本行の船に乗せられた。渡嘉敷島に慰安所で性奴隷として強要されたのち、戦後は捕虜となり石川市の民間収容所に入られる。その後は、故郷にかえることもなく、飲み屋を転々とし、後には路上で野菜・餅などを売った（『赤瓦の家』川田文子）。

ポンギさんが知られることになったのは、七五年に、特別在留許可を得るために名乗らざるを得なかったからで、はじめて彼女が「慰安婦」であったことが知られるようになった。

晩年のペ・ポンギさんは、元朝鮮総連沖縄県本部委員長のキム・スソップ（金洙燮）、キム・ヒョノク（金賢玉）夫妻が寄り添い、沖縄の女性たちや、多くの人々との交流もあり、朝鮮の統一を願うなど人生を前向きに考えるようになった。それでも気持ちが高ぶると「ウォンスルル　カタパルラ」と言った。直訳すると敵を討ってくれという意味だが、「自分たちが受けたひどい植民地の仕打を、清算してくれ」ということである（「ポンソナ通信二八号」、キム・ヒョノク）。ペ・ポンギさんは九一年一〇月一八日七七歳で亡くなった。葬儀には当時の平良良松那覇市長など多くの人々が参列している。二〇一二年二月には「没後二〇年ペ・ポンギさんを偲ぶ追悼会」（「沖縄恨之碑の会」主催）も開催された。

「慰安婦」に関する追悼碑は、一九九七年に、渡嘉敷島で「アリラン慰霊モニュメント」が建立される。九八年には石垣島に大田静男氏によって「留魂之碑」が建立される。川平で死亡したババハルさん、与那国島久部良沖で死亡した女性たちを悼んでいる。二〇〇八年には宮古島に「アリランの碑」が建立された。上野村のかつて慰安所のあった近くで、碑の背後には三つの記念碑「女たちへ・平和を愛する人たちへ」への碑文が刻まれている。碑文は性奴隷の被害者となった一二カ国の言語で刻んでいる。すなわちオーストラリア、ビルマ、中国、台湾、グアム、インドネシア、マレーシア、日本、韓国、朝鮮民主主義人民共和国、オランダ、タイ、フィリピン、東ティモール、ベトナムなどである。建立一〇周年を祈念して二〇一八年九月には沖縄大学において「慰安婦問題を問い直す『宮古島アリランの碑・女たちへ・建立一〇周年の意味と課題』」をテーマにシンポジウムが開催された。韓国から研究者や市民活動家が多数参加、これに日本、沖縄の関係者が加わった。

また、二〇一二年六月には那覇において女性たちによる「沖縄戦と日本軍『慰安婦』展」（高里鈴代代表）が開催された。同展示の特徴は、米軍による性暴力も展示されたことである。『沖縄・米兵による女性への性犯罪（第一〇版）』（基地・軍隊を許さない行動する女たちの会）に基づいている。

若者たちによる「ピョンファ会（平和会）」も結成され、二〇〇四年に韓国のナヌムの家の家に一週間滞在した。また、イ・オクソン（李玉善）ハルモニを沖縄に招き交流・講演会などの活動を行った。

「軍夫」「慰安婦」に関しては、これまで市町村史（誌）や県史などでも部分的に掲載されてきたが、新『沖縄県史・各論編六　沖縄戦』にはじめて単独項目として取り上げられた。ちなみに県史に記述されている慰安所の数はのべ一四三ヵ所。内訳は沖縄島一〇五ヵ所、伊江島二ヵ所、津堅島一ヵ所、慶良間諸島三ヵ所、宮古諸島一七ヵ所、八重山諸島一一ヵ所、大東諸島四ヵ所である。

軍属としての「軍夫」と恨之碑建立

戦後、日本政府は強制連行に関する資料の公表をしてこなかった。これに対して、韓国政府は一九九三年、日本政府に動員名簿の引き渡しを要求。その結果「朝鮮半島出身旧軍人軍属名簿」、二四万三〇〇〇人を韓国政府に引き渡した。その中の沖縄関係は「第三二軍（沖縄）留守名簿」「船舶軍（沖縄）留守名簿」、「島嶼軍留守名簿」などがある。そのうち「船舶軍留守名簿」には、特設水上勤務隊（以下水勤隊）第一〇一，一〇二，一〇三，一〇四中隊の名簿があり、それぞれ六五〇人の名簿が記載されている。主に労務に従事した水勤隊は、兵士とは区別され、軍の陣中日誌には「工員」「軍夫」などと記載されている。本稿では「軍夫」の名称を使用する。四中隊はそれぞれ戦況に応じて移動した。一〇一中隊は宮古島に配属され、一〇二中隊は東村川田や名護の許田などに。一〇三中隊は那覇、与那原に滞在したのち、慶良間諸島に移動。一〇四中隊は、那覇、与那原、嘉手納に移動した後、糸満の真栄平、新垣などに移動している。

「碑」を建立する中で得た証言や、日本・韓国の市民運動グループ、近年では韓国政府によるに日本語訳による証言集が公開されており、それらをもとにしている。しかし、戦後七六年が経っても、日本による強制連行問題は解決しておらず、植民地時代の責任と反省がなされていない。そして沖縄に強制連行された朝鮮の人々の人数は、正確にはわかっていない。それは日本政府が公表をしてこなかったからである。また、一部は敗戦と同時に多くの資料が焼かれたということもある。ここでは戦後も生き抜いた元「軍夫」の証言を紹介する。

恨之碑建立の経過

恨之碑の建立は、阿嘉島に連行された、カン・インチャン（姜仁昌）氏、宮古島に連行されたソ・ジョンボク（徐正福）氏が、一九九七年韓国太平洋戦争犠牲者遺族会として沖縄を訪れたことにはじまる。両氏は共に、韓国南部の慶尚北道の出身で、戦後帰郷した後は、遺族会などを通して沖縄で犠牲になった家族との交流を重ねていたが「せめて遺骨があれば、墓もつくれるが、それもできない」との嘆きの声を受けて追悼碑の建立を決意する。それを受け、日韓の市民運動によって資金をつのるなどの活動がはじまり、一九九九年、韓国慶尚北道英陽に金城実の彫刻によるブロンズ像、「恨之碑」が建立された。つづいて二〇〇四年に沖縄で「建立をすすめる会」が結成され、二〇〇六年読谷村に「恨之碑」が建立された。同会共同代表に有銘政夫、平良修、安里英子が就任した。(碑、建立後は「沖縄恨之碑の会」と名称を改める)「建立をすすめる会」の趣意書の一部を以下に紹介する。

私たちは「恨之碑」建立の意義を「沖縄戦の実相をアジアの視点から深め、歴史の教訓を後世に語り継ぎ、平和な沖縄・アジアをつくり上げる共同の取り組み」と位置づけます。そして「碑」の建立は、再び「被害者にも加害者にもならない」という強い意志表示でもあります。国境も世代をも越えてつながり、和解と相互理解に立つ共生へのエネルギーをと望んでいます。沖縄での「恨之碑」の建立が」、そのために大きな役割を果たすことを願って止みません。

趣意書のごく一部だけを紹介したが、以上の一文は朝鮮半島や他のアジアの地域と同じく、沖縄が日本の植民地政策の差別を受けたという共通の歴史を背負っている者として、朝鮮半島の方々の悲痛な叫びを受け止め、未来にむけての沖縄人としての決意ともいうべきものである。今、日本に組み込まれている沖縄が、内国植民地的な扱いを受けながらも、だからこそ、国境も世代を越えてアジアの平和を創造していく使命を担っているという自覚の表明である。

しかし、戦後七六年が経っても、日本による強制連行問題は解決しておらず、植民地時代の責任と反省がなされていない。そして沖縄に強制連行された朝鮮の人々の人数は、正確にはわかっていない。それは日本政府が公表をしてこなかったからである。また、一部は敗戦と同時に多くの資料が焼かれたということもある。

これに対して韓国政府は、日本政府に対して動員名簿の引き渡しを要求してきた。その結果、一九九三年に日本政府は「朝鮮半島出身旧軍人軍属名簿」、二四万三〇〇〇人を韓国政府に提供した。その中の沖縄関係では、「第三二軍（沖縄）留守名簿」、「船舶軍（沖縄）留守名簿、「島嶼軍留守名簿」などがある。そのうち「船舶軍留守名簿」には、特設水上勤務隊（以下水勤隊）第一〇一、一〇二、一〇三、一〇四中隊の名簿があり、それぞれ六五〇人の名簿が記載されている。

水勤隊は主に船積みや、壕堀りなどの労務に従事し、兵士とは区別されている。軍の陣中日誌には「工員」「軍夫」などと記されている。本稿では「軍夫」の名称を使用する。

水勤隊一〇一隊は宮古島に配属された。一〇二中隊は小隊にわかれ、東村川田や名護の許田で道路工事に従事した後、南部に移動している。一〇三中隊は那覇、与那原に滞在した後、慶良間諸島の阿嘉島に移動。一〇四中隊は那覇、与那原、嘉手納に移動した後、南部の真栄平、新垣などに移動している。これら四中隊は、戦況に応じて、移動している。

カン・インチャン氏、ソ・ジョンボク氏の事例を通して

まず、カン・インチャン（一九二〇～二〇一二年）の体験から。筆者は、二〇〇四年にカンを慶尚北道英陽に訪ねた。インタビューは通訳をはさんでのことであった。その後、二〇一〇年に大邱市の息子宅で病気療養中だった九〇歳のカン氏を訪ねた。そのときは、沖縄在住で大邱出身の名桜大学の教員の許点淑を伴った。通訳を介さず、言葉を気にせずお話していただくためだった。証言集『ハラボジの遺言・恨をかかえて』が出版されたのはそれから一〇年後だった。諸事情があったとはいえ、翻訳その他で困難がともない、途中作業が中断するなど多くの時間を費やしてしまった。

カン氏が連行されたのは、一九四四年六月一七日のことで、英陽の自分の畑で麦の刈り入れをしているときで、巡査と面（ムラ）の書記が来て、そのまま警察署に連れていかれた。二三歳で新婚であったが、家に帰ることも許されず、翌日大邱に行っておよそ一六〇人が訓練をうけた。釜山、下関では三二〇〇人が船に乗り、鹿児島を経て、沖縄に着いたのは、七月頃。船底では横になることもできず、暑さにたえられず息絶える者もいた。

那覇での宿舎は天妃小学校。那覇で一〇・一〇空襲にあい、その光景を目の当たりにし、同胞も一〇数名が死んだ。

那覇で六カ月ほど、船から米、手榴弾、爆弾などをおろす作業や、防空壕を掘ったりした。その後、与那原に移動し一月ほどいた後、四五年一月ごろ阿嘉島に行った。三月二四、五日まで空襲が続き、二六日には米軍が上陸してきた。山に逃げたが多くの仲間たちが死んだ。日本軍、特攻隊も多く死んだ。

阿嘉島では日本軍による軍夫の処刑が行われた。稲の穂を盗んで食べたというのがその理由で、一三人が処刑場に連れていかれた。カン氏は他の二人と共に死体を埋める穴掘りを命じられその処刑に立ち会った。途中一人は逃走したため、処刑されたのは一二人。穴を掘ったがお腹がすき力もなく浅く掘って、土を被せた。戦後、その場所に行ったが、竹藪になり見つけることはできなかった。

四月二〇日に捕虜になり、四六年三月二〇日に釈放され故郷に帰還。帰還後は「帰還者の集い」の世話役などをつとめた。（『ハラボジの遺言・恨をかかえて』より）

ソ・ジョンボク（一九二九〜二〇〇七年）と筆者は直接面会したことはない。沖縄での碑の除幕式には体調をくずしていたため、かわりに二人の息子さんが出席された。亡くなられた二〇〇七年に、大邱にあるお墓をお参りした際に、息子さんと再会し、ソ氏の妻にもお会いすることができた。ソ氏の証言は複数残されている。一九九九年六月二五日の琉球新報に掲載された記事と二〇〇五年七月三一日に「東京新聞」に掲載された記事。二〇〇六年から〇七年にかけて聞取りした「韓国大邱から宮古島への朝鮮人被強制連行者―徐正福の証言」（清川紘二・桜井国俊）などである。


ソ・ジョンボク氏は、一九四四年六月、二四才の時に連行される。（清川の聞き取りでは二二才）二か月前に結婚したばかりだった。慶尚北道達城郡嘉昌面冷泉洞五三四番地の出身。特設水上勤務一〇一中隊第三小隊の宮古島に配属。日本語が唯一できたので、「軍夫長」に命じられた。

軍夫らが思うように動かないと、「お前の教育が悪い」と殴られた。

一九四五年三月一日、平良港の沖で、二〇〇人を乗せた三隻が停泊し、弾薬など軍需軍事物資の陸揚げ作業を命じられていた。そのとき米軍機が現れ、三隻の船は沈んだ。その様子をソ氏は埠頭に立っ

てみていた。（琉球新報九九年六月二一日）

「上官の過酷な命令を伝えたのは私だった。日本語ができたばかりに重宝されたけれど、結局、都合のいい戦争協力者でしかなかった。仲間を惨めな死に追いやったと責められても仕方がない」とも語る（東京新聞二〇〇五年七月三一日）

被害と加害の重層性と日本の責任

明治政府は、北海道、樺太、千島、沖縄、朝鮮、台湾、中国を植民地とし、アジア太平洋戦争時には、そこで暮らしていた人々を日本人として徴兵・徴用した。地上戦となった沖縄には、それらの植民地の人々が強制的に集められ犠牲となった。これまで、沖縄人である私たちは、沖縄の犠牲について多くを語ってきた。だが、私は「朝鮮人」の強制連行問題をとりくむことによって、沖縄人の加害性について考えるようになり、多くの事に気づかされた。同時に「在日」の方々との交流も増えることによって、多くのことを学んだ。

たしかに、朝鮮も沖縄も日本の植民地であった。その沖縄に被植民者が集められ、ときに、沖縄人が軍隊の手先として利用もされた。また、軍隊・軍属の中にも序列があり、朝鮮人同士が加害・被害の立場にたつこともあった。カン氏は、銃殺された同胞の死体を埋める穴を掘り、ソ氏は、同胞に対して命令する立場にたたされた。生涯自責の念から逃れることはなかった。また、カン氏はことあるごとに「殺してやりたいくらい日本人が憎い」と言った。しかしこの「恨（ハン）」は、韓国・日本・

沖縄の市民による共同の恨之碑の建立作業によって少しずつ超えることができたように思う。

問題は日本政府である。戦後七六年を経た今も、朝鮮半島にまだ平和は訪れていない。一九五〇年にはじまった朝鮮戦争が、休戦状態とはいえ、まだ終わってはいないからだ。ブルース・カミングスはその著書『朝鮮戦争の起源』の序文で次のように述べている。

「朝鮮戦争の起源は、第一には一九四五年から一九五〇年に至る五年間に起こった様々なことがら、第二にはこの五年間の歴史に特異な刻印を残した植民地以来の、いわゆる日帝残滓勢力のあり方に求めるべきだと考えている」。

韓国市民のロウソク革命によって誕生した文在寅大統領は二〇一七年の演説で次のように語っている。

「これまで強制動員の実像は部分的に明らかになりましたが、まだその被害の規模がすべて明らかになったわけではありません。明らかになった事実はそのまま解決にむけて進め、不十分な部分は政府と民間が協力し、残らず解決しなければなりません。今後南北問題が解決すれば、南北が共同で強制動員被害の実態調査を行うことも検討されるでしょう」と。

今、韓国には「日帝強制動員被害者支援財団」が設置され、これまで調査された内容や証言集を日本語翻訳のための協力委員会を置き、日韓の市民・研究者によって日本語訳が進められている。その中には、沖縄に連行された軍属（軍夫）の証言、あるいは捕虜として沖縄からハワイに送られた軍属、「慰安婦」の証言などがあり、これまで知られていなかった強制連行の実体が明らかになりつつある。

ところが、これに対して日本政府の姿勢は一貫して、戦後責任をとらないばかりか、韓国政府に圧力をかけ、植民地支配を正当化している。

参考資料

・戦場の宮古島と「慰安所」（日韓共同「日本軍慰安所」宮古島調査報告）二〇〇九年
・軍隊は女性を守らない・沖縄の日本軍慰安所と米軍の性暴力（二〇一二年）
・未来を築く平和のかけはしに（太平洋戦争・沖縄戦被徴発者恨（ハン）の碑建立をすすめる会（一九九九年）
・沖縄・戦争と女性「慰安婦」マップが語るもの（一九九二年）賀数かつこ、浦崎成子他
・第二次大戦大戦時沖縄朝鮮人強制連行虐殺真相調査団報告書
・強制連行の元韓国人軍夫と沖縄戦（沖縄大学土曜教養講座第一三四回報告書）（一九八六年）
・沖縄恨之碑建立一周年記念報告集「希望」（二〇〇七年）
・元朝鮮人軍夫　姜仁昌の証言〔恨をかかえて〕（二〇一六年）
・韓国大邱から沖縄宮古への朝鮮人被強制連行者徐正福の証言（清川紘二、桜井国俊）（二〇一三）年
・ペポンギハルモニと過ごした一七年間を振り返る（キム・ヒョノク「人権と生活」二〇一二年
・ペ・ポンギさんと共に（ポンソナ通信二八号・キム・ヒョノク）二〇二一年
・強制連行と日本の植民地政策を考える（安里英子）「越境広場五号」（二〇一八年）
・沖縄県史　各論編六　沖縄戦

編集追記

本稿は安里氏が二〇二一年に書かれた遺稿である。一部重複している部分があると思われるが、校正をしていただくことができなかったため、数字などの表記のみを他の部分と統一した。

祖父と孫のユンタク会

親川志奈子

問題だらけの沖縄

祖父が他界し四回忌を終えた。出版についての話が出た頃から、私は週に1回で祖父の家に通い話を聞く機会を設けた。彼はこの本の完成を楽しみにしながらも、完成してしまう頃には自分はここにはいないだろうという思いを同居させていた。「トータビンカインジールメー（あの世への旅に出る前）に孫であるあんたに伝えるべきは伝えたい」と語りながらも、「正直なところオジーちゃんは何を話したいか自分でも分からないし、血のつながった孫に系統立てて何かを話すというのも違う気がする」と言って、私に質問票を用意させながらもそれにはほとんど答えず、まずは彼の育てた野菜や祖母の作ったご飯を「もう食べられない！」と言うまで食べさせて、私や私の子どもたちの近況報告をさせて、今日の新聞にあった記事などについて語りあった。

沖縄の地元紙を広げるとアマクマ（あちこち）に基地に由来する事件事故や政治や裁判の記事を見

つけることができる、それも毎日。そういう「沖縄」を10代でサイパンから引き上げてきて以来80年近く生きた祖父にとって、そしてこの島に生まれ落ちたウチナーの全ての私たちにとって「基地問題」とは日常であり生活の一部だ。そして沖縄を知らないヤマトンチュに伝えるために彼らの言語で語ろうと試みるも問題が多過ぎるばかりか日々新たに追加されていくため、何をどれだけ語れば説明したことになるのか見当もつかない。「問題解決の糸口になるならば」と努力を重ねるが「聞き手にうまく伝わった」と満足した経験は一つもない。ヤマトから来たジャーナリストや研究者の取材を受けることが多い祖父だったが、取材が終わると「一生懸命聞いていたけど一体どのくらい分かったかね」「そもそも書くことが決まっているものに有銘政夫の名前を添えたいだけの取材だったさ」と苦笑いで愚痴を漏らした。

それでもこの本の軸となる聞き取りをしてくれた成田さんに関しては一目置いていたようで「あの人はヤマトンチュだけどテーゲー(なかなか)やるよ、辛抱強い」と褒めていた。彼の「ヤマトンチュだけど」と言う言い方を私は気に入っていた。それがウチナーとヤマトの境界線を曖昧にせず、それぞれのスクブン(役割)やポジショナリティ(立場性)の違いをしっかり意識したものだったからだ。沖縄と日本、植民地主義を介し望むと望まざるとに関わらず対峙させられている状況がある中で、同化政策は現在進行形で続いている。沖縄の私たちは「私たちが一体誰なのか」という疑問さえ抱けない。私たちの国は滅ぼされ、言語は消滅の危機に追いやられ、そして私たちはインディジネス・アイデンティティを語ることも容易ではない。

戦を否定する

祖父はよく、「オジーちゃんはね、なにか分からないことがあれば体験してみたらいいさと思ってる、百聞は一見にしかずと言うでしょう。でも一つだけ経験してみなさいとはいえないことがある、それが戦争であるわけさ。」と言った。「否戦」と言うのは彼の造語だが、その時々の戦に反対する「反戦」ではなく、争いをしないことを意味する「非戦」でもなく、戦をするかしないかという議論に載らずに戦そのものに「否」を突きつけたいと言う思いを表現したいと話していた、それが戦を経験したウチナーンチュの心なのだと言い切った。苦渋の決断も、代替案も、容認も、「否戦」の前では脆く崩れ落ちる、交渉の余地すらない、戦にまつわる全てを「否定」して見せたいというスタンスだ。

そういう彼も戦時中はいっぱしの軍国少年だったと語っていた。社会が、教育が、イデオロギーを植え付けそこから外れる者はいないか監視する空気の中で彼は育った。生活空間が戦場に変わり、逃げる以外に方法のない住民は人間が惨たらしい姿で死んでいくのを、あるいは沖縄人や朝鮮人が米軍だけでなく日本軍にも殺されていくのを目撃した。転がる死体が当たり前になるほどに思考が停止し、暑いのか寒いのかひもじいのかの感覚さえ麻痺し、日本軍に持たされた手榴弾で集団自決を試みるも未遂に終わるという体験をして、父親を失い、それでも歩き続けなければならなかった。

言葉で表せない体験を言葉にしては「これでは不十分だ」と言って悩んでいた。特に突然いなくなった父親については「自決でなくなったのだろう」と聞かされ、その死をどのように受け止めたら良いのかすごく時間をかけ理解を試みたように感じた。彼は何度か子や孫たちを集めて彼の書いた戦争体験の手記を読む機会を作ってくれた。ある時は、私が音読し皆に聞かせる役を担った。そしていつも彼は涙目だった。戦争ＰＴＳＤの研究はようやく進んできたものの、ウチナーンチュのトラウマの実態が把握できているとは言い難い。心の傷は突然のフラッシュバックとして現れたり、あるいは逆に思い出さないようにするために他の感覚を麻痺させてしまったり、もしくは不眠やイライラなど過剰な警戒心が現れるなど、幾つもの形で表出する。そして世代間で継承される。祖父は「涙が出てしまうさ」と言いながらも戦後何十年が過ぎようとも体験者の持つ痛みを隠さず私たちに見せることで、戦争体験を継承し心の傷は継承しないよう努めてくれたように感じた。

祖父と祖母

祖父に「オバーちゃんとはどうやって知り合ったの？」と聞いたことがある。にっこり笑って「それはオバーちゃんに聞きなさい」と促された。彼女もサイパン帰りなので向こうで一緒だったのかと思いきや、有銘の土地は米軍に接収されたため沖縄に引き上げてきた彼の家族が祖母の実家の裏側に家を借りて住んだのがきっかけだったという。戦後復興の真っ只中で働き手が必要な時代、祖母は家族の反対を押し切って高校進学を決めたものの、働きに出る父母の代わりに弟や妹たちそして近所の子どもたちの世話をし、家事に追われていたため合格発表を見に行けないでいると「美代子さーん、君合格していたよ」と庭を覗き込み教えてくれたのが祖父だったという。祖母の口から聞くエピソードを満足そうに聞く祖父の笑顔が輝いていた。二人は一緒に青年団活動を行い、教員になり、組合活動をして、島ぐるみ闘争に参加した。あの時代に祖母は幼稚園教諭の仕事を持ち、4人の子どもを育て、ムートゥヤー(本家)の嫁として祭祀を担い、同居する祖父の母のお世話をし、さらに祖父と一緒に大衆運動にも全力で取り組んでいたと思うと感慨深い。そして祖母はいつも会合で遅くなり朝の3時まで飲んで帰宅することも多かった祖父のことを「3時の男」と呼んでいたと暴露し祖父はバツが悪そうにヒヒヒと笑った。

「子どもたちが大きくなると二人でよく映画のナイトショーを見に行ったよ」とか、「夜から出かけて歌合戦をしながら伊計島までドライブしたよね」など思い出話に事欠かなかい二人だった。「花は咲くけれどなかなか実がならない」とぼやく友人がいれば夜にこっそり二人でその方の家に行き人工授粉してドラゴンフルーツの実をつけてあげたと言うエピソードは最高だった、「花咲か爺さんならぬ実つけ爺さん婆さんだよ。あっちもびっくりしてさ、この前はならないと言ったけど今年はすごいよと自慢するから、後でそれは僕のおかげだよと言っておいたよ」と笑った。彼らは夜遊びの達人でもあったようだ。祖父は家庭菜園に多大な情熱を注ぐ人でもあった。駐車場のフェンスに這わせた月下美人が一斉に咲いた時や、庭に作ったビニールハウスにマンゴーが鈴なりになった時には新聞の取材が来ることもあった。私が小さい頃はうさぎや鶏、烏骨鶏などを養っていることもあった。カレンダーの裏に日付を書き何個実った、何センチ伸びた、いくつ卵を産んだと細かく記録して楽しんでいた。

国歌斉唱

代用教員時代のスクーリングの話も面白かった。「教員の圧倒的な不足でさ、軍作業に行くつもりが先輩に引っ張られて教員になったわけ」と話し、現場で教えながら日本大学の通信課程で学び教員免許を取ったと教えてくれた。スクーリングでヤマトに行った時一番驚いたのは入学式のため体育館に整列した学生たちが大声で日の丸に向かって国歌斉唱した時だったと言い「沖縄で歌うことは一度もなかったからドゥマンギティィヨ(驚いてさ)、戦前を思い出してね、頭から爪先まで電撃が走るというか、モノも考えられなくなって直立不動さーねー。洗脳というのは恐ろしいね、体がそう反応するんだから」と語った。その後沖縄の学生だけ学長室に呼ばれ激励を受けたので沖縄から来た学生たちで相談して返礼として「任命主席の世は…」から始まる替え歌「植民地国歌」を歌ったと言っていたずらっぽく笑った。大学側は目を白黒させて呆気に取られていたけれど「一生懸命学業に励んでください」とだけ言われ解放されたとのこと。あらゆる場面で小さな抵抗を重ねる沖縄の青年たちのウィットに富んだ勇気に思わず笑ってしまった。

私が小学生に上がる頃、一九八七年の海邦国体と天皇の沖縄訪問を前にした沖縄では日の丸掲揚率と君が代斉唱率が著しく低い（斉唱率はゼロ％）ことから、学校行事での国旗国歌を徹底するよう指導が入る動きがあった。運動会か何かで学年ごとに運動場に向かう途中、ガジュマルの木の下に日の丸君が代反対の横断幕を持った祖父とそれを手伝う叔父の姿を見たのを覚えている。「オジーちゃん！」と声をかけて手を振った。当時は彼が何を主張しているのかあまり理解はしていなかったが、彼は自らの体験から私たちの子ども時代が皇民化教育に染まらないよう声を上げてくれていたのだろうと推察する。トップダウンで意識的にもたらされる日常の軍事化に抗う人たちの存在があって今の沖縄を保っているのだと思う。

「復帰」と独立

二〇一三年に琉球民族独立総合研究学会を設立し共同代表をしている私は、なぜ独立ではなく「復帰」という選択だったのかということを何度か祖父に聞いたことがある。祖父は「現在の視線で当時を見ても分からないと思うよ」と前置きした上で「シナちゃんたちがやっていることは今の沖縄に必要な議論だと思うよ」と応援してくれた、「復帰」についての明言は避けた。独立学会のシンポジウムにも何度か足を運んでくれたが「オジーちゃんたちは学者じゃないから自己決定権とか先住民族とかそういう言葉で議論しないわけさ、僕たちのは大衆運動であるからね。あんたたちの話を百パーセント理解しているわけではないけれど言っていることはマットーバーだと思ったよ。若いのが国連に乗り込んで行ってウチナーで起きていることを伝えにいくというのはオジーちゃんたちの頃は考えなかったことだからさ。それはあんたたちの世代だからできることだから頑張りなさい」と背中を押してくれた。

米軍統治下の悲惨な人権状況の中で、藁をもつかむような思いで「復帰」に望みをかけたウチナーの人々がいた。けれども彼らの思いは日米という帝国に利用された。日本が講和条約によって独立国として国際社会に「復帰」する質草としてアメリカに差し出された沖縄は、今度は米軍基地の継続使用を認めるならばと日本に返されたのだ。本来ならば高等弁務官の置かれた沖縄は信託統治制度を経て独立する青写真が用意されていたはずだ、けれども米軍は沖縄を軍事基地として利用するためにそれを破り捨て我が物顔で利用した。それは「復帰」後の今でも続き、さらには日本の血税で辺野古と浦添に新品の米軍基地を建設しようとしている。戦後七九年が過ぎても解決しきれない米軍基地問題は「負担軽減」の名の下に拡大し続けている。「復帰」により日本の市民権を得て平和憲法の名の下にそれらを勝ち取ろうとしたが「復帰」から半世紀が過ぎても問題は解決されなかった。この経験を活かし、どのように舵を切っていくのか。私個人はハワイで学んだ経験からシビルライツ・ムーブメントからインディジネス・ムーブメントへの転換が必須だと考えている。日本とアメリカという二重の植民地支配を受ける地域は世界でも珍しい。日米は沖縄を犠牲にすることでウィンウィンの関係を築いている。先人たちの経験に学び、思想に学び、次世代のためにワッターウチナーンチュ(私たち沖縄人)に何ができるのかを今一度考えていきたい。

祖父とウチナーグチ

最後になるが、有銘政夫のウチナーグチについても触れておきたい。サイパン生まれの彼は日本語教育で育つが、演説する際ウチナーグチを上手に入れ込んで聞いている人をくすっと笑わせるのが好きだった。ハワイ留学の後、琉球諸語の復興を研究テーマに選んだ私はすぐさま祖父を訪ね「私はウチナーグチを勉強したいから、お願いだから私にできるだけウチナーグチで話してくれない？」と懇願した。けれども祖父は「今更それは難しいな、第一あんたウチナーグチわからないでしょう、わからない言語で喋るというのもなぁ」と断られた。琉球の言葉で国家が運営されていた時代から、国が滅ぼされ大和屋と呼ばれた学校ができ皇民化教育と同化政策がもたらされる時代に変わり、戦場になれば沖縄語を話す者はスパイとして日本軍に処刑されるというところまで行き着いた。戦で人口の4分の1を失い、収容所生活や軍事基地建設で伝統的集落と人々のつながりは失われた。市民権を得て軍事支配の不条理から抜け出すため日本を「祖国」とさえ呼んで「復帰」したものの、基地は残った。いつだったかラジオパーソナリティの上原直彦さんに「君はウチナーグチと米軍基地どっちがなくなるのが早いと思う？」と聞かれたことがある。高齢者が次々とグソー(あの世)へと旅立っていき私たちの言語が消滅の危機を迎える一方、米軍基地は新たに建設されている。本当に皮肉なものだと思う。

私とはウチナーグチで話すことはないと言い切った彼だったが、私が本気なのを知ると少しずつ会話にウチナーグチを入れ込んでくれるようになった。単語、クガニクトゥバ(諺)、誰かの言った言葉、など割合はどんどん高くなっていて嬉しかった。特に私の子どもが生まれてからは、私が彼らにウチナーグチを教えたいという気持ちを汲んでくれて色々教えてくれるようになった。祖父と孫の関係性では硬直していたものがひ孫の存在で和らいだ。私たちは「チャービラサイ(ごめんください)」と言ってオジーちゃんの家に行くようになり、ウチナーグチを使用して良いのだという空気を彼と作ることができて本当に幸せだった。

今でもオジーちゃんの家に行けばあの声が聞こえる気がする。寂しさもあるが、悲しくはない、ワッターウチナーンチュは先祖と共に生きている。前に進む時、何かを決断する時、オジーちゃんに相談したらなんと答えるかなと想像する。改めて有銘政夫の人生を振り返り、それが沖縄の歴史の一部であることを確認する。私たちは一人の人間の軌跡を追いながら沖縄の歩んできた歴史を振り返ることができた。この本を財産にして私は沖縄を生きる。

中部地区労の思い出、一緒に取り組んだこと〜

伊波洋一（参議院議員、元中部地区労事務局長）

私が、最初に有銘政夫さんを知ったのは一九八〇年前後の与那城村照間の浜での反ＣＴＳ闘争集会だと思うが、ご本人に接するようになったのは一九八〇年代半ばに有銘さんが議長をしていた中部地区労働組合協議会幹事会に宜野湾市職労の幹事として参加してからだった。中部地区労は沖縄中部の一二市町村にある各種労働組合組織が自主的に結成した協議会組織で、幹事会などの話合いを通して参加組織の労使問題や地域問題、反戦平和、選挙などの課題を確認して取り組みを行うようにしていた。一桁人数の民間組合から三〇〇〇人超の全駐労まで三〇弱の組合が加盟し、最大で約一万三〇〇〇人が参加していた。有銘さんは沖教組中頭支部委員長でもあり、沖教組中頭支部事務所のある中頭教育会館に間借りする形で、中部地区労事務所はあった。幹事会や大会なども中頭教育会館内の和室や大ホールなどで行うことができ、沖教組中頭支部の教育会館は、中部地域の労働者の活動拠点でもあった。

有銘議長の幹事会での議論のまとめ方は独特で異論のある間は無理にまとめようとせず、だからと言って打ち切ることなく、課題が煮詰まるまで次回に繰り越すことで、全体が合意できる取り組みにしていくものだった。その進め方は学ぶことが多かった。八〇年代は、各地域に米軍基地がある沖縄中部一二市町村を範囲とする中部地区労にとって、活発化する米軍活動に対応するのに忙しい時期だった。一九八七年一二月から八八年一一月までの一年間に一九回の米軍演習・訓練や原潜寄港、米軍ヘリ墜落などへの抗議集会が毎月のように開催された。戦場さながらの軍事演習や訓練に対して有銘議長が提起したのが、中部一三市町村で開催した各地で米軍演習に抗議する連鎖集会の闘いだった。中部地区労だけの闘いとせず、中部の革新首長も入った実行委員会形式で行われ、八八年九月二一日の読谷村集会を皮切りに一〇月四日の沖縄市集会まで各地で一斉に実施され、マスコミも大きく取り上げた。各地で大人から子どもまでの参加があり、一〇月一二日の嘉手納町での中部地区総決起大会には約三五〇〇名が結集した。宜野湾市でも連鎖集会の実行委員会が結成されて約八〇〇名が参加する市民集会が九月二八日に行われた。各地域でかつての復帰運動のような盛り上がりを見せた闘いとなり、九〇年の大田県政の実現につながるものになった。

私は、八七年から宜野湾市職労委員長になっていた。有銘さんが九二年四月に沖教組中頭支部委員長と中部地区労議長を退任する直前の二年間の事務局長には宜野湾市職労から喜友名朝典さんを派遣することになり、宜野湾市職労として中部地区労の運動への関りも深まり、有銘議長との交流も深まっていった。その後、九二年四月に沖教組中頭支部委員長の定年に伴い、有銘議長は退任し、中部地区労議長は高教組中頭支部の松原善一支部長に引き継がれた。同時に、派遣していた事務局長の派遣を解いて戻すことになったが、引き受けてくれる自治労単組がなかったので、同年に市職労委員長を退任した私が、代わりに専従事務局長を引き受けることにした。私は、その後四年間を中部地区労事務局長として民間労組の労使交渉や不当首切り撤回裁判闘争、労働組合の結成、米軍基地問題、各種選挙などに取り組んだ。その中でも、有銘さんとの関りは変わることなく続けることになった。中部地区労は一九九三年一二月に結成二〇周年記念行事を行い、有銘政夫さんに中部地区労名誉議長の〝称号〟を贈呈し、長期間の中部地区労議長としての取り組みに感謝を表した。その結果、有銘さんは中部地区労名誉議長として中部地区労行事に参加し、多くの労働組合員との交流を継続してきた。その後も二五年以上も中部地区労のための取り組みに関わってくれた有銘政夫さんに心から感謝している。

次に、有銘政夫さんが参加したアメリカ・ピース・ツアーについて紹介したい。有銘さんは、沖教組中頭支部委員長と中部地区労議長を退任した翌年の一九九三年四月一七日から五月三日の一七日間、沖縄からの私を含めて一四人の仲間とともに、沖縄の基地問題を訴えるために、カリフォルニア州サンディエゴ市をスタートに、コロラド州デンバー市、テキサス州フォート・ワース市、首都のワシントンＤＣ、ニューヨーク州ニューヨーク市の五都市を回り、アメリカ市民や国会議員、市民運動団体などに沖縄の声を伝えてきた。サンディエゴでは、米市民運動団体交流、海兵隊や海軍の米軍基地視察、メキシコとの国境沿いに設置された壁等の視察、デンバーでは、かつて伊江島で阿波根昌鴻さんと関りのあった牧師リカード夫妻や平和団体との交流、コロラド大学キャンパスでのアースデイ・イベント参加、一〇〇㎞以上離れたコロラド・スプリングにも行き、地域の平和活動者と交流して米空軍アカデミーや北米ミサイル地下司令部などの地域を視察した。テキサス州のフォート・ワースでは、サポートしてくれたメソジスト教会メンバーとの交流や米軍基地の閉鎖による地域経済の落ち込みに向けた新たな経済転換計画の話を聞いた。首都ワシントンＤＣでは、連邦議会を訪ねてアジア・太平洋関係委員会及び軍事委員会の上院議員（ベン・ナイトホース、ハンク・ブラウン）や下院議員（パット・シュローダー、ニール・アバクロンビー、ロン・デラムス、ゲリー・アッカーマン、ピート・ゲレン）に沖縄の基地問題の解決を訴えた。ロン・デラムス下院議員は軍事委員長で委員会室を案内してくれた。ベン・ナイトホース上院議員はネイティブ・インディアン初の上院議員だった。最後に軍備縮小を求める退役軍人の防衛情報センターのラロック代表（元海軍少将）を訪ねて在沖米軍基地の閉鎖について助言を求めた。最後の訪問地のニューヨークでは、マンハッタン地区のコロンビア大学で沖縄問題に関心を持つ皆さんとのブラウン・バッグ（持ち込み弁当）ミーティングをお昼に行い、国連を訪ね、国連軍縮センターの日本人スタッフとの話し合いを持った。「何故、沖縄の米軍基地には国連旗が掲げられているのか」と沖縄側が聞いたら、「わからない」と答えたので、沖縄の参加者から沖縄の米軍基地の存在について説明した。その後、国連近くの道沿いの小広場で通りかかる国連関係者に対して沖縄の米軍基地の写真を掲示して「全ての米軍基地を沖縄から撤去させよう」と訴える取り組みを行った。事前に、ニューヨークの支援者がデモ申請を行ってくれていた。沖縄からの参加者は、有銘政夫さんの他に、平良修さん、糸数慶子さん、石川真生さん、吉田勝広さん、池原秀明さんの他、高校生やピアノ教師、教会関係者、及び私とキャロリン・フランシスさん、エド・フランシスさんの総勢一四人だった。私は、当時、キャロリン・フランシスさんと宜野湾市にある沖縄キリスト教平和センターで『沖縄から』と『OKINAWA VOICE』という日本語と英語の月次通信を発信しており、一九九三年四月〜五月にアメリカ・ピース・ツアーを行うことを計画して参加者募集を地元紙で呼びかけた。有銘政夫さんにも参加を呼びかけ参加してもらった。前年に県議になった糸数慶子さんや写真家の石川真生さんも応募し、金武町議の吉田さんと沖縄市議の池原さんや平良牧師を含めて異色のツアー団となった。一七日間のアメリカ・ピース・ツアーは参加者の皆さんそれぞれに貴重な経験になったのではないかと思う。五〇回を超える集いを行い、各集いで複数のメンバーが交代しながら沖縄の基地問題を訴えるスピーチを行った。有銘さんにもアメリカ各地での対話は、その後の取り組みに繋がったのではないかと思う。

最後に、一九九五年九月に起きた「少女暴行事件」は一九七二年の沖縄返還後二三年を経ても占領状態のままで米軍演習や米軍犯罪が放置され続けてきた沖縄の状況を示すものとなり、沖縄県民の怒りが怒涛のようあふれ出てデモや抗議行動が次から次に行われた。当時、私は中部地区労事務局長四年目だった。事件の直前には沖縄社会大衆党の島袋宗康参議院議員をエスコートしてフランス領タヒチでフランス核実験反対の集会に参加して帰国した直後だった。沖縄の女性たちの多くが北京で開かれた第四回世界女性会議に出かけており、沖縄に帰る直前に「少女暴行事件」は起きた。

東京の中央マスコミには、どうして沖縄県民が怒っているのか、分らなかったようだ。何度か、中部地区労の私のところにも、ぜひ東京への抗議要請団にインタビューしたいとの連絡があり、その都度、抗議行動で上京する団体名や日程を伝えたが、東京のマスコミはインタビュー等ができず、問い合わせは続いていた。そこで、沖縄から報告団を送り、中央マスコミや平和運動団体などに向けて事件の背景や沖縄の現状を報告することにした。

島袋宗康参院議員事務所の新垣重雄秘書を通して九月二七日に総評会館のホールを予約してもらい、沖縄から行くメンバーを有銘政夫さん、高里鈴代さん、キャロリン・フランシスさんと私の四人とし、地位協定の問題を話してもらうために駿河台大教授（当時）の本間浩さんに電話で講演をお願いし、冷戦後の在沖米軍基地について梅林宏道さんに話してもらった。反戦地主でもある有銘政夫さんには沖縄の基地問題を、高里鈴代さんには米軍基地の軍隊による女性への暴力の問題を話してもらった。キャロリン・フランシスさんにはアメリカ人から見た沖縄の米軍基地の実態について語ってもらった。さらにキャロリンさんには高里鈴代さんとともに外国人記者向けの記者会見で沖縄の状況の話と通訳をお願いした。当初に借りたホールが午後の中ホールだったので、急遽に夜の大ホールを借用して報告会場とした。昼は国内英字新聞と外国人記者向けの記者会見に使った。沖縄から集会資料として約B４・三〇ページの三〇〇冊の資料を準備して持って行ったが、立ち見で四〇〇名近くの参加者があったので、資料付は一〇〇〇円の参加費、資料無しは五〇〇円として、会場費用や沖縄からの航空運賃と二人の講師代に充てることができた。この時、有銘政夫さんの発言で印象的だったのは、「明日は、大田知事が代理署名を拒否する」と断言したことだ。そして、有銘さんの発言したとおり、翌日の一九九五年九月二八日に大田知事は、米軍基地のための土地の強制使用を形式的に成り立たせてきた「代理署名」を拒否した。そのことによって、読谷村の通称「象の檻」と呼ばれた通信傍受施設の一角の強制使用の権原も無くなり、在沖米軍基地の使用根拠が揺らいでいく事態となった。有銘さんは一九九四年から二〇一二年まで軍用地の強制使用に反対する沖縄軍用地違憲訴訟支援県民共闘会議（違憲共闘会議）議長として活動してきた。一般の県民大衆の思いを受け止めると同時に、労働者、特に組織労働者の役割を組合の団結を通してしっかり果たそうとしてきた稀有な存在のように思う。そんな、有銘さんの魅力に魅かれ、私は、中部地区労事務局長時代以降のこれまで三〇年、毎年正月二日の午後には有銘政夫さん宅を訪ね、挨拶するのを楽しみにしてきた。これからも体調に気を付けて長生きしてもらいたいと切に願っている。

（二〇二一年九月八日）

書評

親川志奈子他編『個人誌「有銘政夫の軌跡」出版に向けて・資料集　否戦』（NPO法人・沖縄恨之碑の会、2021年）の元原稿を掲載

書評：今泉裕美子

本資料集は、「有銘さんに学び、それを記録に残すべく「本」を上梓しようと」編集作業を進める途中で、その一部を資料集として刊行したものである（安里英子「あとがき—編集後記にかえて」、以下「あとがき」）。

執筆者は「沖縄恨之碑の会」のメンバーで、有銘さんと活動をともにしてきた石川元平さん、安里英子さん、成田千尋さん、そしてお孫さんの親川志奈子さんで、世代、出身、有銘さんの身内かどうか、など異なる立場から有銘さんの「人柄の深さと、寛容と闘志」（「あとがき」）を浮かび上らせる。有銘さんを語る、有銘さんへのインタビュー、孫としてユンタクし家族のルーツを辿る、個人史年表を作る、琉歌、写真、新聞記事を選ぶ、といったテーマから、有銘さんから引き継ぐべきことを「否戦」—本資料集で有銘さん自身はこの表現を用いていないが—と表現し、執筆者それぞれの立場からこれを照らし出そうとする。

そこで本稿では、沖縄での有銘氏の活動の基底をなすと考えられるつぎの二点に絞って資料集をレビューし、これから刊行される『有銘政夫の軌跡』へとつなげることが出来ればと思う。第一は、有銘さんが、体験を次世代に引き継ぐことをどう考えておられるのか、第二は、有銘さんがサイパン島の経験をどう語っておられるのか、である。琉歌以外はご本人が執筆したものではないため、編者・執筆者が有銘さんから引き継いだ内容を、私がさらに引き受けて考えるものである。

第一点目は、安里さんによる「次世代にどのようなバトンを渡すのか」というインタビューの内容から考えたい。有銘さんは「（八八歳の自分が二〇代に体験を話すうえで：今泉）僕との間に、六〇代とか七〇代の世代がつ

なぐ役割をしてくれるとよい」と話しているが、本資料集のインタビューでは安里さんがその役割を担い、次のような発言を引き出した。

「戦争体験は、本当は語りたくない。なぜなら、戦争とは人殺しのことだ。人でなしなんだ。（中略）また、話す側としても、夜は眠ることができなくなるほど辛いことなのだ。夢にも出てくる」。

有銘さん世代の旧南洋群島からの帰還者（沖縄では「南洋帰り」と呼ぶ。以下、南洋群島帰還者と記す）が語り始めるには、それぞれの契機があるが、そのひとつに二〇〇六年度の高校歴史教科書検定問題があげられる。この時期、従来口をつぐんでいた沖縄戦体験者が口を開き、抗議の声をあげる動きがあった。こうした変化の前提となる沖縄戦の記録化や証言については、屋嘉比収氏や鳥山淳氏による丁寧な分析があるが、南洋群島帰還者に限定すれば、二〇〇四年から〇五年にサイパン・テニアン地上戦終結六〇年、全国南洋会の終了、日本敗戦六〇年と天皇夫妻のサイパン島訪問なども背景となった。当時、沖縄の南洋群島帰還者にもジャーナリスト、研究者が、「貴重な体験を一人でも多く記録したい」、「学びたい」、「継承したい」と、短期間に精力的な取材を進めていた。この時期に取材を始めた方々から「これまで何人に聞いたのですか」と問われた私は、数に率直に関心が向けられるほど、聞き取りが容易にできてしまっているのではないか、と感じた。

近年では、様々な記録者による戦争体験の映像記録とウェブ公開が増え、「継承」に貢献する反面、視聴者が体験者の語るまでの過程や語った後の様子を気にせずに、〝核心〟の部分だけをいつでも、どこでも、しかも早送りしても視聴できてしまうという問題を感じる。戦争体験者が自らの体験を語ることへの複雑な思いを尊重することは、地域史での蓄積や学際的な「オーラルヒストリー」研究の進展もあり、〝心ある〟聞き手には自明、との雰囲気も感じられる。そうした今だからこそ、有銘さんの「本当は語りたくない」という言葉を、聞く側はどれだけ受け止め、理解できているのだろうか。これは私自身への問いである。

個人的な経験となるが、私が旧南洋群島に関する聞き取りを始めたのは、一九八〇年代後半であった。有銘さんのご両親の世代がお元気だった時期である。当時、わずかな伝手を頼ってあちこちに出かけたが、その機会を得ることは沖縄ではさらに難しかった。「きいてどうするの？」、「ヤマトゥンチュにわかりますか」という明白な拒絶。お会いできたとしても「覚えていない」と口ごもられたり、会話が続かない。約束して訪ねても留守だったり、体調を崩されたと直前に断りが入る、などなど。こうした反応は県市町村字史を編纂する沖縄戦の記録者などがすでに経験し、指摘してきたことであったが、実際にそうした機会に身をおくとなると動揺した。このような経験を繰り返しながら、既述のような語り手や語る状況の変化もあるなかで、いまなお聞き取りを続けている者として、有銘さんの次の言葉にひきつけられた。

「戦争というのは語り継げる物語ではない。「継承」というが、そんな簡単なものではない。体験していない人たちが、学び、追体験し自分の信念に変えていくという作業が望まれることである。体験を聞く側と、体験を話す側の心の準備、すりあわせが大事だということだ。そうでなければ、何を話しても伝わらない」。

「心の準備」をして「すりあわせる」とはどのようなことなのか。「すりあわせ」を辞書でひけば、「異なる意見を調整する」と出てくるが、この意味ではないであろう。私の限られた経験から考えると、聞く側と話す側の双方が立場、思い、感情、理性、知識などの違いを想像し、違うにもかかわらず体験を伝え、伝えられるという関係を持とうとすること。聞く側は話してもらえたことで自分が受け入れられた気になったり、〝寄り添う〟などといって気遣いをした気になったりすることで、関係を近づけたつもりにならず、お互いの「心」が異なるゆえにざらざらと摩擦を生じさせることも引き受ける。それを含めて関係をもとうとすること、もち続けようとすることで、話し手の経験を追体験し、聞く側の「信念」にまで変える。しかも聞き手は、独りよがりのモノローグにしないようにする難しい作業である。

本資料集では、石川元平さんが有銘さんと心の「すり合わせ」をしてきたのではないか、と想像させる文章を寄せている。石川さんは、有銘さんの戦争体験記（本資料集には未収）から次の一文を紹介する。「心から平和を願う者は、いっさいの戦争準備を否定することから始めなければならない」、「この記録は、その決意のためのものである」（石川さんによる引用のまま）。その決意を受けて石川さんは、「有銘政夫の平和思想形成から発せられた、普遍的な価値をもつ、教訓的なユシグト（黄金言葉）であり、肝に銘じたい」と記した。私は石川さんが受けたインタビュー記録（黒柳保則他『沖縄法政研究所共同研究調査報告書 第一号 共同研究「石川元平氏オーラル・ヒストリー」』沖縄国際大学総合研究機構沖縄法政研究所、二〇一六年三月）を読み、石川さんが東村有銘の山に囲まれた豊かな田園地帯で育ち、国民学校一年生で沖縄戦を経験されたことを知った。そのインタビューでは、沖縄戦で見た朝鮮人「軍夫」、駐屯してきた兵士、那覇からの避難民や飢餓地獄の経験を語っている。一方、有銘さんが育ったサイパン島東海岸のチャッチャは、タッポーチョウ山を背にし、湾を見下ろす段丘状の豊かな土地で、南洋庁はこの地域一帯を「東村（ひがしむら）」と名付けた。ともに地上戦経験者だからといって「すりあわせ」が可能なわけではない。私は、戦後荒廃した沖縄に戻った南洋群島帰還者が、沖縄戦経験者の中で生活を立て直していくうえで、自身の経験を口にすることは同じ南洋帰り同士でなければ憚られた、という話をしばしば聞いてきた。石川さんと有銘さんはともに、戦時に国民学校生であっても六年もの違いがある。それでも沖縄とサイパン島のそれぞれの「東村」で地上戦を経験し、どのように心の「すりあわせ」をしてきたのであろうか。これから刊行される「本」に、お二人の協同の「軌跡」を拝見できることを期待し、私には、自身のこれまでとこれからの聞き取りに照らして考えるべき宿題としたい。

第二点目のサイパン島での体験について。個人史年表は成田千尋さんによる一八頁にわたる労作であり、本資料集の大部分を占めるが、サイパン島時代は半頁に過ぎない。有銘さんがこれまで話したり、書いたりしたものに照らせば、半頁であることは納得がゆく。しかし、資料集にある安里英子さんが聞き取った「サイパンの暮らしと戦争」には、父親が移民してからの二三年間には、年表の半頁には収まり切れない内容が読み取れた。

有銘さんが語ったのは、〝豊かさ〟とこれを生み出した〝労働〟、そして朝鮮人の存在である。戦争体験は家族構成で触れた以外に、まったく語っていない。

有銘さんの父がサイパンに渡ったのは一九二二年、第一次世界大戦で日本海軍が占領したミクロネシアが南洋庁の委任統治に移行した年であり、その前年に設立された製糖会社である南洋興発㈱（以後、興発）に働き口を求めたのであった。有銘さんが生まれた一九三〇年代初頭までのサイパンは、私が聞き、調べてきたところでは、移民の生活は非常に厳しかった。沖縄の移民たちは興発でストライキを繰り返し、湧上聾人や琉球新報記者を招いて窮状を訴えたりするほどであり、沖縄県人会の組織化も進んだ。有銘さんが物心つく頃は興発の経営も安定し、小作農家には〝豊かさ〟が実感できるようになっていた。しかし、この〝豊かさ〟を生み出した土地は、チャモロやカロリニアンの土地であった。日本政府がスペイン、ドイツの土地政策を継承して耕作権を独占し、あるいは日本人主導の糖業モノカルチャー経済のなかで土地を手放すようになった者もおり、土地は日本政府による事実上の「強制使用」であった。しかし、小作人を親に持つ有銘少年のような世代には、興発から「借りた」とだけ認識されがちであった。

　有銘さんの〝豊かさ〟の記憶は、食べ物に鮮やかである。それだけに、沖縄の貧しさを知る母が沖縄に残した長女を思い、銀飯を「泣きながら食べた」ことが記憶されている。八人の兄弟姉妹の長男である有銘少年は、下校すると遊ぶ間もなく家の手伝いをしていた様子もうかがわれる。小学生ながら甘蔗の刈り取りや積み出し、賃金計算などの知識が豊富であることは、「刈り取り組」の組長をしていた父をよく手伝った証である。興発社長の手記によれば、この組単位の作業は、奈良原繁沖縄県知事の「故智」にならって導入した「原勝負」（原山勝負）であった。蔗園の手入れを競わせることに「甚だ妙味があ」り奨励したという。組長には興発からの指導に応え、組をまとめる手腕と人望が求められる。私は、島全体を覆うこの組織的な小作経営（そこで働く人々の意識や生活を含めて）に、戦時動員体制の基盤を探り、沖縄戦とは異なるサイパン島での犠牲の特徴を考えてきた。「父は、移動中に行方不明になり、帰らなかった」。有銘さんが安里さんからのインタビューでは唯一戦争について語った、このことが印象に残った。

　学校生活は多く語られていないが、六年生の時に転校してきた朝鮮人の子の名前を忘れていない。また、学校は沖縄の子どもが殆どを占めていたとある。私が聞いてきた話では、教室では標準語で話し、サイパン生まれの有銘さんのような子どもは標準語に苦労はなかった。家庭では親がウチナーグチで話しても、子どもは標準語で話し、むしろ戦後沖縄に戻ってからウチナーグチに苦労したという話をよく聞いている。親川志奈子さんが「琉歌」について祖父有銘さんから聞き出した「日本語ではダメなんだよ、日本語で考えるんじゃなくて、ウチナーンチュの思いはウチナーグチで表す必要があったわけ」に、サイパンでの家庭、学校、戦争での経験を重ねてみるとき、つぎのような勝手な想像が浮かぶ。もしかしたら、有銘さん自身が「ウチナーグチで読んで意味がわかるようにならないと『解った』ことにならない」と、サイパンで奪われたウチナーグチを取り戻してきたのかもしれない、と。

既述のように本資料には有銘さんの戦争体験はごく僅かしか記載されていないが、本資料以外に行われた有銘さんのインタビュー記録（有銘政夫・成田千尋「インタビュー　昭和一桁世代の南洋移民経験と沖縄戦後闘争：有銘政夫氏に聞く」『ノートル・クリティーク：歴史と批評』（七）ノートル・クリティーク編集委員会、二〇一四年五月）を読み、そこにも僅しか語られていない戦争体験があることに気づいた。それは米軍占領下サイパンでの民間人収容所での生活である。私は、有銘さんとその少し上の世代の収容所経験に関心をもち、聞き取りを重ねてきたが、沖縄に帰還するまで日本は負けていないと信じ続けていた、あるいは、もしかしたらと疑問を持つ人々がいたなかで、有銘さんの世代の「アメリカ経験」は複雑であることを知った。石川さんが引用した有銘さんの戦争体験記には、次の一文が続いて締めくくられている。「私たちが、捕虜になったのは、七月一九日、この日の事は、生涯忘れることはない」。

サイパンの私のチャモロの友人に、本資料の話をすると、大いに関心を示したので、チャモロ語で「否戦」を表現するとどうなるのか、と尋ねてみた。考えに考えた末、表現するのは簡単ではない、と返って来た。チャモロやカロリニアンの言葉、朝鮮語、ウチナーグチそして日本の言葉で語られる旧南洋群島での多様な経験を、それぞれに表現される「否戦」として聞き取り、伝えてゆくために、「戦争とは語り継げる物語ではない」から改めて出発したい。

有銘政夫関連年譜

西暦	年齢	有銘政夫　個人史	沖　縄	日本・世界
一九二〇年		父有銘政松がサイパンに渡航		一一月　サイパンに南洋興発株式会社設立
一九二六年		母ツルがサイパンに渡航		
一九三一年	〇歳	八月　サイパン島に生まれる		九月　満州事変勃発
一九三七年	六歳	チャッチャ国民学校に入学		七月　日中戦争勃発
一九三九年	八歳			九月　第二次世界大戦勃発
一九四一年	一〇歳	小学校が軍国教育に		一二月　太平洋戦争勃発
一九四四年	一三歳	軍隊が学校の校舎を占拠し、山学校の状態に 六月　サイパン戦を経験 七月一九日に捕虜となり、一年半ほど捕虜収容所で生活。軍作業を経験	六月　慶尚北道で日本軍に徴発された朝鮮人青年が特設水上勤務隊として沖縄へ 一〇月　一〇・一〇空襲 一一月　ペ・ポンギ氏ら朝鮮人女性が沖縄へ連行	三月　南西諸島防衛を目的とした第三二軍編成
一九四五年	一四歳	八月　サイパンで終戦を迎える	三月二六日　米軍、慶良間諸島上陸 四月一日　米軍、嘉手納・読谷上陸。占領地の基地化始まる	八月　日本敗戦。朝鮮半島など、日本の植民地支配から解放 九月　第二次世界大戦終結。朝鮮半島の米ソ両軍による分断占領が正式決定。韓国で米軍政庁による軍政開始
一九四六年	一五歳	二月　LST（戦車揚陸艦）で沖縄に送還。久場崎に	一月　GHQ覚書により、北緯三〇度以南が日本から	東西冷戦が徐々に拡大

一九四八年　一七歳	到着し、仮収容所での生活を経て安慶田へ。安慶田小学校に一か月ほど通って卒業 四月　コザ高校に進学。その後、越来、城前、美里と引っ越しを重ねる。	分離 四月　沖縄群島で沖縄民政府発足 七月　沖縄統治、海軍から陸軍へ移る	一一月　日本国憲法公布 朝鮮半島で八月に大韓民国、九月に朝鮮民主主義人民共和国成立
一九五〇年　一九歳	三月　コザ高校卒業 九月　英語速成科を経て小学校教員に	六月　沖縄基地固定化により軍雇用員五万人超え 一一月　四群島に群島政府が発足 一二月　米軍政府が米国民政府（USCAR）に改編	六月　朝鮮戦争勃発。沖縄基地も補給・出撃基地に
一九五一年　二〇歳	日本復帰署名運動に参加	沖縄で日本復帰署名運動	九月　サンフランシスコ平和条約締結
一九五二年　二一歳	三月　コザ教員訓練所及び日本大学の通信課程で教員免許取得	四月一日　琉球政府発足、沖縄教職員会発足	二月～　日韓会談開始 四月　サンフランシスコ平和条約発効。在日・在沖朝鮮人・台湾人などの日本国籍失効
一九五三年　二二歳		四月　米軍、「土地収用令」で真和志の農地を強奪 一二月　奄美群島、日本に返還	七月　朝鮮戦争の休戦協定締結 一〇月　米韓相互防衛条約締結
一九五四年　二三歳		三月　米国民政府、「軍用地料一括払いの方針」発表 四月　立法院が軍用地四原則採択	一月　アイゼンハワー大統領、一般教書演説で沖

		一〇月　人民党事件	縄の無期限保持を明言
一九五五年　二四歳	越来村青年会会長に。三池炭鉱の労働組合と交流し、「うたごえ運動」を広げる。また、阿波根昌鴻さんに会うために伊江島に行き、状況を視察	五月　軍用地四原則折衝団渡米 七月〜　伊江島住民による「乞食行進」実施 九月　由美子ちゃん事件	七月　防衛庁・自衛隊発足 四月　アジア＝アフリカ会議（バンドン会議）開催 一〇月　日本社会党（左派・右派）が統一大会 一一月　自由民主党結成
一九五六年　二五歳	七月　「プライス勧告反対、軍用地四原則貫徹住民大会」開催の宣伝のために車で沖縄本島内を回り呼びかけ	六月　プライス勧告発表。軍用地四原則貫徹住民大会開催 一二月　那覇市長選挙で瀬長亀次郎当選	一〇月　日ソ共同宣言調印 一二月　日本、国際連合加盟
一九五七年　二六歳		五月　中頭郡青年団協議会結成 六月　高等弁務官制導入	一〇月　ソ連、スプートニク打ち上げ成功
一九五八年　二七歳		一月　那覇市長に兼次佐一が当選 二月　沖縄社会党結成 八月　沖縄県原水協結成 九月　B円からドルへの通貨切替 一一月　軍用地問題終焉	二月　在日米地上部隊撤退完了、米海兵隊第三海兵師団が沖縄へ 八月　中国、金門島への砲撃を開始
一九五九年　二八歳		六月　宮森小学校米軍ジェット機墜落事件	一月　キューバ革命
一九六〇年　二九歳		四月　沖縄県祖国復帰協議会結成 六月　アイゼンハワー大統領が沖縄訪問。アイク請願デモ	一月　新安保条約、日米地位協定調印 六月　安保闘争。新安保条約、参議院で自然承認

一九六一年　三〇歳			五月　韓国で軍事クーデター発生
一九六二年　三一歳		二月　立法院、「二・一決議」を全会一致で可決 三月　ケネディ新政策発表	一〇月　キューバ危機
一九六四年　三三歳		八月　臼井総務長官沖縄訪問。基地と施政権の分離構想を表明	八月　トンキン湾事件 一〇月　東京オリンピック開幕。中国、核実験成功
一九六五年　三四歳		八月　佐藤栄作首相、沖縄訪問	二月～　米国、北爆開始 六月二二日　日韓基本条約調印
一九六七年　三六歳	教公二法闘争に参加。政経部長として父母集会などを開催し、趣旨を説明	二月　教公二法阻止闘争（廃案協定勝ち取る）	一一月　佐藤・ジョンソン共同声明発表。「両三年以内に沖縄返還時期について合意すべき」とされる。 一二月　佐藤首相、国会で「非核三原則」表明
一九六八年　三七歳		四月　全軍労一〇割年休闘争 一一月　主席公選選挙で屋良朝苗当選。直後にB52戦略爆撃機が嘉手納基地内に墜落	二月　朝鮮半島で安保危機発生。 チェコスロバキアで「プラハの春」民主化運動
一九六九年　三八歳	二月　命を守る県民総決起大会に参加 九月　中頭地区教職員組合専従役員（政経部長）に全軍労闘争を教職員会として支援	二月　二・四ゼネストを回避し、命を守る県民総決起大会開催	一一月　佐藤・ニクソン共同声明。「七二年返還」が決定

一九七〇年　三九歳	一二月　毒ガス撤去闘争に参加。コザ民衆蜂起（コザ暴動）には参加できず	一一月　国政参加選挙 一二月　コザ民衆蜂起（コザ暴動）	六月　安保条約自動延長
一九七一年　四〇歳	一二月　反戦地主となる	五月　返還協定粉砕五・一九ゼネスト 九月　教職員会解散、沖縄県教職員組合結成 一一月　一一・一〇ゼネスト 一二月　反戦地主会結成	六月　沖縄返還協定締結 七月　キッシンジャー訪中 一〇月　「沖縄国会」。中国国連加盟
一九七二年　四一歳		五月　琉球政府、CTS（石油備蓄基地）用地として宮城島と平安座島間の埋め立て承認。一五日、沖縄県設置 六月　県知事選で屋良朝苗が当選、自衛隊、沖縄への本格移駐開始 八月　第二次大戦時沖縄朝鮮人強制連行虐殺真相調査団訪沖 九月　在日朝鮮人総連合会沖縄県本部発足	二月　ニクソン訪中 五月　沖縄返還協定発効、沖縄開発庁設置 七月　南北朝鮮、共同声明発表 九月　日中共同声明調印 一二月　沖縄振興開発計画を閣議決定
一九七三年　四二歳	CTS闘争に参加	三月　那覇に韓国総領事館設立 四月　在沖米海兵隊による県道一〇四号越え実弾砲撃訓練開始 五月　沖縄特別国体（若夏国体）開幕 九月　金武湾を守る会結成	一月　ベトナム和平協定調印。米軍がベトナムから撤退 一〇月　オイルショック発生
一九七四年　四三歳		一月　屋良知事、CTS誘致の方針を撤回、CTS立地反対を表明	日本で狂乱物価・スタグフレーション発生

		九月　金武湾を守る会、埋め立て無効を求め那覇地裁に提訴 一〇月　喜瀬武原闘争開始	八月　米国でフォード政権発足
一九七五年　四四歳		二月　CTS建設阻止県民総決起大会 七月　沖縄国際海洋博覧会開催 九月　摩文仁に「韓国人慰霊塔」建立 一〇月　ペ・ポンギさんに在留許可	四月　南ベトナム崩壊 一二月　フォード政権、新太平洋ドクトリン発表
一九七六年　四五歳	沖縄県教職員組合中頭支部委員長兼中部地区労働組合協議会議長に	二月　公用地法違憲訴訟支援県民共闘会議（違憲共闘）結成 六月　沖縄県知事選で平良幸市が当選、屋良知事、CTS竣工認可	六月　米韓合同演習（チーム・スピリット）開始 一〇月　日本政府、防衛計画の大綱決定
一九七七年　四六歳	四月　中部地区労決起大会で基地新法案立法化の即時中止を要求する決議採択。四・二八会発足 五月　仮処分申請で決意表明 九月　沖教組中頭支部で新学習指導要領に対する批判学習	五月　地籍明確化法成立 一〇月　米軍、県道越え実弾砲撃演習を強行	八月　福田ドクトリン発表
一九七八年　四七歳	一〇月　自衛隊開隊記念行事阻止行動 サイパンを訪問	七月三〇日　「人は右、車は左」に交通方式変更（7・30） 九月　全軍労、全駐労と組織統一 一二月　沖縄県知事選挙で西銘順治が当選	六月　金丸信防衛庁長官、国会で「思いやり予算」支出の考えを表明 八月　日中平和友好条約調印 一一月　日米両政府、「日米防衛協力のための指針」（旧ガイドライ

一九七九年　四八歳	五月〜主任制度化に対する反対表明 一一月　ＣＴＳの油入れ阻止に向け方針確認	七月　沖縄県、那覇防衛施設局、在沖米軍による三者連絡協議会が発足 八月　米軍大合同演習「フォートレスゲイル」開始。自衛隊も参加 一二月　白保（石垣）部落総会、全会一致で空港反対決議	ン」で合意 一〇月　朴正煕韓国大統領、部下により暗殺 一一月　在イラン米大使館占拠事件 一二月　ソ連、アフガニスタンに侵攻
一九八〇年　四九歳	二月　沖教組中頭支部で文化祭開始 三月　中部地区労、ＣＴＳ油入れに対し抗議行動、原潜入港に抗議決議 四月　金城実氏の「戦争と人間展」移動彫刻展開催 七月　沖教組中頭支部、自主編成講座開講	三月　米原子力ミサイル巡洋艦「ロングビーチ」の入港で、ホワイトビーチ「平常値より高い放射能」検出 一一月　那覇防衛施設局、米軍用地特措法を発動。強制使用手続き開始 一二月　西銘知事と中山沖縄開発長官の合意により対米放棄請求権問題が解決	二月　海上自衛隊、リムパック八〇に参加 五月　韓国で光州事件発生 八月　全斗煥が大統領に当選 九月　イラン・イラク戦争勃発
一九八一年　五〇歳	三月　強制使用認定取り消し訴訟開始 七月　沖教組中頭支部、父母向け教育講座及び夏期講座開催 八月　沖教組中頭支部、「主任制断固阻止中頭支部総決起集会」開催、「教育関係図書展示即売会」開始 一〇月　県収用委員会が公開審査。反戦地主として意見陳述 一二月　普久原恒勇氏の詩曲「響＝とよむ」の公演実行委員会の世話人として演奏会開催	一月　沖縄県で自衛官募集業務開始。革新市町村長会、自衛隊募集業務拒否を宣言 三月　那覇防衛施設局長、五年間強制使用を採決申請 四月　沖縄県で主任制実施 九月　沖縄周辺海域で初の大規模な日米合同演習。周辺六市町村が「嘉手納米軍基地爆音防止住民共闘会議」結成 一一月　那覇市が私有地の強制使用認定取り消しを求めて那覇地裁に提訴	五月　鈴木善幸首相訪米。共同声明の「日米同盟」発言をめぐり混乱発生。同月、ライシャワー元駐日大使が核持ち込みに関し証言

一九八二年　五一歳	二月　嘉手納爆音訴訟に原告として参加 六月　嘉手納爆音訴訟、国の「異常者」発言糾弾で決起集会開催 七月　原水協及び中部地区労、B52に対する抗議集会開催 九月　中部地区労、「教科書からの県民虐殺の削除」に反対する署名運動とチラシ配布実施 一二月　沖教組中頭支部、初の自主編成授業研究会実施	二月　嘉手納基地周辺住民、爆音訴訟を提訴 三月　白保新石垣空港建設許可（石垣市白保） 四月　県収用委員会、未契約軍用地の五年間強制使用を採決 六月　嘉手納爆音訴訟で、国側の代理人が、原告の住民を指して『たまたま周辺に特殊な感覚の持ち主、通常人と異なる生活態度者が存在する』と発言。教科書検定に際して沖縄戦住民虐殺が削除されていたことが問題に 一一月　沖縄県知事選で西銘順治が再選 一二月　一坪反戦地主会結成、在沖自衛隊と那覇防衛施設局開庁一〇周年記念パレード	八月　宮澤喜一官房長官、「歴史教科書についての政府見解」を発表
一九八三年　五二歳	二月　沖教組中頭支部、一〇周年記念文化祭開催、嘉手納基地爆音防止共闘会議、第二次訴訟へ 三月　中部地区労一〇周年記念式典開催 九月　中部地区労及び護憲反安保、日米共同訓練に対する抗議集会開催 一一月　中部地区労など、「第一回勤労者まつり出逢いの夕べ」開催	一月　海上自衛隊、対潜作戦のためのデータ基地をホワイトビーチに建設 六月　在沖米海兵隊、第七艦隊による大規模上陸演習「バリアント・ブリッジ'八三」に自衛隊参加。嘉手納基地爆音防止住民共闘会議、連続する事故に対し抗議集会開催 八月　嘉手納基地爆音防止住民共闘会議、「爆音の被害と悩みを語り合う集会」開催 一〇月　宜野湾市長、知事に普天間飛行場移転を要請 一二月　「沖縄―八重山―白保の海とくらしを守る会」及び沖縄戦記録フィルム一フィート運動の会結成、那覇防衛施設局で汚職事件	一月　中曽根康弘首相訪米、「不沈空母」発言 二月～四月　米韓合同演習。航空母艦も参加し、過去最大規模に 五月　ウィリアムズバーグ・サミット開催 九月　ソ連、大韓航空機を撃墜

一九八四年　五三歳	二月　中部地区労及び護憲反安保、米韓演習反対でビラ配布 三月　沖教組中頭支部、「小学校集団づくり研究会」発足、中部地区労及び護憲反安保、「米韓合同演習反対抗議集会」開催 一〇月　中部地区労、B52飛来に対する緊急抗議大会開催 一一月　沖教組中頭支部、第一回「基地と戦跡めぐり」実施、中部地区労及び原水協、「B52飛来緊急現地抗議集会」開催	三月　嘉手納基地爆音共闘、結成二周年で決起大会開催 四月　沖縄戦跡・基地案内人養成講座始まる 六月　「魂魄の塔」前で第一回国際反戦沖縄集会 九月　県、機動隊を導入して白保の環境調査強行 一〇月　米陸軍特殊部隊創隊式（グリーンベレー再配備）、在沖海兵隊、北海道で自衛隊と初の合同演習 一一月　那覇防衛施設局、二度目の強制使用手続きを開始	一月～四月　米韓合同演習実施。ただし、この時期から南北の対話の動きも 三月　中曽根首相訪中 九月　全斗煥韓国大統領来日
一九八五年　五四歳	二月　中部地区労、F4ファントム、F5タイガー移駐を糾弾する抗議集会開催 五月　「ヤンバルに野生生物のサンクチュアリ（聖域）づくりに取り組む自然文化舎」共同呼びかけ 六月　沖教組中頭支部、戦跡地めぐり実施 七月　沖縄市長選で「山城清輝さんを擁立する世話人会」の世話人に 九月　嘉手納基地のジェット機燃料貯蔵タンク増設計画及び沖縄周辺空域での日米共同訓練に対する抗議行動実施 一〇月　沖教組中頭支部、採用三年以内の教師などに対し、研修講座を開催、中部地区労など、日の丸掲揚に対する抗議行動実施	三月　米海兵隊、沖縄配備の全火砲を核砲弾発射可能なM198型榴弾砲に転換と発表 五月　西銘知事、沖縄県知事として初の渡米 八月　文部省、「日の丸」、「君が代」促進の通知 一一月　米太平洋空軍、那覇空港の民間機の離着陸を規制して、大規模な航空機戦闘訓練を実施	三月　ゴルバチョフ、ソ連共産党書記長に就任 八月　中曽根首相、靖国神社を公式参拝

一九八六年　五五歳	一二月　中部地区労、民主教育と地方自治を考える宿泊研修実施、米軍ブロンコ機の全日空機とのニアミスに対し抗議集会開催 一月　中部地区労、「日の丸、君が代反対住民会議」結成発表 二月　中部地区労、「スポーツと平和を考える」大講演集会開催、在比米軍機嘉手納移駐に対する抗議集会開催 六月　中部地区労、KC135のエンジン火災事故に対する抗議集会開催 八月　中部地区労、A4スカイホーク嘉手納移駐及び日米共同訓練に対する抗議集会開催 一一月　中部地区で父母・労働者の集い開催 一二月　中部地区労と原水協、B52飛来に対する抗議集会開催、沖教組中頭支部、校則についての地域住民との研究会開催	二月　県、航空自衛隊に海邦国体での協力要請、一七日に米軍用地の二〇年強制使用反対、二五日に「日の丸」「君が代」反対県民総決起大会、二六日から二〇年強制使用の第一回公開審理 六月　核戦争想定の「グローバル・シールド・八六」に嘉手納基地も連動。『サイパン会誌　一号』発行 八月　自衛隊、県内中高生を対象に青少年防衛講座開催 一〇月　空港の軍事利用に反対する宮古郡民決起大会 一一月　沖縄県知事選で西銘順治が再選。阿嘉島に強制連行された元「軍夫」五人が、阿嘉島で招魂祭。沖縄大学土曜講座でもシンポジウムで証言 一二月　二〇年強制使用の第一一回公開審理（事実上の審理打ち切り）	九月　日本政府、米国のSDIへの参加決定 一二月　八七年度予算案で防衛費がGNP一%枠を突破
一九八七年　五六歳	二月　中部地区労、自衛隊の訓練及び米韓合同演習に抗議。日の丸・君が代反対で中部連絡協を結成。違憲共闘会議、米軍用地の強制使用裁決に対する決起集会開催 三月　沖教組中頭支部、団結文化祭開催。中部地区労、ハリアー飛来に対する緊急抗議集会開催	一月　ハリアーパッド建設工事現場（国頭村）で米兵と住民衝突 二月　県収用委、未契約軍用地の一〇年間強制使用を裁決。海上自衛隊、「対潜作戦センター」関連施設の建設計画を発表 六月　初の嘉手納基地包囲行動（人間の鎖）実施	一月　思いやり予算に関する特別協定調印 四月　中曽根内閣が国鉄分割民営化で労働者一〇万人解雇 六月　韓国、民主化宣言

一九八八年　五七歳	四月　聖域づくり運動で「自然愛護の会」発足 五月　中部地区労、F15墜落で抗議集会開催 七月　中部地区労、新たな爆音公害に対する抗議集会、韓国民衆との連帯講演会、KC一〇大挙飛来に対する抗議集会、FA18飛来に対する抗議集会、サガ号被弾に対する緊急抗議集会開催 九月　沖縄芝居を「見る会」発足 一〇月　中部地区労など、米軍の曲芸飛行を糾弾する大会開催 一二月　中部地区労、日米共同訓練に抗議。中部地区労大会で日本人整備員の短銃携帯廃止決議 一月　中部地区労、B52飛来に対する抗議集会開催 二月　中部地区労、海自まつりに対する抗議集会及び沖縄本島一周駅伝自衛隊参加に対する抗議集会開催 三月　中部地区労、F4移駐に対する抗議集会開催 五月　中部地区労、スカイホーク一時移駐及びF16嘉手納移駐に対する抗議集会開催 六月　嘉手納基地での演習激化に対する糾弾集会開催 七月　中部地区労、演習激化に抗議する緊急集会及びホーネット移駐に対する抗議集会開催 八月　中部地区労、米軍統合演習に対する抗議集会開催 九月　中部地区労、軍事演習激化に対する中部連鎖集会展開	八月　県、新石垣空港建設計画を変更（二五〇〇メートルを二〇〇〇メートルに） 九月　天皇の戦争責任を追及し、来沖に反対する労働者決起集会（五者協主催）（西銘知事が「天皇を招請し沖縄の戦後を終わらせたい」と発言したことに抗議）。沖縄海邦国体夏季大会開催 一〇月　沖縄海邦国体秋季大会開催。平和の森球場（読谷村）で「日の丸」焼却 五月　那覇市にフリーゾーン（自由貿易地地域）が開設 七月　一連の軍事演習と基地強化に反対する県民総決起大会 一二月　恩納演習場強化反対委員会発足	七月　台湾が歴史上最長の戒厳令を解除 一二月　米ソ、INF全廃条約調印 六月　リクルート事件発覚 七月七日　盧泰愚韓国大統領、七・七宣言発表 八月　遊漁船「第一富士丸」と海上自衛隊の潜水艦「なだしお」の衝突事故発生

	一〇月　中部地区労、F16飛来に対する抗議集会開催 一二月　中部地区労など、日米合同演習に抗議、仮想敵中隊の移駐に対する抗議集会及びディスコでの催涙弾ガス事件に対する抗議集会開催、消費税阻止でビラ配布		
一九八九年　五八歳	二月　中部地区労、米軍演習に対する緊急抗議集会開催 三月　中部地区労など、CH53墜落に対する抗議集会開催 五月　中部地区労、A4飛来に対する抗議集会開催 八月　中部地区労、F16飛来に対する抗議集会開催 一〇月　中部地区労など、中部地区労、B52飛来に対する抗議集会開催 一一月　中部地区労、現地運用体制演習に対する抗議集会開催 一二月　中部地区労、米軍統合演習に対する緊急抗議集会及びB52飛来に対する抗議集会開催	三月　宜野座村議会、都市型戦闘訓練施設建設抗議決議。本部町議会、P3C送信所建設反対の意見書採択 四月　「慰霊の日」休日廃止問題で、県遺族連合会が存続要請。県、新石垣空港白保海上案を断念、カラ岳東案へ 五月　米海軍空母「タイコンデロガ」の艦載機A四Eスカイホークが、一九六五年に水爆B63・一個を搭載したまま沖縄近海に水没したと米軍発表 一〇月　都市型戦闘訓練施設建設、村民の座り込みで、米軍、資材搬入を断念。伊江島のハリアー訓練基地完成	一月　昭和天皇没。父ブッシュが米国大統領に就任 六月　中国で天安門事件発生 一一月　東独、西独との国境を解放 一二月　米ソ首脳、マルタ会談で冷戦終結を宣言
一九九〇年　五九歳	一月　中部地区労、B52飛来に対する抗議集会開催 三月　沖教組中頭支部、「君が代」などに対する学習会開催 一一月　中部地区労、「平和協力法案」反対で署名活動実施	六月　日米合同委員会、沖縄米軍基地返還リストを発表。米太平洋軍司令官、三年間で在沖米軍五〇〇〇人を削減と表明。那覇防衛施設局、未契約軍用地の強制使用手続きを開始 七月　P3C対潜哨戒機、那覇基地に配備 八月　世界のウチナーンチュ大会 一一月　大田昌秀、県知事に当選	八月　イラク、クウェート侵攻。湾岸危機始まる 一〇月　ドイツ統一
一九九一年　六〇歳	二月　中部地区労、戦争反対で決起	二月　反戦行動週間（湾岸戦争に反対する市民・住民	一月　湾岸戦争始まる

	六月　「アリランの歌」上映、製作を支援する中部実行委員会結成、中部地区労、嘉手納基地で抗議集会開催、沖教組中頭支部、「区割り案」に反対決議 七月　中部地区労、合同訓練反対で集会開催 一一月　中部地区労、ローリー演習に対する抗議集会及びPKO法阻止の集会開催	連絡会） 三月　再改正地方自治法（「慰霊の日」休日存続）成立 五月　知事、公告・縦覧代行を表明 九月　県議会、全会一致で在比米軍機の嘉手納移駐反対決議 一〇月　ペ・ポンギさん死去（七七歳）	四月　日本政府、ペルシャ湾への海上自衛隊派遣決定 八月　韓国のキム・ハクスンさん、慰安婦として名乗り出、日本政府を提訴 九月　韓国及び北朝鮮、同時に国連に加盟 一二月　ソ連崩壊
一九九二年　六一歳	四月　与論島の復帰運動碑除幕式に参加、中部地区労定期大会で松原氏を新議長に選任し、退任	二月　県収用委、強制使用五年の採決。戦争マラリア国家補償実現総決起大会 七月　P3C送信所建設で測量開始 九月　「戦争と女性・慰安所マップが語るもの」を第五回「全国女性史研究交流のつどい」で発表 一〇月　九州弁護士会　「沖縄戦と強制連行」シンポジウム行う 一一月　首里城復元、一般公開。知事、新石垣空港宮良案を表明 一二月　嘉手納爆音訴訟、最終弁論	六月　PKO協力法成立 九月　自衛隊、カンボジアPKOに出発
一九九三年　六二歳	一二月　中部地区労二〇周年記念行事に参加	三月　「日の丸」裁判では那覇地裁、知花被告に懲役一年の判決 四月　天皇・皇后初の沖縄訪問 九月　P3C送信所建設阻止総決起大会	一月　クリントンが米大統領に就任 八月　細川護熙政権発足、五五年体制崩壊

一九九四年　六三歳	一月　沖縄市戦後文化資料館建設のための懇話会に参加 四・二八会のメンバーでサイパンの旅（有銘さんは参加せず） 四・二八会のメンバーで久米島を訪問 一二月　違憲共闘会議議長に	二月　那覇地裁沖縄支部で、嘉手納爆音訴訟第一審判決 九月　宝珠山防衛施設庁長官、「沖縄は基地と共生・共存してほしい」と発言 一一月　沖縄県知事選で大田昌秀が再選 一二月　反戦地主への重課税訴訟、那覇地裁で勝訴（国側控訴）	六月　カーター元米大統領訪朝。村山富市政権発足。第一次北朝鮮核危機発生 八月　防衛問題懇談会、報告書を提出
一九九五年　六四歳	一二月　代理署名訴訟に参加	六月　「平和の礎」建立。反戦地主会、知事に米軍用地強制使用に対する代理署名の拒否を要請 九月　米兵少女暴行事件。大田知事、代理署名拒否を表明 一〇月　米軍人による少女乱暴事件を糾弾し日米地位協定の見直しを要求する沖縄県民総決起大会開催 一二月　八重山戦争マラリア補償問題が政治的解決	五月　村山首相、強制使用認定を告示。軍転（特措）法成立 一一月　沖縄米軍基地問題協議会の設置が閣議決定。沖縄における施設及び区域に関する特別行動委員会（SACO）設置 一二月　村山首相、太田知事を提訴（代理署名訴訟）、～九六年一月　米軍、鳥島に劣化ウラン弾一五二〇発誤射
一九九六年　六五歳	一月　反戦地主会及び違憲共闘会議、「国際都市形成構想」沖縄市長らに推進要請。四・二八会、ベトナム平和の旅	一月　県、基地返還アクションプログラムを提示 三月　代理署名訴訟、県側敗訴。橋本龍太郎首相、署名代行	三月　中国、台湾沖でミサイル演習開始 四月　橋本・モンデール

	三月　嘉手納爆音訴訟控訴審口頭弁論で戦時体験など証言 五月　普天間基地包囲・人間の輪に参加 九月　首都圏を中心とした沖縄反戦地主との交流キャンペーンに参加	八月　代理署名訴訟最高裁判決、県が敗訴 九月　沖縄県民投票。大田知事、公告・縦覧代行を表明 一〇月　重課税訴訟、福岡高裁那覇支部で逆転敗訴 一一月　大田知事、「国際都市形成構想」を決定	会談で普天間基地の返還合意。日米首脳会談で日米安保共同宣言を発表 一二月　SACO最終報告を発表
一九九七年　六六歳	二月〜　公開審理に参加 四月　特措法改正反対で座り込み。四・二八会主催の「直面する沖縄問題を考える集い」で東京行動について報告	一月　名護市辺野古で「ヘリポート建設阻止協議会命を守る会」が結成 二月　米軍用地強制使用第一回公開審理 五月　期限切れ軍用地立入要求等諸行動 七月　沖縄で開催された「第二七回働く青年の全国交歓会」に韓国から元軍夫のカン・インチャン氏とソ・ジョンボク氏が参加。阿嘉島で遺骨調査 八月　県、海上基地ボーリング調査を許可 一二月　名護市住民投票。比嘉鉄也名護市長、基地受け入れと自認表明	一月　海上ヘリ基地、辺野古沖で日米基本合意 四月　参院本会議米軍用地特措法改定案可決、成立 七月　東アジアに金融危機発生 九月　日米新ガイドライン合意 一一月　政府、海上基地基本案提示 一二月　韓国大統領選挙で金大中が当選
一九九八年　六七歳	四月　違憲共闘会議、公開審理闘争の証言をまとめ出版 七月　反戦地主会、仲宗根沖縄市長に二〇年賃貸契約拒否を要請 八月　反戦地主、県収用委員会を提訴	一月　米軍用地強制使用公開審理終了 二月　大田知事、海上基地受け入れ拒否表明。名護市長に岸本建男当選 五月　県収用委、却下を含む強制使用裁決。嘉手納爆音訴訟控訴審判決 一〇月　県議会、那覇軍港移設促進決議	八月　北朝鮮、日本列島越しにテポドン発射実験 一〇月　金大中大統領来日。日韓共同宣言発表

一九九九年　六八歳	二月　一坪反戦地主関東ブロックで報告 一〇月　違憲共闘総会で基地全面返還決議	一一月　沖縄県知事に稲嶺恵一当選 一二月　「那覇軍港の浦添移設に反対する市民の会」及び「太平洋戦争・沖縄戦被徴発者恨之碑建立をすすめる会」結成 一月　稲嶺知事、那覇軍港の浦添移設表明 八月　沖縄平和市民連絡会結成 九月　県内移設反対県民会議結成 一一月　稲嶺知事、普天間代替施設辺野古沿岸域移設表明 一二月　名護市長、移設受け入れを表明	一月　日米、米軍機低空飛行による被害軽減措置に合意 五月　周辺事態法成立 七月　地方分権推進一括法成立 八月　韓国・英陽で「恨之碑」除幕式 一二月　辺野古移設閣議決定
二〇〇〇年　六九歳	四月　軍用地違憲訴訟共闘による「一坪」排除の抗議集会に参加 七月　「嘉手納基地包囲行動（主催：基地はいらない人間の鎖県民大行動実行委員会）」が行われ、二万七〇〇〇人の参加者が人間の鎖で嘉手納飛行場を包囲 一二月　臨界前核実験に対する抗議集会に参加	二月　北部振興協議会、発足 三月　第二次嘉手納爆音訴訟 四月　沖縄から平和を呼び掛ける四・一七集会 七月　九州・沖縄サミット 一一月　那覇市長選で翁長雄志が当選	四月　米の自由化始まる 五月　周辺事態法・防衛指針法（日米新ガイドライン法）成立 六月　朝鮮半島南北首脳会談で共同宣言
二〇〇一年　七〇歳	一月　強制使用公開審理前の集会に参加	五月　伊良部町長、下地島に自衛隊の訓練誘致要請 一〇月　米軍基地警備のため機動隊来沖	一月　小泉政権発足、構造改革実施 八月　沖縄二一世紀プラ

		県議会、「日の丸」掲揚・「沖縄観光安全宣言」決議 一一月　浦添市長、軍港施設受け入れを表明 三月　泡瀬埋立工事着工。沖縄振興特措法成立 七月　違憲共闘会議、事務局閉鎖 一一月　沖縄県知事選で稲嶺恵一が再選	ン最終報告、代替施設協、初会合 九月　米本土で同時多発テロ 一〇月　米英、アフガニスタン攻撃。対テロ特措法成立
二〇〇二年　七一歳	一月　地籍不明地の使用裁決の取り消し求め控訴 五月　改定特措法訴訟控訴審第一回口頭弁論に参加 一一月　改定特措法違憲訴訟で上告	三月　泡瀬埋立工事着工。沖縄振興特措法成立 七月　違憲共闘会議、事務局閉鎖 一一月　沖縄県知事選で稲嶺恵一が再選	五月　東ティモールが二一世紀で初の独立国家に 七月　代替施設協、埋立方式の軍民共用空港で基本合意 九月　小泉訪朝、日朝平壌宣言
二〇〇三年　七二歳	二月　イラク攻撃に反対するデモに参加 三月　「中部地域から反戦の声を」住民集会に参加	一月　沖縄平和市民連絡会イラク派遣団出発 三月　F15等、嘉手納からイラクへ 四月　伊波洋一、宜野湾市長に当選 一一月　ラムズフェルド国防長官が沖縄を訪問	一月　代替施設建設協発足。北朝鮮NPT脱退を宣言 三月　米英などイラクを攻撃。イラク戦争開始 五月　G・W・ブッシュ、イラクの戦闘終結宣言 六月　有事関連三法成立 七月　イラク支援特措法成立

二〇〇四年　七三歳	七月　「恨之碑建立をすすめる会」共同代表に 九月　県収用委公開審理に参加	四月　辺野古沖ボーリング調査阻止座り込み 八月　沖国大米軍ヘリ墜落事件。「恨之碑建立をすすめる会」発足 九月　ボーリング調査海上阻止行動
二〇〇五年　七四歳	八月　反基地闘争史をバス巡りで学ぶツアー開催 一一月　地籍不明軍用地訴訟で那覇地裁、原告側の請求棄却、控訴	三月　稲嶺知事、海兵隊県外移転を求め訪米。伊良部町議会自衛隊誘致決議（後日、島民大会で撤回） 八月　辺野古環境影響評価法、方法書縦覧 七月　都市型戦闘訓練施設演習強行抗議県民大会 一〇月　県内移設反対県民大会。知事、名護市長沿岸案拒否表明
二〇〇六年　七五歳	九月　福岡高裁那覇支部、地籍不明軍用地訴訟で訴え棄却、上告	五月　読谷村瀬名波に恨之碑建立 一一月　沖縄県知事選で仲井眞弘多が当選

一二月　自衛隊イラク派遣基本計画閣議決定
一月　自衛隊イラク派兵開始
六月　有事関連七法成立
一二月　防衛計画の大綱策定。スマトラ島沖地震発生
一月　衆議院選挙で小泉旋風
二月　日米安保協議委員会（米軍再編協議）
九月　六カ国協議で北朝鮮の核放棄などを記した共同声明採択
一〇月　日米安全保障協議委員会、「日米同盟：未来のための変革と再編」を発表。「L字案」提起
五月　日米安全保障協議委員会、「再編実施のための日米のロードマップ」を発表。「V字案」明記。

			「在日米軍の兵力構成見直し等に関する政府の取組について」を閣議決定 一〇月　北朝鮮、核実験の成功を発表「L字案」提起
二〇〇七年　七六歳	六月　中頭青年団OB会発足 一二月　強制使用認定、最高裁が上告棄却	九月　教科書検定意見撤回を求める県民大会が開催	一月　防衛省が発足 五月　米軍再編特措法が成立
二〇〇八年　七七歳	NPO法人沖縄恨之碑の会理事に就任	九月　「宮古島に日本軍「慰安婦」の祈念碑を建てる会」により、宮古島に「慰安婦のための碑」（「アリランの碑」・「女たちへ」）建立 一〇月　新嘉手納爆音訴訟が結審 一一月　「恨之碑建立をすすめる会」、「NPO法人沖縄恨之碑の会」に	一月　米国でバラク・オバマ政権発足（初の黒人大統領） 九月　原子力空母横須賀母港化
二〇〇九年　七八歳		四月　防衛省、環境影響評価準備書を沖縄県に提出 「恨之碑の会」、韓国の水曜集会に参加	八月　衆院選挙、民主党第一党、政権交代
二〇一〇年　七九歳		一月　名護市長選、稲嶺進が当選 四月　普天間飛行場の早期閉鎖・返還と県内移設に反対し国外・県外移設を求める県民大会開催 一一月　県知事選で仲井眞弘多が再選 一二月　石垣市、条例で一月一四日を「尖閣諸島開拓の日」に制定	一月　鳩山・オバマ会談 五月　日米共同発表、辺野古移設合意 九月　尖閣諸島中国漁船衝突事件

二〇一一年 八〇歳	一〇月 第一七回ポンソナ講座で講演会「有銘政夫さんとゆんたく会―若者が聞く太平洋戦争と沖縄戦後史―」開催	三月 八重山教科書問題 九月 「韓国強制併合」一〇〇年を考える集い（恨之碑の会・他団体と共催） 一二月 那覇防衛局、未明に環境影響評価書を県庁守衛室に運び込む	三月 東日本大震災、東京電力福島第一原発爆発事故発生。米軍、トモダチ作戦実施 九月 韓国・国立望郷の丘（墓地）で「日帝下強制動員犠牲合同追悼会」（恨之碑の会参加）
二〇一二年 八一歳	一〇月 中頭青年団OB会、垂直離着陸輸送機MV22オスプレイの撤退と、普天間飛行場の撤去を求めて同飛行場大山ゲート前で集会開始	二月 ペ・ポンギさん没後二〇年追悼集会（恨之碑の会主催） 五月 沖縄県、沖縄二一世紀ビジョン基本計画（沖縄振興計画）を決定 六月 沖縄戦と日本軍「慰安婦展」を那覇で開催 九月 オスプレイ配備に反対する沖縄県民大会が開催 一〇月 オスプレイ普天間基地配備	三月 改正沖縄振興特別措置法、「跡地法」が成立 九月 尖閣諸島国有化 一二月 衆院選挙、自民党第一党、政権復帰
二〇一三年 八二歳	四月 四・二八会、政府主催「主権回復・国際社会復帰を記念する式典」に抗議文送る 六月 中頭青年団OB会、中頭教育会館で「島歌で語るウチナーぬ肝心（ちむぐくる）」と題したコンサート開催	一月 オスプレイ配備に反対する県民大会実行委員会共同代表が「建白書」を安倍首相に手渡す 三月 新石垣空港が開港 一二月 仲井眞知事、辺野古埋立を承認 第二次大戦時朝鮮人強制連行「軍夫問題」研究会発足（恨之碑の会）	二月 日米首脳会談で「普天間飛行場の早期移設」が合意 三月 那覇防衛局、沖縄県に辺野古埋立を申請 四月 政府主催「主権回復・国際社会復帰を記念する式典」が開催

二〇一四年　八三歳	四月　四・二八会、教科書問題で竹富町教育庁他各委員に激励と連帯の挨拶を送る	一月　名護市長選、稲嶺進が再選 七月　米軍キャンプ・シュワブゲート前での座込み行動開始 八月　辺野古で海底ボーリング調査が開始 一一月　沖縄知事選、翁長雄志が初当選 一二月　衆院選挙、沖縄四選挙区全てで「オール沖縄」候補が勝利。退任間近の仲井眞知事が辺野古設計変更を承認	一二月　日本版NSC発足。日本政府、一三大綱決定 七月　安倍政権、集団的自衛権行使容認を閣議決定
二〇一五年　八四歳		二月　高江着陸帯N４地区二か所の先行提供が閣議決定。自衛隊配備の賛否を問う与那国町住民投票、賛成五七.七六％ 五月　「戦後七〇年止めよう辺野古新基地建設！沖縄県民大会」の開催。翁長知事が訪米 七月　「普天間飛行場代替施設建設事業に係る公有水面埋立承認手続に関する第三者委員会」が翁長知事に検証結果報告書を提出。「法的瑕疵」を指摘	四月　日米、一五ガイドラインに合意 八月　安倍政権、戦後七〇年談話を発表 九月　安保関連法成立。日米地位協定を補足する環境補足協定調印。スイスのジュネーブの国連人権理事会で翁長知事が基地の過重負担を告発
二〇一六年　八五歳	六月　大阪教組・大阪府退教と交流。中頭教育会館で「戦後沖縄でたたかい続けて」と題して講演	一月　宜野湾市長選挙で佐喜眞淳が当選 三月　与那国島に陸上自衛隊配備 四月　米軍属女性暴行殺人事件	六月　英国、国民投票でEU離脱が過半数 七月　国が埋め立ての承

		六月　「被害者を追悼し、海兵隊の撤退を求める県民大会」開催、元朝鮮人「軍夫」カン・インチャンの証言『恨をかかえて』を出版（恨之碑の会） 九月　「平和の礎」朝鮮人犠牲者刻銘についての陳情書を沖縄県知事へ提出（恨之碑の会） 一〇月　翁長知事、辺野古移設工事に向けた辺野古埋め立て承認取り消し 一二月　沖縄戦遺骨収集ボランテア「ガマフヤー」韓国を訪問し日本軍属として戦死した遺族と交流、普天間所属のオスプレイが名護市の海岸で大破	認を取り消した翁長雄志知事の判断は違法として提訴。 一二月　最高裁判所の判決で沖縄県敗訴
二〇一七年　八六歳	五月　「中根章さんを偲ぶ会」の共同代表として会を開催	八月　「翁長知事を支え、辺野古に新基地を造らせない県民大会」開催 一〇月　東村高江の民間牧草地に米軍ヘリが不時着炎上	一月　米国でトランプ政権発足 五月　韓国大統領選挙で文在寅が就任
二〇一八年　八七歳	米寿（トーカチ）を祝う	二月　名護市長選挙で渡具知武豊が当選 三月　「第一一回強制動員真相究明」全国集会・沖縄」を那覇で開催（強制動員真相究明全国ネットワーク・恨之碑の会共催） 八月　翁長雄志知事逝去。「土砂投入を許さない！ジュゴン・サンゴを守り、辺野古新基地建設断念を求める県民大会」開催 九月　「慰安婦」問題を問い直す国際シンポジウム那覇で開催、沖縄県知事選挙で玉城デニーが当選	二月　韓国で平昌オリンピック開催 三月　長崎県佐世保市に水陸機動団設置 六月　史上初の米朝首脳会談。成人年齢を一八歳に民法改正

年	年齢	事項	沖縄の出来事	世界の出来事
			一二月　辺野古への土砂投入開始	
二〇一九年	八八歳		二月　「辺野古米軍基地建設のための埋立ての賛否を問う県民投票」実施 三月　「土砂投入を許さない！ジュゴン・サンゴを守り、辺野古新基地建設断念を求める三・一六県民大会」開催 一〇月　首里城正殿全焼 九月　福岡高裁那覇支部は第三次嘉手納爆音訴訟で二六一億円の賠償を認めるも、飛行停止は却下	
二〇二〇年	八九歳	六月　恨之碑の会の追悼会に参加		
二〇二一年	九〇歳	一〇月　有銘政夫死去		一月　米国でバイデン政権発足、初の女性・アジアアフリカ系としての副大統領にハリス就任

艦《かん》砲《ぽう》ぬ喰《く》ぇー残《ぬく》さー（二下ぎ）

作詞・作曲／比嘉恒敏

中五七老七八工中上老四七五老四五四七合上老四上老
わかさる　とぅち

四老四五中工五　五七四五中工五中工中工中上老四五
ねーいくさぬゆー　わかさる　はなんさちゅーさん

四五七八中五工五中七工中上老四五四七四五中工五中
わかさる　はなんさちゅーさん　やーんぐぁん

工中四五中工五　合四五四七四八　八七四五中工五
すんうやちょでん　かんぽー　しゃげ　きぬまとぅになてぃ

合五七八五工中工五七工中上老四五四七四五中工五
ちるむんくぇーむんむるね　らん　すーてぃーちゃー

工中五工上老四五四七合老四老四合中　合中五老四合
かでぃくらちゃんや　うんじゅんわんにん　いやーんわん

中　中七中五七老七八工中上老四
にん　かんぽーぬくぇーぬくさー

あとがき

有銘政夫さんがこの世を去られてから、既に約三年が経過してしまった。お気づきの方がいらっしゃるかもしれないが、本書の原稿の多くは、有銘さんがご存命だった二〇二一年に書かれたものである。当初は有銘さんに直接お渡しすることを目標に執筆を進めていたが、様々な事情のために実現せず、最初の構想とは少し異なるものになった。本書の計画自体はかなり前からあったため、出版までお待たせしてしまった方もいらっしゃると思われ、申し訳なく感じている。最後に、当初から企画に関わっていた成田（以下、筆者）から、本書出版までの経緯と、各章の内容について簡単に説明させていただきたい。

本書の構想は、二〇一九年二月初めに、筆者が個人研究（恨之碑の会の活動についてのインタビュー）のために故・安里英子さんのご自宅を訪問した際、同会の理事でもいらっしゃる有銘さんのご活動をまとめた本を出せないかという話になった時から始まった。その後、筆者が有銘さんに関する資料をコピーし、安里さんに送付したところ、これまで考えていたことが実現できそうだと喜ばれた安里さんは、「勢いで有銘さんに本の構想についてお電話した」と事後に連絡を下さった。また、孫娘にあたる親川志奈子さんに加わっていただければ有銘さんも安心だろうとして、この三人と、有銘さんと長く一緒に活動されてきた石川元平さんを刊行委員長とした委員会も直後に結成された。発行のために「恨之碑の会」に協力していただくことも決まり、当初はこれまでの聞き書きと有銘さんが書かれた文章を編集し、有銘さんと石川さんの対談なども入れて出版することを想定していた。

このように、最初はすぐに話が進み、各自資料収集を始めたが、安里さんがご多忙のため、八月頃になると二〇一九年中の刊行は難しいことが分かってきた。一方で、編集者として新たになんよう文庫（現インパクト出版会）の川満昭広さんに関わっていただくことになった。その上で、九月に集めた資料を有銘さんご自身に見ていただいたが、有銘さんもほとんど内容が重複しているとして、「これで本ができるのか」と疑問を呈された。筆者はこの時は参加できなかったが、一一月末に沖縄を訪問した際、安里さん、川満さんと一緒に再度編集会議をし、有銘さんが書かれた文章をもとに追加的にインタビューなどをし、新たに各自が文を執筆するという方向で話がまとまった。

ところが、二〇二〇年に入ると、世界的に新型コロナウイルス感染症が流行し始め、筆者は沖縄に行くことができなくなった。沖縄でも同様に編集会議を開くことはできず、各自が置かれた状況の中でできることを進めるしかなくなった。

そのうちに、有銘さんが体調を崩され、入退院を繰り返されるようになった。本の発刊の見通しが立たない中、何かまず形にして差し上げようと、恨之碑の会の会誌に掲載された記事や、沖縄の地元紙をもとに作成した年譜などをまとめた「資料集」を二〇二一年の三月に発刊した。川満さんは職場を移られてお忙しい時期だったため、発刊にあたってでいご印刷の皆様に大変お世話になった。ちょうど退院されていた有銘さんにも資料集を見ていただくことができ、安里さんから「強気で、お元気だった。あくまでも『本』づくりを期待されているようだった」とお知らせがあった。

その後、安里さんと川満さんが再度「本」の構成について協議され、六月に新たな構成案がつくられた。この時点では、一二月までの発刊を目指すことになった。まだ沖縄に行ける状況ではなかったため、筆者自身も手元にある資料を最大限に活用し、割り当てられた章を執筆した。ただし、「論集」の部分は、一部はコロナ流行前に集めた地元紙を活用したが、一九八〇年代後半以降については、全国紙の関連記事をデータベースから入手するしかなかった。それでも、特に九〇年代には比較的多くの記事があり、当時の沖縄への関心の高まりや有銘さんのご活躍の一部を新たに知ることができた。筆者の聞き取りではカバーできなかった一九七〇年代以降のご活動については、「中部地区労議長として」をテーマに八月に座談会が開催され、石川さんの序文、伊波洋一さんの原稿も、この時期に安里さんのもとに届けられた。

しかし、他の方とも内容について協議しつつ、原稿の修正作業を進めていた最中、一〇月二五日に有銘さんが逝去された。さらに、一一月には安里さんが入院され、結局二〇二一年中の出版は叶わなくなった。翌年は沖縄返還五〇年と重なり、筆者も自分の研究の関係で多忙となってしまった。引き続き、刊行委員の間では折に触れて本に関するやりとりをしていたものの、二〇二四年三月、安里さんも急逝された。

再度出版に向けての作業が始まったのは、同年六月に入ってからだった。安里さんが体調を崩されてから、作業がストップしたり未確認のままになっていた部分もあったが、これ以上出版が遅れてはならないという思いで関係者間で連絡を取り合い、同年中の出版を目指した。執筆者・編集者だけでなく、恨之碑の会事務局長の西岡信之さんも校正などにご尽力くださり、何とか期日に間に合わせることができた。

次に、本書の構成についても簡単にご説明したい。第一章は、有銘さんが書かれたサイパン戦に関する手記を株式会社太郎次郎社エディタス発行の『ひと』一九八六年一一月号より転載した。第二章、第三章は、筆者がそれまでに集めた文献や聞き取りを中心に再構成した。その際に、なるべく有銘さんご自身の言葉を残した方がいいと考え、実際の語りを多く引用した。写真については、所蔵先が書かれていないものは、有銘さんのご自宅に所蔵されており、親川さんが提供して下さったものである。また、櫻澤誠さん（大阪教育大学准教授）も、過去の聞き取りのデータをご提供くださり、草稿にもコメントを下さった。第四章の座談会は安里さんが担当されており、入院されたことなどもあって未完成になっていたが、西岡さん、座談会の参加者の照屋秀傳さん、眞栄城玄徳さんのご協力で、完成させることができた。第五章は、以前批評誌『N27』第六号（二〇一六年一月）に掲載された親川さんの記事を転載した。

「論集」の筆者が担当した部分は先に触れた通りだが、安里さんの原稿については、関係者間で協議し、一部の重複など未完成になっていると思われる部分も含め遺稿をそのまま掲載した。親川さんの原稿は、今年に入ってから書かれたものであり、これまでの有銘さんとのやりとりや、現状に対する思いが、ご家族の視点からつづられている。伊波さんの原稿は、二〇二一年にいただいたものをほぼそのまま掲載した。今泉裕美子さん（法政大学国際文化学部教授）の「資料集」に対する書評は、有銘さんのサイパン時代の考証を望んでいた安里さんの思いを受けて書いてくださったものであり、本の出版の意義をまとめる意味で転載させていただくことになった。最後の年表は、「資料集」に掲載したものを写真を除いて再掲した。年表などの作成にあたっては、沖縄市戦後文化資料展示館ヒストリートに設置されている資料検索端末を何度も使わせていただいたほか、写真も借用させていただき、沖縄市総務課市史編集担当の職員の方々に大変お世話になった。

以上のように、本書は当初の構想とは若干異なるものとはなったが、多くの方々のご協力により、何とか刊行することができた。改めて、様々なご助力を下さった方々に、心からお礼を申し上げたい。なお、本書の大部分がコロナ禍の中で書かれ、その後時間の制約から大幅な改稿はできなかったため、年表も含め、有銘さんのご活動について十分に伝えられなかった部分も多くあると思われる。本書を読まれた同時代を知っている方々が、空白部分について語ってくださり、有銘さんの「否戦」の思いを共有する輪が広がれば幸甚である。最後に、長らくお待たせして申し訳なかったけれど、故・有銘さん、そして安里さんが、この本の発刊をともに喜んでくださることを切に願っている。

二〇二四年一一月二三日

成田千尋

主な執筆者略歴

安里　英子（あさと　えいこ）一九四八年沖縄県那覇市首里生まれ。一九九八年第二回女性文化賞、二〇二三年まで「NPO法人沖縄恨之碑の会」共同代表、二〇二四年三月死去。
主な編著書（著書）：一九七七年にミニコミ誌『地域の目』を発刊。『揺れる聖域』沖縄タイムス社、一九九一年、『ハベルの詩』御茶の水書房、二〇〇一年。（本書企画・執筆　第六章執筆）

石川　元平（いしかわ　げんぺい）一九三八年沖縄県東村生まれ。沖縄教職員会屋良朝苗会長秘書、公用地(米軍用地)違憲訴訟県民共闘会議副議長、沖縄教職員組合委員長、復帰協(沖縄県祖国復帰協議会)幹事・闘争史編集委員、沖縄県平和祈念資料館建設推進委員、アジア太平洋の平和・軍縮・共生のための国際会議in沖縄(運営委員長)、沖縄戦記録フィルム1フィート運動の会副代表、わびあいの里(伊江島・阿波根昌鴻)理事等の要職を経て、現在、普天間米軍基地爆音訴訟団副団長、沖縄恨之碑の会理事、自立・平和・民主のための広範な国民連合顧問、一坪反戦地主。

伊波　洋一（いは　よういち）一九五二年沖縄県宜野湾市生まれ。琉球政府立普天間高等学校を経て、一九七四年琉球大学理工学部卒業。同年宜野湾市役所入職、宜野湾市職労委員長、中部地区労事務局長、一九九六年沖縄県議会議員、二〇〇三年宜野湾市長、二〇一六年参議院当選、現在二期目。（本書執筆　第六章執筆）

親川　志奈子（おやかわ　しなこ）一九八一年沖縄市生まれ、有銘政夫の孫。琉球大学大学院博士後期課程満期退学。琉球民族独立総合研究学会共同代表。（本書執筆　第五章、第六章執筆）
主な編著書（共著）：『沖縄という窓　クロニクル2008―2022』岩波書店、二〇二二年。

成田　千尋（なりた　ちひろ）一九八七年兵庫県生まれ。現在、立命館大学衣笠総合研究機構助教。
主な著書：『沖縄返還と東アジア冷戦体制―琉球/沖縄の帰属・基地問題の変容』人文書院、二〇二〇年、『世界史のなかの沖縄返還』吉川弘文館、二〇二四年。（本書執筆　第二章、第三章、第六章執筆）

沖縄恨之碑の会

恨(ハン)の碑は、79年前の沖縄戦で朝鮮半島から強制動員され、犠牲となった青年(「軍夫」)を悼む追悼施設。読谷村瀬名波の丘に2006年５月に建立した。90年代に元「軍夫」が追悼碑の建立を切望され、全国から市民の寄付で成就した。会は、碑の維持管理と「軍夫」問題の調査・研究、強制動員の史実の記憶・継承をめざしている。2008年に土地所有のためＮＰＯ法人化した。

（ＮＰＯ法人沖縄恨之碑の会）

有銘政夫を語る

沖縄・否戦の闘い

2024年　12　月　20　日　第１版１刷発行

編　集　ＮＰＯ法人沖縄恨之碑の会

装　幀　宗利淳一

発行人　川満昭広

発　行　株式会社インパクト出版会
東京都文京区本郷2-5-11 服部ビル２階
Tel 03-3818-7576　Fax 03-3818-8676
impact@jca.apc.org　http://impact-shuppankai.com
郵便振替　0010-9-83148

印刷・製本　モリモト印刷